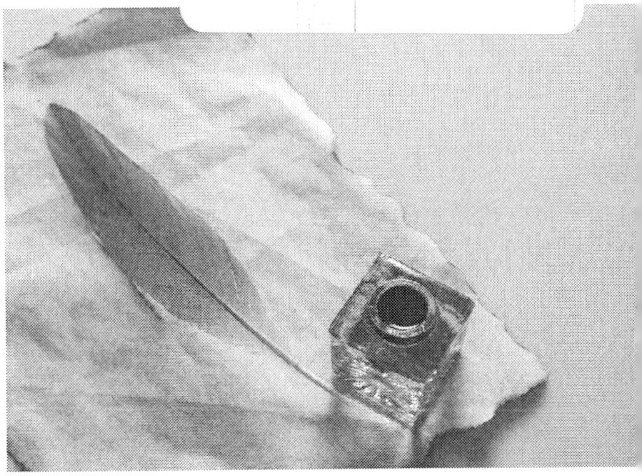

第四辑
VOL.4

担保法理论与实践

担保物权法编纂的理论基础

董学立◎著

本书为国家社科基金项目“动产担保物权一元化立法研究”（批准号：13BFX093）的阶段性成果

中国法制出版社
CHINA LEGAL PUBLISHING HOUSE

序　一

我国在改革开放前实行单一公有制基础上的计划经济体制，不存在包括担保物权制度在内的物权法。20世纪80年代初改革资金使用体制，由“无偿拨款”改为采取“融资方式”，因缺乏有效担保手段而发生严重的“三角债”和巨额不良债权问题。于是在制定物权法之前，1995年先制定担保法。担保法包括物的担保（担保物权）和人的担保（保证合同）。虽属于“亡羊补牢”，且受到不动产登记制度和登记机构不统一的制约，却仍然对于此后减少和避免“三角债”和不良债权发挥了重要作用。时隔12年之后，被称为在社会主义法律体系中“起支架性作用”的物权法终于颁布施行。为了保障金融机构的合法权益，化解和回避融资风险，保障社会主义市场经济持续稳定地发展，物权法在总结担保法实施以来的实践经验基础上，参考发达国家和地区的经验，规定了较为完善的担保物权制度。

担保物权，属于物的担保。俗话说“跑得了和尚跑不了庙”，相对于人的担保即保证合同，物的担保更为切实可靠。金融机构发放贷款，采用担保物权予以担保，最方便、最有效。担保物权，是确保金融机构债权清偿和化解金融风险最有效的法律手段。物权法施行以来的经验表明，物权法所规定的较为完善的担保物权制度，对于保障金融机构的合法权益，化解和回避融资风险，保障企业及时获得融资，满足经济发展对资金的需求，保障社会主义市场经济持续稳定发展，已经和正在发挥极其重大的作用。

任何一个法律领域都需要有一个学者专家群体承担研究、维护、推进该法律领域的职责。担保物权法尤其如此。我国物权法所规定的不动产抵押、最高额抵押、动产抵押、动产不动产集合抵押、特别动产集合抵押及动产质押、权利质押、应收款质押等，都是服务于融资的。历史上的担保，以保全债权为目的，叫作保全型担保；现在人们设立各种担保权已经不是为了保全债权，而是为了融资，称为融资型担保，属于商行为。更不用说实践中已经存在，并且还将不断产生的法律没有明文规定的各种非典型担保。可以说，在整个物权法乃至整个民法领域，担保物权法是与实践结合最为紧密、最为变动不居的法律领域。研究担保物权法，如果不了解实践、掌握实践、理论与实践密切结合，单靠文本研究是不行的。

董学立教授长期致力于担保物权法的研究，发起创办名为“担保法理论与实践研讨会”的学术论坛，邀请国内研究担保物权法理论和实践的学者专家，研讨有关担保物权法的立法、理论、实务与教学问题，并编辑出版《担保法理论与实践》连续性出版物，旨在推进担保物权法理论和实践的研究。笔者对此极表赞成。

是为序。

2015年7月21日于昆明退庐

序　二

由于国际贸易的兴盛、财产类型的不断增加及其蕴含价值的衍生变化、各行各业创业筹资或营运融资不同的需求等因素，担保物权制度的发展已迈入迥异于往昔的阶段，展现出多元的面貌和积极的社会功能。此时此刻，聚集两岸担保法学者和实务专家，举办担保法理论与实践研讨会，实具有检讨过去、针对现在、策励未来、承先启后的重大意义。对于主办、承办各单位的高瞻远瞩、掌握时代脉动，应给予热烈的掌声，并致上由衷的赞佩。

综观本次研讨会，充分反映出下列特色：一、参与者踊跃，不但有研究担保制度声誉卓著的学者，而且有各级法院的庭长、法官，更有金融实务的专家，发表论文共四十余篇，从不同方面相互沟通，理论与实务水乳交融，学者遂得确实意识实际问题所在，不流于空谈，而审判者于实务运作，解决个案，呼应社会需求时，仍能遵循担保法之规矩方圆，经由裁判表彰法律的规范价值，更能扮演法律续造的角色，理论与实务互动，激荡中蹦出火花，法律因此有了丰富的生命力。庭长、法官报告论文，热烈参与，足为台湾地区法院同人的楷模。二、研讨会超过半数的论文都聚焦于实务，意味中国担保法实施近二十年，物权法施行近十年后，随着社会工商的繁荣，担保法制已于社会中落地生根，如雨后春笋，生机盎然。担保法深入民间，成为推动市场经济发展不可或缺的一只手，发挥促进金融流动的重要机能，朝着务实化、国际化发展。三、两岸法学沟通交流，充分发挥“他山之石，可以攻玉”的效果。让与担保的定位、流抵约款的效力或物上保证人与保证人间的求偿权及承受权（追偿权及代位权），因此台湾地区曾经过激烈的探讨、摸索，后两者业于民法物权编2007年修正时，完成立法；让与担保虽未法制化，但其运用，于学说或实务大抵已建立常轨，且因物权编修正，2009年导入习惯法得为创设物权之法源，让与担保之担保权地位露出曙光。如今，在中国大陆地区，让与担保的盛行、流抵约款则在以物抵债中窜出，物保、人保间的关系以混合共同担保问题呈现，台湾地区的民法及其实践大抵可引为借鉴，找到处理此类问题的一些方法。以上所述不过是荦荦大者，其他诸多正面效应，不胜枚举。可知，本次研讨会成果丰硕，绩效斐然。

物权法有故乡法之称，原来最具有本国色彩，但因为担保物权是以支配担保物的交换价值发挥其担保功能，和物的利用常受国土风情的影响不同，加上国际贸易发达，信用的授予，需以担保为后盾，担保法国际化的趋势遂方兴未艾。欧洲民法典示范草案（第九卷）的问世，以及联合国国际贸易委员会于完成担保交易法指南及知识产权补编之后，已于今年四月推出担保交易示范法草案，这对于担保法的未来，必有立竿见影的作用。面对两岸的华人，从速推动担保法的统一化，应是开展担保法理论与实践系列研讨之际，必须努力以赴的目标。董学立对担保法素有专攻，就此任务负起领头角色，必是有识者共同的期盼，且拭目以待。

谢在全

2015年10月28日

自 序

《民法典各分编（草案）（以下简称《草案》）担保物权法的“一般规定”只有8条，我们提出的《建议草案》“一般规定”足有21条，这使得两者在结构体系方面发生了根本改变。就“一般抵押”而言，《草案》是26条，《建议草案》是19条；就“动产质权”而言，《草案》是15条，《建议草案》是9条；就“权利质权”而言，《草案》是7条，《建议草案》是5条。从整体结构来看，如果说《草案》的体态是“头轻脚重”，那《建议草案》的体态就是“头重脚轻”。当然，这只是在形式方面的改变。就内容方面来看，两者的差异则更为显著。

这次年会上，有学者讲到了所有权法、用益物权法的完善问题。所有权、用益物权制度具有本土性。比如我国的所有权制度依权利主体设计了三个种类，用益物权制度因城乡二元结构设置了使用他人土地建房的两种用益物权等。我现在提出一个问题供大家思考，担保物权作为一个交易技术规则，它的本土性特征与所有权和用益物权相比甚少。作为一个交易技术规则，担保物权法自罗马法以来发展到今天，从逻辑上可以推定它应该是一个完善的法律了。但是，当我们着手编纂中国的担保物权法《建议草案》时，我们觉得还是有许多问题需要修改、完善。那么，这些问题是怎么来的呢？自罗马法以来，经过民法法典化和物权法定化，逐步形成了今日担保物权法律制度体系。德国、日

* 根据笔者在中国民法学研究会2018年年会上的发言修改而成。

本和我国台湾地区民法典中的担保物权制度体系的一个最显著特征，就是严格区分不动产担保物权和动产担保物权。根据其民法典的规定，不动产担保物权主要指不动产抵押权，动产担保物权限指动产质权和权利质权。“可以推定，历经时间、实践和学说的完善，民法典中的不动产担保物权规范和动产担保物权规范，应该是一个非常完善的法律制度了。所以，我们今天无需再对它进行大的修改、完善或编纂。”这一判断在逻辑上是成立的。既然如此，我们所确认的“有许多问题需要修改、完善”，缘由何出？

经过近代民法法典化和物权法定化，上述民法典里缺少一种“动产上不移转占有的担保物权制度”，是它们均有的缺陷。所以，近现代担保物权法的发展，主要是为了弥补民典法里未提供动产上不移转占有的担保物权制度的立法缺陷：德国是在法典之外通过承认“让与担保”的判例法方式来解决此一缺陷的；日本是在法典之外通过在“不同类型动产担保物”上设立抵押权的特别立法方式来解决此一缺陷的；我国台湾地区则是在法典之外通过在动产上创设“不同类型非移转占有型担保物权类型”方式，来解决此一缺陷的。

上述担保物权法制发展模式，都是在有民法典的既成前提下，通过在民法典之外确立判例法和颁行特别法，来解决民法典中未规定“动产上不移转占有的担保物权制度”的立法缺陷。这一法制发展模式一般不会引起民法典与单行法或者判例法之间的法体系冲突。尽管其规范本身或可有一些矛盾的地方，但是因为两者适用的对象不一样，所以不会在法典法与特别法或判例法的适用上产生冲突。与此相比，中国大陆担保物权制度的发展路径迥异。研判我们今天的担保物权法律制度，需要从1995年《中华人民共和国担保法》（以下简称《担保法》）开始。我们1995年制定《担保法》时，环顾域外以及审视脚下，在动产上创设不移转占有的担保物权制度，同样是非常重要和十分必要的。但是，我国和上述民法法典化国家或者地区不一样，他们有民法典既成在先，民法典是不能被随意修改的，所以要在法典之外解决问题；我们《担保法》是在没有民法典的既成拘束下制定的，我们把传统民法典里缺失动产上不移转占有的担保物权制度的立法缺陷，在《担保法》里就直接解决了：中国《担保法》中的抵押权概念与传统抵押权概念是不一样的，传统的抵押权概念专指不动产抵押权，我们《担保法》里的抵押权概念既包括不动产抵押权，也包括“法律允许抵押的动产"抵押权；到了《物权法》时代，更进了一步，扩展到了"法律不禁止的财产"抵押权。所以，我们通过改变抵押权概念，即通过动产抵押权在担保法典中的植入，就解决了传统法典法国家和地区在民法典里没有动产上不移转占有的担保物权制度的立法缺陷。

成在此，败在此。

我们当时并没有能力驾驭实施这一立法技术可能引起的法体系后果。动产抵押权的法典法机械植入，在动产上形成了"动产抵押权、动产质权和权利质权"的多元动产担保物权结构。这一结构具有逻辑上的结构性缺陷，一是容易导致忽视整体制度的设计。这个逻辑推演结果的实证研究表明，我国现有担保物权法中没有"统一登记制度"，没有"统一优先次序规则"，没有科学完善的"准用规范"。既然是动产抵押权制度独立在先，则后面的动产质权和权利质权当然是可以准用前面的动产抵押权。但是，我们现有的担保物权立法中没有动产质权和权利质权对动产抵押权规则的准用规范。这是为什么？因为我们传统的抵押权是不动产抵押权，动产质权和权利质权被认为不能准用不动产抵押权制度。但是，当抵押权这个概念从传统的不动产抵押权发展到也包括动产抵押权的时候，我们的担保物权立法并没有在准用制度上随之跟进，所以造成整个担保物权制度出现了因缺乏准用规范而导致的规范漏洞问题。

二是容易导致同一规范的的重复、不一致甚或矛盾和漏洞。担保物权制度有九个方面的制度群构成，即定义、担保物、担保合同，担保物权设立、公示、效力、优先次序、实现和消灭。我们提出的担保物权法草案，也一直是按照这九个方面来构建的。担保合同、担保物权设立、担保物权公示，构成了意定担保物权制度的"三步曲"。在担保物权公示之后，还有担保物权的效力、优先次序、实现和消灭等。这九个方面规范群在动产抵押权、动产质权和权利质权多元存在的情况下是需要重复的。比如，担保物权立法中既有抵押合同也有质押合同，这就是一个规范重复。其一，规范重复本身就是违反法典法内在逻辑要求的。其二，如果规范被重复时，"真话说三遍都会变成假话"，立法者对同样的问题使用了不同的语言，比如对于抵押物范围，对抵押物，"法律、行政法规不禁止抵押的"都可以抵押；对质押权利，就变成"法律允许质押的权利才可以质押"。当然，动产抵押权是公示对抗主义，但动产质权和权利质权反而是公示生效主义，这也是同样的问题没有同样的处理。另外，应该重复的规范却没有重复，立法亦没有给出准用规范，由此形成法律漏洞。比如，权利上的担保物权能不能重复设置？这当然是可以的。但是，权利质权复数存在时，它们的优先次序规则在我们今天的担保物权法里没有规定，形成了法律漏洞。这一法律漏洞的形成，原因就在于"权利质权"没有规定可以准用"一般抵押权"。实证研究表明，中国现有的担保物权法制在上述九个方面都有重大缺陷。我们刚才讲了三类动产担保物权制度类型，这样就在二十七个规范群方面几乎都有问题，我们用"千疮百孔"一词来形容我国的担保物权法现状，不可谓"言过其实"。现在，学界对《民法典各分编草案》都不满意，我也不满意。

例如，《民法典各分编草案》制度设计中没有规定统一登记制度，将来我们的动产担保物权怎么连接单行的统一登记制度？再如，优先次序规则，现在的《物权法》和《民法典各分编草案》因为是分块结构，形成优先次序规则的"各说各事、难成一事"的窘局。实际上，动产质权里找不到优先次序规则，但是动产质权里有责任转质，责任转质就隐藏着优先次序规则；权利质权里面也没有优先次序规则，但权利质权没有准用抵押权的准用规范。我们研究《物权法》的抵押权优先次序规则，从第 190 条、第 191 条开始谈优先次序规则，但第 192～198 条却和优先次序规则没有任何关系，到了第 199 条则是同一个物上数个抵押权的一般优先次序规则。我刚才所说担保物权法的九个规范群方面是有逻辑次序的，但是立法时这九个方面是混乱地搅和在一起的。所以，这给法律的适用和法律的学习造成了很大的不应有的烦扰。传统物权法没有"购买价款担保物权"及其"超级优先权"规则，今天我们在《民法典各分则草案》中增加第 207 条解决了这个立法漏洞，但是大部分人说看不懂这一条，因为我们对这样一个舶来制度缺少学术上的讨论和共识。而且这一条还和合同法里的所有权保留制度联系在一起，出生于所有权保留，脱变为抵押权。购买价款担保权制度和所有权保留制度会产生体系冲突。有学者认为应该取消《民法典各分则草案》第 207 条，即不要购买价款担保权，留下所有权保留制度。但是，中国的担保物权法里没有所有权保留制度，只有抵押权这个担保物权制度，如果不用这个抵押权制度同构所有权保留制度，就会使购买价款担保权制度和所有权保留制度形成体系上的冲突。所以我们的结论是，应该取消合同法里的所有权保留制度，保留《民法典各分则草案》第207条购买价款担保物权制度。

在前述基础上，我们国家的担保物权法应该如何编纂呢？大家知道，担保物权法是一个交易法，世界银行有一个统计，世界上有150多个国家和地区都在借鉴《美国统一商法典》第九编的结构模式、立法理念。《法国民法典》2005年增加了第四编，是动产担保物权制度，也借鉴了美国《统一商法典》第九编；《欧洲示范民法典草案》第九篇“动产担保交易法”，也借鉴了美国《统一商法典》第九编；世界贸易组织法律委员会颁布的《动产担保交易示范法》，也借鉴了美国《统一商法典》第九编。如此一元化动产担保物权法制潮涌之下，我们的担保物权法制编纂取向，理应借风扬帆、顺势而为。

我国未来的动产担保物权法不应该再分类为动产抵押权、动产质权和权利质权，它就叫一个名字“动产担保物权”，包括上述九个方面规范群。这样的立法模式叫一元化动产担保物权立法模式。动产担保物权的一元化立法模式，在结构上可以解决上述多元化担保物权的结构性缺陷。但现在的立法政策者不让我们做“大动作”，即只能在现有担保物权法结构体系下解决上述问题。所以，我们提出的草案暂且保留结构多元，但是我们的规范是一元的。一元结构模式下不再有整体制度的缺失，不再有规范的重复，当然也因此不再有规范的不一致、漏洞等立法缺陷。那么，怎么形成结构多元下的规范一元呢？主要措施之一，就是大量提取公因式，我们设计的一般规定就包括基础规范和公因式规范。“基础规范”大都是原来立法中没有的现在增加的规范，如担保物权名称自由，如统一登记制度等；公因式规范即把动产抵押权、动产质权和权利质权中的共同规范，比如担保合同规范、时效制度规范等提取出来。通过大量的以及尽量的公因式规范提取，掏空抵押权和质权里的重复规范、杜绝不一致规范和法律漏洞。所以，最终我们的草案是一般规定21条，比原有立法及草案多了13条。与此相适应，“抵押权”现在包括不动产抵押权和动产抵押权，所以更多的抵押权制度就留给了不动产抵押权制度，当然也留下了作为被准用规范的应有规范如优先次序规则等；动产质权只保留因质物占有而导致的与抵押权不同的制度，如保留占有质物的责任，或者是使用、收益的特殊规范以及准用规范等；权利质权也只保留权利质权的特殊规则：定义、担保物的类型、担保债权到期规则以及准用规范等。措施之二，就是在此基础上，借助于准用规范链的建立、健全，规则被抽取而空洞的动产质权和权利质权完全借助于准用规范的适用来弥补自身规范的空洞不足。由此形成了“一般规则与具体规则结合”，“充实的抵押权规则与空洞的质权规则结合”，其结果是，形式不变、内容大变，结构多元、规范一元。

此外，我们提出的草案之第2条，是担保物权的内容，有法律规定；担保物权的名称，当事人可自由约定。因此，像所有权保留、让与担保、融资租赁等，都是同一个担保物权内容的不同观察角度的称谓，都可以被纳入到担保物权法中来接受调整。在这一方面，担保物权和用益物权不一样。用益物权每一个名称代表一个不同的用益物权，或者说不同的用益物权必须起一个不同的名称指代。担保物权就是对担保债权数额限度内的担保财产变价的优先受偿权，它的内容是单一的、唯一的，至于你叫它什么名称，是对同一权利内容观察角度的不同造成的，我们站在出售人的位置上可以叫它所有权保留，也可以站在买受人角度说你先给我所有权，我再把我有所有权的物抵押给你，那你就拥有了抵押权。《民法典各编草案》第207条虽然叫抵押权，但这个制度来自于所有权保留，所以担保物权的名称没有实质意义。怎么去解释这些现象？有学者认为，最高人民法院有很多案例，当事人签订了一个名义上叫做买卖合同的交易，但最高人民法院审判后却发现它实质是创设了一个担保物权。为什么？因为当事人的真实意思是担保关系而不是买卖关系。质言之，担保物权是一个内容法定名称自由的物权类型。动产担保物权之所以能够实施规范一元化，法学原理来自于此。

动产担保物权一元化立法模式的研究和学术主张，逐渐被中国民法学界接受，越来越多的学者深入到这一研究领域，研究队伍、学术影响不断壮大。本丛书的出版得到了江苏德擎律师事务所主任王树平先生的慷慨资助，在此深表谢意！

是为序。

2018年11月25日

目 录

【原理】

【结构】

【规范】

【草案】

原 理

担保法理论与实践

论物权变动的主客观条件

论《物权法》确立的物权变动新模式

对法国物权变动债权意思主义的再思考

论物权变动的主客观条件*

摘要：依法律行为的物权变动的条件包括主观条件和客观条件。主观条件就是当事人间的“合意”，客观条件就是要有“特定物”。各国物权变动体例的不同，在主观条件方面有债权行为与物权行为之别；在客观条件方面有直接以“特定物”为交易前提者和间接以“折射”方式表现“特定物”者。“物权意思＋公示对抗”的物权变动模式更具有科学性。

关键词：物权变动；主观条件；客观条件；立法模式

物权变动，依其原因，可以被分为依法律行为的物权变动和非依法律行为的物权变动。本文所谓“物权变动”，仅限于依法律行为的物权变动，非依法律行为的物权变动，不在本文的研究范围之内。

依法律行为的物权变动，学界共识认为有三种立法体例：以法国民事立法为代表的债权意思＋公示对抗主义；以德国民事立法为代表的物权意思＋公示生效主义以及以奥地利民事立法为代表的债权意思＋公示对抗主义。[①] 目前，关于物权变动的著述多热衷于三种立法体例间的区别。殊不知，这样的研究思路在有所发现的同时多有所偏失：我们很少在现有的研究资料中发现有关上述三种立法体例的共性描述。暂且撇开法律条文不论，有一个问题在笔者心中由来已久且挥之不去——表现不同的各国物权变动规则却在调整相同的法律生活——物权变动，而物权变动本身不会因法律规则的不同而有差异。[②]

---

* 本文原标题为《论物权变动的主客观要件》，载《法学论坛》2008 年第 3 期。

① 梁慧星：《物权法（第六版）》，法律出版社 2016 年版，第 71～73 页。

② 社会生活是客观的，法律制度是主观的。主观的法律制度可以不同的方式、技术或者价值选择调整在事实方面相同的社会生活。各国依法律行为的物权变动立法模式可以是而且也已经是不同的，但其调整的物权变动社会生活本身却并不因国别而有两样。

正是在这一“同”与“不同”的对比中，促使笔者在物权变动的个性规则中寻找共性实在。此所谓共性实在，即笔者在本文中所认定的、由相同的法律生活决定的物权变动的主观要件和客观要件。加之我国颁布并生效的《物权法》对依法律行为的物权变动采取了二元制的立法模式。这就要求我们必须回答如下问题：物权变动中的意思，究竟是物权意思还是债权意思？物权变动中的公示，究应采公示生效主义还是公示对抗主义？

一、物权变动的主观条件

依法律行为的物权变动，定当须以当事人的意思表示为之。唯独此所谓“意思表示”，有的如法国、奥地利等国的民事立法认其为“债权意思”，而德国、我国台湾地区的民事立法定其为“物权意思”。关于各国民法典对意思表示性质上的认定差别，此前的理论仅限于从民法典的内在逻辑体系中寻找根据：民法典是一个体系化、逻辑化的存在。民法典的逻辑前提决定其逻辑展开或逻辑结果。[①]《德国民法典》的物权行为理论是德国民法对作为权利变动之动因的人的意思表示进行高度抽象以形成法律行为概念并对民事权利进行分类的逻辑结果。如果没有直接引起物权变动的物权行为理论和制度，相对于法律行为这个抽象概念而言，以及相对于债权、物权这一对权利分类而言，在德国民法的逻辑化、体系化的法典结构中，将会出现制度残缺并直接导致体系的断裂。相比之下，《法国民法典》既没有法律行为概念，也没有相对于债权概念的物权概念，所以其就难以在逻辑体系上形成具体表现法律行为这一抽象概念的物权行为概念。在《法国民法典》起草者可以想象的世界里，人的行为，无非就是人的单方行为（如抛弃）和双方行为（如合同），而且，合同可以引起包括所有权（物权）在内的所有民事权利的变动。总之，物权是与债权截然不同的权利类型，其区别导致了物权的意思表示必然独立于债权的意思表示。对法律行为依其法律效果分类，就产生了物权行为的概念：产生物权法效果的法律行为即物权行为。[②] 这样，在整个民法典

---

① 董学立：《试论我国物权变动安全制度体系之构建》，载《法学论坛》2003 年第 1 期。

② 田士勇：《物权行为理论研究——以中国法和德国法中所有权变动的比较为中心》，中国政法大学出版社 2002 年版，第 27 页。

的体系中，不同的行为对应于不同的权利并产生不同的法律效果，从而使民法典的逻辑体系趋于完善、缜密。[①] 因而，在《德国民法典》中逻辑化、体系化存在的物权行为制度（理论），在《法国民法典》中实没有其赖以存在的逻辑前提。

上述关于债权意思和物权意思之逻辑化、体系化存在的论证不可谓没有道理，但有一问题横竖突兀其间，这就是表现为物权变动动因的不同属性的行为即债权行为或者物权行为，却引致了同样的结果——产生了物权变动。而物权变动的逻辑前提，必是让与人有一个先期存在的物权——法律上对此情景的表达是“有权处分”。物权是根本不同于债权并与其相对称的另一类重要的民事权利。就物权的特性而言，其有所谓的“客体之特定性、效力之绝对性和实现之支配性”三者；就“物权”本身而言，此三者的意义不同：“客体之特定性”是物权得以成立并存续的前提条件，其他两者则属于物权成立后或存续中的法权效果。所以，对物权变动而言，仅有“客体之特定性”这一方面才具有基础意义；如果没有特定化了的客体即“物”的存在，单凭当事人的意思——不论其是如法国民法的债权意思，还是如德国民法的物权意思，都是无法完成物权变动的效果的。[②] 也正是在这一点上，我们的理论陷入了无力自拔的境地——反对物权行为理论的认识时常发出这样的疑问：物权意思在哪里？合同书里明明与清楚了要移转所有权，难道在合同之外还要什么物权意思吗？殊不知，即使合同书中关于移转所有权的意思表示被重复、强调亿万次，如果没有特定化了的“物”的存在——在当事人为所有权变动之意思表示时尚为“未来物”或者“种类物”时，所谓合同书中的“所有权变动的意思表示”，其实际达到的法权效果，因没有承载所有权的特定客体即特定物的法律存在，所以，其法律效果就在客观上无法成就物权变动——压根就没有物权，何谈物权之变动。但这一情景下的意思表示不是不成就任何法权效果，债权意

① 董学立：《试论我国物权变动安全制度体系之构建》，载《法学论坛》2003年第1期。

② 此与债权的变动恰有不同，约定之债权的变动，一般说来，仅依当事人的合意无须其他要件而成就。债权以债务人的“给付”为标的，其虽有时间接指向“物”，但却时常与其不相干系；物权是以“物”为标的的权利。没有特定的“物”，无以成就物权。

思（缺失“特定物”之客观基础的所有权移转的意思表示）当成就债权效果——当事人之间因此建立起了“当为”之请求权。

所以，仅借助债权意思去完成物权变动的法律效果，不仅在逻辑上失却了法典编纂的完美性，并且在客观上也因缺失“特定物”条件而不可能；单凭物权意思——法律行为概念在民法典之“物权编”逻辑展开后的具体表现，同样也不能推动物权变动的法律效果。终其原因，就是在物权变动的充分要件中，尚缺失其客观必要条件——特定化了的物权客体即“特定物”。只要有了特定的“物”，则不论当事人是凭借债权意思，还是依靠物权意思——一个民法法典化后逻辑化、体系化的存在——都是可以完成物权变动的。所以，在探讨了物权变动的主观条件之后，接下来应进一步探讨物权变动的客体条件。

二、物权变动的客观条件

依法律行为物权变动的客观条件，就是客观世界中需有一个先期存在的物权。而先期物权的存在，又需要有特定化了的“物”的存在为前提。所以，一般说来，关于依法律行为物权变动的客观条件，就因此转化成了特定化了的“物”的存在。在民法典中，以什么样的立法技术实现物权客体的特定化要求，各国民事立法颇有不同，主要有以下两种方式：

一是以“特定物”为交易前提的立法技术。此即以《法国民法典》为代表的立法技术。《法国民法典》第 711 条规定：“财产所有权，因继承、生前赠与、遗赠以及债的效果而取得或移转。”该法典第 938 条又规定：“经正式承诺的赠与依当事人间的合意而即完成；赠与物的所有权因此即移转于受赠人，无须再经现实交付的手续。”其第 1583 条更规定：“当事人双方就标的物价金相互同意时，即使标的物尚未交付，价金尚未支付，买卖即告成立，而标的物的所有权也于此时在法律上由出卖人移转于买受人。”其第 1703 条再规定：“互易与买卖同，得仅依当事人双方的合意为之。”从《法国民法典》的上述这些规定可以看出，标的物所有权的变动，仅仅依赖于当事人的债权意思（如合意、债的效果、当事人同意等）即可实现。难道真的仅仅依据当事人之间的债权意思就足以引起物权的变动吗？从法典的文义来分析，答案似乎是这样的。但一个常识性的问题不能忽略：如果没有先期的物权亦即没有特定化的“物”，仅凭当事人之间的债权意思，还能引起物权的变动吗？答案就是不能了——这是一个常识性的答案。因为没有一个“物”，亦即没有一个物权，怎么可以让渡一个物权！

法国物权交易法构建的基础是特定物交易，因此才有了法国民法上前述的规定。①

我们需要在文义解释之外借助于法典的体系和逻辑去接济文义解释的无奈。《法国民法典》第1138条作了这样的规定：“交付标的物的债务依缔约当事人单纯同意的事实而完全成立。”“交付标的物债务的成立从标的物应交付之时起，即使尚未现实移交，使债权人成为标的物所有人……”从字面上理解，第1138条规定的“从标的物应交付之时起”所有权发生变动的规定，与上述其他条款的规定似乎存在矛盾。为何上述各项条款规定所有权移转以合意为唯一充分条件，而第1138条却规定除了当事人间的合意之外，尚需外加“标的物应当交付之时起”这一条件？为了协调这些法律规定之间的矛盾或冲突，应以“特定物”交易属于法典规制的一般对象为基础，将上述第711条、第938条、第1583条以及第1703条解释为法典关于标的物所有权移转的一般规则，而把第1138条解释为法典关于非特定物（种类物、未来物）所有权移转的特别规则。这些非特定物“特定化的时间”，就是其“应为交付的时间”。简而言之，《法国民法典》是以“特定物”交易为前提的立法技术，在作为客观要件的“客体特定性”得以满足的前提条件下，再以当事人的“合意”决定物权何时发生变动。这样一来，当事人间达成合意之时——此“合意”在法国民法被认定为债权合意——物权变动因主、客观条件的兼备，而完成其在主体之间的变动；关于非特定物之交易，其立法技术就是将其特定化之时，加之当事人先前已经达成的合意，从而完成其在主体之间的物权变动。就是说，《法国民法典》物权变动规则的设计，在主观条件之外，同样需要客观条件的满足。《法国民法典》关于

① 王轶：《物权变动论》，中国人民大学出版社2001年版，第19页。

客观条件的满足方式即其立法技术，是以“特定物”交易为前提，“非特定物”交易为例外的立法技术。

《日本民法典》以及时下全球热衷追逐的“统一动产担保交易法律制度”，都是以“特定物”交易为前提的物权变动模式。当然，作为制度体系上的呼应，其立法模式也都是意思主义+公示对抗主义。

二是以“折射”方式表现“客体特定化”的立法技术。此即以《德国民法典》为代表的立法技术。《德国民法典》以形式主义著称。该法典第873条规定：“为转让一项地产的所有权，为在地产上设立一项物权以及转让该项物权或者在该物权上设立其他权利，如法律没有另行规定时，必须有权利人和因该权利变更而涉及的其他人的合意，以及权利变更在不动产登记簿上的登记。”该法典第929条规定：“为转让一项动产的所有权，必须有物的所有人将物交付于受让人，以及双方就所有权的移转达成的合意。”同时，该法典第1205条第1项第1款又规定：“为设立质押权，必须有物的所有人将物交付于债权人，以及双方关于为债权人设立质押权的合意。”以前，我们对这些条文进行解读的结论多为“物权行为的形式主义”、“物权变动的内外部公示之一致性及其对交易安全的关怀”等，以此来回应“登记”、“交付”形式要件主义模式在物权变动中的法律意义。但若以物权变动的主客观条件为视角而重新对其考量，我们就得出了不同的结论：所谓的公示形式即“登记”或“交付”，其所要成就的不是别的，而是以此“折射”方式来表达“光源”之所在——物权的客体已经特定化了——如果没有特定化的物权客体，哪能办理“登记”手续以及哪能得以被“交付”。也就是说，不动产之“登记”或者动产之“交付”，其“折射”出的是标的物已经特定化了，而这就是对物权变动客观要件——“特定物”条件的“折射”式表达。尽管债权形式主义关于物权变动的主观要件与德国民法不同，但其关于物权变动的客观要件即物权“客体的特定性”要求是完全一致的，其立法技术就是以“登记”或“交付”的要件主义，“折射”不可或缺的物权变动的客观条件。

总之，以物权变动的起始以及其终结为参照，物权变动的完成须有其主观要件和客观要件，这一点在任何国家的法制中没有不同，所不同的只是各国民事立法用于反映这两方面要件的立法技术不同而已。由此就形成了主观要件上的债权意思与物权意思之别，以及直接以“特定物”为交易前提的公示对抗主义和以折射方式间接表现“客体已经特定”的公示生效主义。以此为比较和判断，前《苏俄民法典》① 以及《民法通则》颁布前的我国民法理论与司法实践所持的立场，② 与本文确立的物权变动的主、客观要件理论相契同：当事人就买卖合同中的标的物所有权移转没有约定时，所有权移转的时间依标的物是“特定物”抑或是“种类物（未来物）”而分别确定——标的物为特定物的，所有权在合同生效时移转于买受人；标的物为种类物（未来物）的，所有权移转时间在标的物交付之时。这样看来，这一立法技术几乎与法国民法相同。因此，不论民事立法是采债权意思主义还是物权意思主义，客观条件的成就即标的物的特定化——或表现为直接的特定化或者表现为间接的特定化，是物权变动的客观必要条件。

三、我国民事立法应当择取的物权变动模式：物权意思 + 公示对抗

就制度存在的客观性方面观察，物权行为的逻辑独立性存在可以实现民法典编纂的体系化、逻辑化形式完美价值夙愿；就制度设计的主观性方面考察，物权行为独立性的承认可以为物权行为无因性的制度选择铺平进路。③ 当然，物权行为独立性的承认，不是凭空而就的，其须借助于民法典本身的制度逻辑环境：我国民事立法向以《德国民法典》为参照，其关于法律行为的理论和制度以及关于民事权利分类的理论和制度，无不直接源自德国民法。所以，我国民事立法有承认物权行为理论的制度环境。对于这一点，1929 年《中华民国民法典》对物权行为理论的承认是恰好的例证。

《法国民法典》所谓债权意思形成物权变动，是以“特定物”交易为

① 1922 年《苏俄民法典》第 66 条规定：当事人无约定时，所有权移转的时间依标的物是特定物抑或种类物而分别确定——标的物为特定物的，所有权在合同生效时移转于买受人；标的物为种类物的，所有权移转的时间在标的物交付之时。

② 梁慧星：《物权法（第三版）》，法律出版社 2005 年版。

③ 董学立：《试论我国物权变动安全制度体系之构建》，载《法学论坛》2003 年第 1 期。

前提的立法技术。在没有特定物的情况下，债权意思当无以形成物权变动，但其却可以形成债权变动。所以，两相比较，不如就把前者认定为物权行为，其意思表示的法效果是物权变动。《德国民法典》之所以将物权行为界定为物权意思＋公示生效，是以公示的完毕间接地折射“物”已经被特定化了。所以，两者在这里实现了统一：当“物”得以特定的时候——不论是“特定前提论”还是“特定折射论”——物权变动的法效果的成就，就仅仅取决于当事人物权变动的意思表示。所以，那些得以（指能够而非即可）产生物权法效果的意思表示就是物权行为，那些无法产生物权法效果但却可以产生债权法效果的意思表示，就是债权行为。像劳务合同，其与物权变动无关，所以其就绝无产生物权变动法效果的可能，既如此，哪来的物权行为！

尽管“非特定物”交易在现代社会趋于广泛，但“特定物”交易仍是生活的常态。在这一背景下，确立“物权意思＋公示对抗”的物权变动模式，是完全可行的。这一立法模式以“特定物”交易为原则，以“非特定物”交易为例外，此一点与法国民法相同，其不同者在于前者区分了债权行为与物权行为，而后者只有债权行为；同时，这一立法模式亦与德国民法存有异同：相同点在于两者都将物权变动的主观要件选定为物权意思，不同点在于前者以公示生效方式折射物权变动的客观要件之成就，后者则以特定物交易为前提并将物权公示这一制度恢复到了其本来应有的法效果之上去了——它只能对交易安全的实现起到物权享有的标示作用。① 目前学界的疑虑在于，关于非特定物的交易，在当事人达成合意而物为非特定的情况下，此意思表示竟究是债权意思还是物权意思？对此疑问，笔者的理解是，在移转非特定物所有权以及其他物权的情形，当事人的意思表示应为附条件的物权意思表示，其所谓条件就是以“非特定物”之能否“特定化”为条件。在非特定物不能特定化的时候，此意思表示不是沦为无效，而是转化为有效的债权意思表示，这一制度安排的目的，在于保证对相关当事人的法律救济。

“物权意思＋公示对抗”之物权变动立法体例，如要说其史无前例，未

① 董学立：《物权公示，公示什么?》，载《比较法研究》2005 年第 5 期。

必恰当：如《德国民法典》第873条第2款规定："尚未登记的合意，在当事人的意思表示经过公证证明，或者该意思表示已经提交给不动产登记局，或者权利人已经将获得登记许可的证书交付给相对人时，也同样具有拘束力。"这一规定表明，不以法定公示形式（登记）表彰的意思表示也具有物权变动的效力。当标的物以其他方式如"公证证明、意思表示提交登记局或者证书交付"得以特定化时，当事人的"合意"此时就成了物权变动的充分条件。同样，《德国民法典》关于动产"交付"的观念化，也使得"指示交付、占有改定"等得以"折射"客体的特定化。这样一来，当事人的"合意"同样也成了物权变动的唯一充分要件。需要恳切交代的是，"公示对抗"中的"公示"仅指法定的公示方式，即不动产公示的方式是"不动产登记"，动产的公示方式是"动产交付"。如上述其他的形式，其虽可以"折射"客体的特定性，但却不可以谓之为"公示对抗"之"公示"。所以，《德国民法典》并非一以贯之的采物权意思+公示生效主义体例，非法定公示形式之客体特定化"折射"效果的不得已之承认，也使得物权意思+公示对抗主义体例得以有适存空间。

再者如《日本民法典》，该法典第176条是关于法律行为即意思表示发生的物权变动的一般规定，因此规定过于简约，对其解释作为课题遗留给判例和学说，就此引发了日本民法史上的大争论。[①] 在这种情况下，笔者认为，日本民法采"物权意思+公示对抗"的物权变动立法体例，也就不是在任何时空、任何人群中全无道理的主张。

四、结束语

我国物权法关于物权变动的立法体例采取了二元模式：债权意思+公示对抗以及债权意思+公示生效。何以采债权意思以及何以采公示生效或公示对抗？已经给出的立法理由未必充分和恰当。笔者以物权本身成就所必需的"客体特定性"要求，以及物权意思确立后得以形成的法典体系之完美和物

① 王茵：《不动产物权变动和交易安全——日德法三国物权变动民事的比较研究》，商务印书馆2004年版，第196页。

权行为无因性制度选择上的可能为理由，认为“物权意思＋公示对抗”之物权变动体例更为适当。笔者的体会是，我们对很多问题的讨论，多因游离于其可能的语境之基本概念外，而迷失了探求问题的方向。物权变动这一问题的讨论，当首先须以“物权”这一概念为基本语境，而“物的特定性”则是其基本内核。

论《物权法》确立的物权变动新模式*

摘要：《物权法》接受了区分原则也大量采用了公示对抗主义，这使得“物权意思＋公示对抗”得以成为一种独立的物权变动立法模式。拆解物权变动立法要素可以明了：物权变动的主观要件是法典逻辑化、体系化的产物，客观要件是以什么样的立法技术反映“特定物”的结果。组合物权变动立法要素可以得出：物权意思的选项不仅满足了法典的体系唯美追求，而且也能实现法律所欲追求的目的；公示对抗的制度安排既可以澄清物权行为与物权公示的关系，也可以还物权公示法律机能之本来面目；实证研究表明：“物权意思＋公示对抗”立法模式并非不曾有过，实为不曾发现过。我国民事立法宜将“物权意思＋公示对抗”视为一种新的物权变动立法模式，并在此基础上纠正过去的一些错误认识。

关键词：物权变动；主观要素；客观要素；立法模式

就物权变动立法模式的形式要素而言，学界通说认为，我国《物权法》采取了以公示生效主义为原则、以公示对抗主义为例外的立法模式。① 但《物权法》以12个条文规定物权变动公示生效主义、以8个条文规定公示对抗主义的立法现实，又使得笔者对此通说在基本接受的情况下又保持了一定距离——仅从条文数量的对比来看，物权变动公示对抗主义的大量采用使笔者更愿倾向于认为《物权法》事实上采取了公示二元主义即公示生效主义与

---

* 本文原标题为《论〈物权法〉确立的物权变动新模式》，载《法学论坛》2011年第4期。

① 《物权法》第1编第1章第6条规定：“不动产物权的设立、变更、转让和消灭，应当依照法律规定登记。动产物权的设立和转让，应当依照法律规定交付。”

公示对抗主义并立的物权变动模式。① 学说之间定有差别，但两学说的共通之处在于都承认了公示对抗主义。此举可谓为我国《物权法》的一个新特色。就物权变动模式的意思要素而言，《物权法》第15条对区分原则的明文规定，在事实上承认了引起物权变动的意思表示是当事人的物权意思。② 可以肯定的是，我国《物权法》确立了物权意思＋公示生效和物权意思＋公示对抗两种物权变动模式。相对于中华人民共和国成立后我国大陆确立的债权意思＋公示生效，法国民法确立的债权意思＋公示对抗，以及德国民法确立的物权意思＋公示生效三种物权变动先有模式，我国《物权法》确立的物权意思＋公示对抗模式可谓是一种全新的立法模式。③ 这一立法创新如何被理解以及我国未来民法典对此有何应对等，学界尚缺乏研究。

一、物权变动立法要素的拆解

所谓物权变动当属依法律行为的物权变动。依法律行为物权变动的立法要素包括主观要素和客观要素。主观要素就是当事人之间关于物权变动的意思表示即物权变动之“合意”，客观要素则是须有“特定物”之存在。④ 各国物权变动模式之不同，表现在主观要素方面就有了债权行为与物权行为之别；反映在客观要素方面就有了直接以“特定物”为交易前提者和间接以“折射”方式表现“特定物”者。⑤

（一）物权变动的主观要素

依法律行为的物权变动，须以当事人的意思表示为之。唯独此所谓“意思表示”，如法国、奥地利等国的民事立法认其为“债权意思”，而德国、我国台湾地区的民事立法定其为“物权意思”。关于各国民法典对意思表示性

---

① 据笔者统计，《物权法》明示为公示生效主义的条文有12条，明示为公示对抗主义的条文有8条。

② 所谓区分原则，是对物权行为理论中物权行为和债权行为的区分。

③ 学界对“物权意思＋公示对抗”之物权变动立法模式缺乏应有的前瞻性甚至跟进性研究。

④ 这是一个变相的说法。其实，物权变动的客观要件应是须有一个先期存在的物权。而物权之存在，当须有“特定物”为客观物质基础。

⑤ 物权变动的主观要件与客观要件是意思要素与形式要素的上位概念。为了论述的方便，这些概念在本文中互为通用。

质上的认定差别，此前的理论多从民法典的内在逻辑体系中寻找根据：民法典是一个体系化、逻辑化的存在。民法典的逻辑前提决定其逻辑展开或逻辑结果。① 德国民法的物权行为理论是《德国民法典》对作为权利变动之动因的人的意思表示进行高度抽象以形成法律行为概念并对民事权利进行分类的逻辑结果。如果没有直接引起物权变动的物权行为理论和制度，相对于法律行为这个抽象概念而言，以及相对于债权、物权这一对权利分类而言，在《德国民法典》的逻辑化、体系化的法典结构中，将会出现制度残缺并直接导致体系的断裂和逻辑缺口。相比之下，《法国民法典》既没有法律行为概念，也没有相对于债权概念的物权概念，所以其就不需要在逻辑上、体系上形成法律行为这一抽象概念以及具体表现这一抽象概念的物权行为概念。在《法国民法典》起草者可以想象的世界里，人的行为，无非就是人的单方行为（如抛弃）和双方行为（如合同），而且，合同可以引起包括所有权（物权）在内的所有民事权利的变动。总之，物权是与债权截然不同的权利类型，其区别导致了关乎物权的意思表示必然独立于关乎债权的意思表示。对法律行为依其法律效果分类，就产生了物权行为概念：产生物权法效果的法律行为即物权行为。② 这样，在整个民法典的体系中，不同的行为对应于不同的权利变动并产生不同的法律效果，从而使民法典的逻辑体系趋于完善、缜密。③ 因而，在《德国民法典》中逻辑化、体系化存在的物权行为制度（理论），在《法国民法典》中实没有其赖以产生的逻辑前提，也没有其得以适用的体系依存。

上述关于债权意思和物权意思之逻辑化、体系化存在的论证不可谓没有道理，但有一问题横竖突兀其间，这就是表现为物权变动动因的不同属性的行为即债权行为或者物权行为，却引致了同样的结果——产生了物权变动。而物权变动的逻辑前提是，让与人有一个先期存在的物权。物权是根本不同于债权并与其相对称的另一类重要的民事权利。就物权的特性而言，其有所谓的“客体之特定性、效力之绝对性和实现之支配性”三者；就“物权”本

---

① 董学立：《试论我国物权变动安全制度体系之构建》，载《法学论坛》2003 年第 1 期。

② 田士勇：《物权行为理论研究——以中国法和德国法中所有权变动的比较为中心》，中国政法大学出版社 2002 年版，第 27 页。

③ 董学立：《物权公示，公示什么?》，载《比较法研究》2005 年第 5 期。

身而言，此三者的意义不同："客体之特定性"是物权得以成立并存续的前提条件，其他两者则属于物权成立后或存续中的法权效果。[①] 所以，对物权变动而言，仅有"客体之特定性"这一方面才具有基础意义：如果没有特定化了的客体即"特定物"的存在，单凭当事人的意思——不论其是如法国民法的债权意思，还是如德国民法的物权意思，都是无法完成物权变动的效果的。[②] 也正是在这一点上，我们的理论陷入了无力自拔——反对物权行为理论的人士时常发出这样的疑问：物权意思在哪里？合同书里明明写清楚了要移转所有权，难道在合同之外还要什么物权意思吗？殊不知，即使合同书中关于移转所有权的意思表示被重复、被强调亿万次，如果没有"特定物"的存在，如在当事人为物权变动之意思表示时尚为"未来物"或者"种类物"者，所谓合同书中的"物权变动意思表示"，其实际能达到的法权效果，因缺"特定物"的法律存在而无法成就物权变动——压根就没有物权，何谈物权之变动，但这一情景下的意思表示并不是没有任何法权效果，债权意思（缺失"特定物"之客观基础的所有权移转的意思表示）当成就债权效果——当事人之间因此建立起了"当为"之请求权。《物权法》确立区分原则的意义就在于此，其为未来的物权变动建立了"姻缘"。

所以，借取债权意思去完成物权变动的法效果，这不仅在逻辑上失却了法典编纂的完美性，并且在客观上也因缺失"特定物"条件而终不可能；单凭物权意思——法律行为概念在民法典之"物权编"逻辑展开后的具体表现，同样也不能推动物权变动的法律效果。终其原因，就是在物权变动的充分要件中，尚缺失其客观必要条件——特定化了的物权客体即"特定物"。[③] 只要有了"特定物"，则不论当事人是凭借债权意思，还是依靠物权意思——一个民法法典化后逻辑化、体系化的存在——都是可以完成物权变动的。法德两国民事立法确立的物权变动模式早已经证明了这一点。所以，在探讨了物权变动的主观条件之后，接下来应顺而探讨物权变动的客体条件。

---

① 从我国《物权法》第2条规定中不难看出，"特定的物"是物权概念的客观基础。

② 此与债权的变动恰有不同，意定之债权的变动，一般说来，仅依当事人的合意无须其他要件而成就。

③ 当然，没有先期物权即没有"特定物"的存在，也没有什么物权行为。

（二）物权变动的客观条件

依法律行为物权变动的客观条件，就是客观世界中需有一个先期存在的物权。而先期物权的存在，又需要以“特定物”的法律存在为前提。所以，一般说来，依法律行为物权变动的客观条件就因此转化成了“特定物”的法律存在。在民法典中，以什么样的立法技术反映“特定物”的法律存在，各国民事立法颇有不同，主要有两种方式：

一是以“特定物”为交易前提的立法技术，此即以《法国民法典》为代表的立法技术。该法典第 711 条规定：“财产所有权，因继承、生前赠与、遗赠以及债的效果而取得或移转。”第 938 条又规定：“经正式承诺的赠与依当事人间的合意而即完成；赠与物的所有权因此即移转于受赠人，无须再经现实交付的手续。”第 1583 条更规定：“当事人双方就标的物价金相互同意时，即使标的物尚未交付，价金尚未支付，买卖即告成立，而标的物的所有权也于此时在法律上由出卖人移转于买受人。”第 1703 条再规定：“互易与买卖同，得仅依当事人双方的合意为之。”从《法国民法典》的上述这些规定可以看出，标的物所有权的变动，仅仅依赖于当事人的债权意思（如合意、债的效果、当事人同意等）即可实现。难道真的仅仅依据当事人之间的债权意思就足以引起物权变动吗？从法典的文义来分析，答案似乎是这样的。但一个常识性的问题不能忽略：如果没有先期的物权亦即没有“特定物”的话，仅凭当事人之间的债权意思，还能引起物权的变动吗？答案就是不能了——这是一个常识性的答案。因为没有一个“特定物”，亦即没有一个物权，怎么可以让渡一个物权！法国民法关于物权变动的法制度构建基础是“特定物”交易，因此才有了法国民法的前述规定。①

我们需要在文义解释之外借助于社会生活经验以及法典的体系和逻辑去接济文义解释的不足和无奈。《法国民法典》第 1138 条作了这样的规定：“交付标的物的债务依缔约当事人单纯同意的事实而完全成立。”“交付标的物债务的成立从标的物应交付之时起，即使尚未现实移交，使债权人成为标

---

① 崔建远：《民法 9 人行（第一卷）》，金桥文化出版香港有限公司 2003 年版，第 19 页。

的物所有人……”从字面上理解，“从标的物应交付之时起”所有权发生变动的规定，与上述其他条款的规定似乎存在矛盾。为何上述各项条款规定所有权移转以合意为唯一充分条件，而第1138条却规定除了当事人间的合意之外，尚需外加“标的物应当交付之时起”这一条件？为了协调这些法律规定之间的矛盾或冲突，应以“特定物”交易属于法典规制的一般对象为基础，将上述第711条、第938条、第1583条以及第1703条解释为法典关于标的物所有权移转的一般规则，而把第1138条解释为法典关于非特定物（种类物、未来物）所有权移转的特别规则。这些非特定物“特定化的时间”，就是其“应为交付的时间”。简而言之，《法国民法典》是以“特定物”交易为一般前提的立法技术，在作为客观要件的“特定物”得以满足的前提条件下，再以当事人的“合意”决定物权何时发生变动。这样一来，当事人间达成合意之时——此“合意”在法国民事立法被认定为债权合意——物权变动因主、客观条件的兼备，而完成其在主体之间的变动；关于非特定物之交易，其立法技术就是将其特定化之时，加之当事人先前已达成的合意，从而完成其在主体之间的物权变动。就是说，《法国民法典》关于物权变动规则的设计，在主观条件之外，同样需要客观条件的满足。《法国民法典》关于客观条件的满足方式即其立法技术，是以“特定物”交易为前提，“非特定物”交易为例外的立法技术。所以，在特定物交易，尽管“债权”意思产生“物权”变动效果听起来风马牛不相及，但因物权客体的特定性以及因此可得实现的交易之瞬间性，使得本不符合逻辑的法律制度设计并没有出现法律调整的失灵。既然物权之变动依“债的效果”即可成就，则动产占有之移转或不动产登记之变更，就最多只能作为物权变动的对抗要件——出于对交易第三人保护之考虑，确立了不动产登记制度和动产移转占有制度。[①]《日本民法典》以及时下全球热衷效仿的“统一动产担保交易法律制度”，都是以

① 关于物权公示之效力，法国民法只赋予其对抗第三人的效力：一方面来说，如果当事人已践行公示手续，公示本身既不能使一个本不存在的法律行为无中生有，也不能“治愈”有瑕疵或悖于公序良俗的契约，即公示并不具有强化或改变订约当事人之间契约关系的效力；另一方面，如果当事人未践行登记程序，当事人之间所成立的契约并非物权变动无效，只是其效力不得对抗第三人罢了。

"特定物"交易为前提的物权变动模式。当然，作为制度体系上的呼应，其立法模式也都是意思要素 + 公示对抗主义。①

二是以"折射"方式表现"客体已经特定化"的立法技术，此即以《德国民法典》为代表的立法技术。该法典第 873 条规定："为转让一项地产的所有权，为在地产上设立一项物权以及转让该项物权或者在该物权上设立其他权利，如法律没有另行规定时，必须有权利人和因该权利变更而涉及的其他人的合意，以及权利变更在不动产登记簿上的登记。"第 929 条规定："为转让一项动产的所有权，必须有物的所有人将物交付于受让人，以及双方就所有权的移转达成的合意。"同时，第1205 条第1 项第1 款又规定："为设立质押权，必须有物的所有人将物交付于债权人，以及双方关于为债权人设立质押权的合意。"以前，我们对这些条文进行解读的结论多为"物权行为的形式主义""物权变动的内外部公示之一致性及其对交易安全的关怀"等，以此来回应"登记""交付"形式要件主义模式在物权变动中的法律意义。但若以物权变动的主客观条件为视角对其考量，我们就得出了不同的结论：所谓的公示形式即"登记"或"交付"，其所要成就的不是别的，而是以此"折射"方式来表达"光源"之所在——物权的客体已经特定化了——如果没有特定化的物权客体，哪能办得了"登记"手续以及哪能得以被"交付"。也就是说，不动产之"登记"或者动产之"交付"，其"折射"出的是标的物已经特定化了，而这就是对物权变动客观要件——"特定物"条件的"折射"式表达。尽管债权形式主义关于物权变动的主观要件与德国民法不同，但其关于物权变动的客观要件即物权"客体的特定性"要求是完全一致的，其立法技术就是以"登记"或"交付"的要件主义，"折射"不可或缺的物权变动的客观条件。

总之，以物权变动的起点与终点为参照，物权变动的完成须有其主观要件和客观要件，这一点在任何国家的法制中没有两样，所不同的只是各国民事立法用于反映主客观要件的立法技术有异而已，由此就形成了主观要件上

① 在此有必要提及《物权法》第 187、188 条，此两条是关于"在建物"上抵押权何时设立的规定。因"在建物"一般属于"未来物"即"非特定物"，于其上设立抵押权须等到"未来物"成为现实物或"特定物"时，抵押权才得以设立。

的债权意思与物权意思之别，以及直接以“特定物”为交易前提的公示对抗主义和以折射方式间接表达“特定物”的公示生效主义。以此为比较和判断，前《苏俄民法典》[①] 以及《民法通则》颁布前的我国民法理论与司法实践所持的立场，[②] 与本文确立的物权变动的主、客观要件理论相契合：当事人就买卖合同中的标的物所有权移转没有约定时，所有权移转的时间依标的物是“特定物”抑或是“种类物（未来物）”而分别确定——标的物为特定物的，所有权在合同生效时移转于买受人；标的物为种类物（未来物）的，所有权移转时间在标的物交付之时。这样看来，这一立法技术几乎与法国民法相同。因此，不论民事立法是采债权意思主义还是物权意思主义，客观条件的成就即标的物的特定化——或表现为直接的特定化或者表现为间接的特定化，是物权变动的客观必要条件。由此，我们可以得出如下结论：当客观条件表现为直接特定化时，物权变动之立法主义采意思要素 + 公示对抗主义；当客观条件表现为间接特定化时，物权变动之立法主义采意思要素 + 公示生效主义。当然，“物”本身的社会存在常态也决定了立法者在物权变动要素配置上的何去何从。[③]

二、物权变动立法要素的配置

物权变动立法要素，如上所述，在主观要素方面最终选择为债权意思或物权意思，在客观要素方面辗转表现为公示生效或公示对抗。按照物权变动之充分要件即主观要件 + 客观要件的要求，上述四种物权变动要素能且只能配置出四种物权变动模式即债权意思 + 公示生效、债权意思 + 公示对抗、物权意思 + 公示生效和物权意思 + 公示对抗。其中，前三种物权变动模式已为各国民事立法所确立，唯第四种即物权意思 + 公示对抗之物权变动立法模式

---

① 1922 年《苏俄民法典》第 66 条规定：当事人无约定时，所有权移转的时间依标的物是特定物抑或种类物而分别确定——标的物为特定物的，所有权在合同生效时移转于买受人；标的物为种类物的，所有权移转的时间在标的物交付之时。

② 董学立：《试论我国物权变动安全制度体系之构建》，载《法学论坛》2003 年第 1 期。

③ 考察我国物权法公示对抗主义，公示对抗主义多适用于动产，因为交易中的所谓动产多属于“非特定物”。

未曾被立法所承认。① 那么，物权意思 + 公示对抗这一物权变动立法模式是否可以被立法所接纳以及是否可以被学说所证成呢？

（一）物权变动的意思要素：债权意思抑或物权意思

1. 作为法典逻辑化、体系化结果的意思要素。民法典是一个逻辑化、体系化的存在。② 在这个逻辑化、体系化的存在中，关于民事权利，有学理上如绝对权和相对权之分，也有立法上如债权、物权、身份权、继承权之别等；关于引起民事权利变动的法律事实如人的行为，其在债权编中表现为如买卖合同行为，在物权编中表现为如物权之抛弃、移转、设定行为，在身份权编中表现为如收养、结婚行为，在继承权编中表现为如遗嘱、遗赠扶养协议行为等。按照大陆法系特别是其中的德国法系“提取公因式”的民法典编纂方法，这些在民法典各编中引起民事权利变动的人之行为，其作为“公因式”的表现将又如何？“法律行为”概念的提出将分别并具体化存在于民法典各编中引起民事权利变动的人的行为予以高度概括，以作为依人的行为引起民事权利变动的抽象根据。作为“公因式”存在的法律行为概念及其制度规范，被置于民法典之民法总则编，以事统领民法分则各编。

相比之下，《法国民法典》在体系性和逻辑性方面远不如《德国民法典》。与《德国民法典》的起草者耗时近一个世纪来准备一部民法典草案不同，《法国民法典》的起草者仅用了四个月就把草案准备好了，并且，从法典开始起草到其最终通过，也不过就用了不到四年的时间。所以，对该法典的结构，所有的人都一致认为很糟糕——简直就像是一个杂物间，里面堆着一大串规则，没有严格的条理。对社会客观生活的法律主观想象之不同，所赖以形成的法典之内在逻辑和外在结构也就必将大异其样。没有对民事权利的科学分类，也没有对引起民事权利变动的人的行为进行分类和抽象，因此，《法国民法典》也就不太可能抽象出所谓引起民事权利变动的法律行为

① 其实未必是未被立法确立，也许就是未被学界认知。

② 对“法律不是逻辑”这句话，我们耳熟能详。但对“法典是逻辑”这判断却少有思考。更遗憾的是，反对物权行为理论的人士常用“法律不是逻辑”来反驳本身作为逻辑化存在的物权行为理论。

概念。在《德国民法典》中作为法典逻辑体系结果的物权行为，却在《法国民法典》中没有其得以产生的逻辑前提。[①]

至此，我们所欲要证成的，不是物权变动模式孰优孰劣的结论，而是要说明不同的法律想象会导致不同的制度选择，而不同的制度选择将会产生不同的制度逻辑和制度结构。德国民法的物权行为理论是《德国民法典》对作为权利变动动因的人的行为进行法律抽象并对民事权利进行分类的逻辑结果。在《德国民法典》的逻辑体系结构中，如果没有直接引致物权变动的物权行为理论和制度安排，相对于法律行为概念而言，这个法典将是残缺的、不够完美的。[②]

2. 作为法律目的实现手段的意思要素。唯美不是法典的终极目的。法学家在常人无睹的世界里发现物权行为，其目的在于以物权行为之客观性、独立性判断为前提，为物权行为无因性政策选择铺平道路。只有物权行为的客观性、独立性之发现而没有物权行为的无因性之选择，物权行为理论在法律制度设计不仅失却其积极意义，甚至还是制造麻烦的罪魁祸首。[③] 但物权行为的无因性政策选择，却使得物权变动的法律制度设计凸现灵性：物权行为与债权行为被人为界分，物权变动的直接动因来自物权行为，在债权行为不成立、无效、被撤销、不被追认的场合，物权行为本身的成立和有效，使得物权变动的结果具有了法律结构上的正当性。基于此“正当性”，随后的物权变动就不会再有任何的瑕疵或障碍。尽管有德国学者认为“不要因原则的实际意义，比乍一看上去它具有的意义要小得多”。[④] 但物权行为无因性与善

---

① 王轶教授认为，民事法律行为和民事法律关系都与民法的想象有联系。所以，民事法律行为概念对于解释生活事实有作用，就是民法想象的问题，在这样一个想象的过程中，可能不同人的想象有不同的结果。参见孙宪忠：《法律行为制度构造与民法典的制定》一文的评议部分，载中国民商法律网，2004 年 8 月 11 日下载。

② 崔建远教授认为，尽管物权行为理论是迄今为止最为完美的理论，但最美的未必就适宜成为或者就能成为法律制度。实用主义通过强调效用标准，通过把对目的的适用性确定为真实性的标准和证据，正在深刻地影响着司法思想的发展。中国民法是否采纳物权行为理论，也难逃脱这个思维模式。参见崔建远：《从立法论物权行为和中国民法》，载中国民商法律网，民事法学学者论坛版块。

③ 崔建远：《民法 9 人行（第一卷）》，金桥文化出版香港有限公司 2003 年版，第 170 页。

④ ［德］卡尔·拉伦茨：《德国民法通论（下册）》，王晓晔、邵建东等译，法律出版社 2003 年版，第 443 页。

意取得制度的适用处境不同，因此，其实际所具有的交易安全维护意义不应被轻易折减。

笔者亦认为，与善意取得制度需要以物权公示为外观基础并以处分人的无权处分以及受让人的主观善意为基本条件来保护交易第三人不同，物权行为无因性政策是通过实体权利获取的法律结构正当性内里来达到交易安全目的之维护。在物权行为无因性理论支撑之下，处分人是有权处分因而使得受让人的主观善、恶意不在法律的考量范围。① 例如，出售人 A 将其手表卖给受让人 B，在负担行为即债权行为可撤销，而处分行为即物权行为有效的情况下，B 得以获得手表的所有权。在 A 撤销合同并收回手表之前，B 作为手表的所有权人当然可以处分该手表，此时，即使下位受让人 C 知悉 A 与 B 之间的合同可撤销甚或已撤销，也就是说 C 之主观上构成所谓的恶意时，因物权行为无因性政策的适用，其通过购买行为获得手表的所有权也将不受 A 的追及。此时有物权行为无因性的适用，却无善意取得制度的适用。因为 B 在物权行为独立性制度安排下的处分是有权处分，使得法律对 C 的主观善、恶意失去了考量的法律基础。较之善意取得制度所要求的受让人须有主观上的善意条件，物权行为无因性政策对下位受让人的保护更为有力。因此，我们可以说善意取得制度是以对善意信赖保护从而间接地促进市场流通安全的，而物权行为无因性政策则直接以促进市场流通安全为目的。所以，物权行为无因性政策对交易第三人的保护可谓达到了不计代价的程度——A 与 B 之间以债权关系处理利益失衡的矫正，B 与 C 之间以及其后的所有法律关系都以物权关系处理，从而确保了“物”流畅行。另外，在公示对抗主义立法体例下，B 常为事实物权人而没有法定公示形式表现，A 则常为法律物权人而缺失事实物权基础。此时，对于下位受让人 C 来说，其从 A 处受让时常适用善意取得制度；其从 B 处受让时常适用物权行为无因性制度；而在公示生效主

① 田士勇教授和徐涤宇教授均认为，物权行为无因性与善意取得制度对交易安全的保护，适用于不同的方面，二者不可替代。善意取得对交易安全的保护，乃在于弥补物权行为抽象原则对交易安全保护未达之处，即自非权利人取得的情形的交易安全问题。参见田士勇：《物权行为理论研究——以中国法和德国法中所有权变动的比较为中心》，中国政法大学出版社 2002 年 12 月版，第 269 页；徐涤宇：《物权行为无因性理论之目的论解释》，载《中国法学》2005 年第 2 期。

义立法体例下，B集事实物权和法律物权于一身，此时，对于下位受让人C来说，善意取得制度无以适用而物权行为无因性制度可得适用。所以，从交易安全的维护的角度观察，物权行为无因性制度具有广泛的适用领域。并且，在物权意思+公示对抗主义立法模式之下，物权行为无因性与善意取得制度之间，具有制度上的高度弥补与契合意义。① 上述德国学者以德国民事立法为背景所得出的结论，也必然有其局限性和片面性。

（二）物权变动的形式要素：是对抗主义还是生效主义

1. 作为物权意思表现形式的物权公示。被认为客观存在的物权行为肯定有其表现形式，而且，相对于物权行为在内容上的唯一性、确定性而言，物权行为的表现形式必有其多样性、复杂性。但萨维尼在论证物权行为的客观性时，把作为物权行为存在形式之一的动产之“交付”，作为动产物权行为的唯一存在形式。同理，不动产之“登记”也成了不动产物权行为的唯一存在形式。理论上的偏执被立法所接受，《德国民法典》选定了物权变动的公示生效主义立法模式。②

殊不知，上述认识是完全错误的。原因就在于，我们虽可以从动产之“交付”现象中证成物权行为的存在，但却不可以把物权行为的存在归结为“交付”或者“登记”。应该说，“物的实际占有的转移，是物权行为之表现形式”这句话，一般说来是正确的。但若由此就演绎出“没有物的实际占有的转移之外在形式即无有交付，物权行为即无从表现”，则明显就是错误的。其间的道理颇为简单：作为物权变动意思的表现形式绝不会是唯一的。但在萨维尼看来，如果没有物占有的转移之外在形式，即没有“交付”，物权变动的合意即无从表现。③ 从理论上讲，不动产之登记、动产之交付仅是众多可能的物权变动意思表示的表现形式之一。因此，立法应严格区分物权变动的

---

① 上文的分析只假设了C从B处受让的处境。有一种不可忽视的可能处境是，在A为法律物权人B为事实物权人的情况下，作为第二买受人的C，其既可以从法律物权A处售让，也可从事实物权人B处受让。唯当此时，物权行为无因性和善意取得制度可同时适用。笔者认为，此时应以完成公示手续的时间先后定其有无对抗效力。

② 《德国民法典》第873条第1款、第929条第1句分别对不动产、动产物权移转之公示作了规定。

③ 尹田：《物权法理论评析与思考》，中国人民大学出版社2004年版，第180页。

"意思表示之形式"与物权变动的"公示之形式"。①

尽管物权变动意思的表现形式具有多样性，但作为物权变动的法定公示方式却须具有唯一性。从法学原理上讲，物权变动意思的表现形式是一个对事实的认定问题，而物权变动的公示方式则是在物权法定原则指导下的一种物权法律制度设计，它以形式上的法定性、确定性及唯一性，来力图实现社会生活法律调整的目的——交易安全。将本为物权意思表现形式之一的物权公示形式作为物权意思存在的唯一形式，可以说是《德国民法典》立法者的执意追求。《德国民法典》立法者欲借此要实现的目标是，有物权变动的意思则必有物权变动的法定公示形式，反过来，有物权变动的法定公示形式则必有其物权变动的意思。简言之，在《德国民法典》，物权变动的意思与物权的公示是一体之两面的设计。② 因此，《德国民法典》将物权变动之公示形式作为物权变动生效要件的做法，与《法国民法典》和《日本民法典》仅将物权公示作为对抗要件的做法形成了鲜明的对照。应当看到，公示对抗主义不仅有认可物权变动意思多样性存在的理论空间，而且，其仅将物权变动的法定公示形式作为物权变动得以对抗交易第三人的要件；而公示生效主义则将物权变动的意思表示之形式与物权变动的法定公示之形式合二为一，只承认符合法定公示形式的物权变动意思表示的物权变动法律效果。③《德国民法典》在物权公示立法模式选择上的固执，常诱使人们在学习和研究德国物权法律制度时，产生认识上的误偏——倾向于在理论上认为只有法定公示形式如不动产之登记和动产之交付，才是物权变动意思表示的形式，并由此形成了"没有物权公示就没有物权意思，从而也就没有物权变动"的错误认识。④

2. 作为实现物权交易安全机制的物权公示。尽管物权公示的立法主义有

---

① 董学立：《也论交易中的物权归属确定》，载《法学研究》2005 年第 5 期。

② 生活本身的复杂性，使得德国民法立法者的执意甚而是倔强时而碰壁：在将社会生活执意塑造为物权变动的公示生效主义立法模式时，又不得不屈膝迁就复杂的社会生活——在不动产之登记和动产之现实交付之外承认了物权变动意思的其他存在方式。参见《德国民法典》第 873 条第 2 款，第 929、930、931 条。

③ 董学立：《也论交易中的物权归属确定》，载《法学研究》2005 年第 5 期。

④ 笔者认为，物权公示作为物权法的一项原则，不具有普适性。对于像法国、日本这些采物权变动的公示对抗主义的国家而言，物权公示作为一项原则，难以成立。但物权公示之公信原则可适用于任何立法体例。

生效主义和对抗主义之别，但物权公示的立法目的却毫无二致——都是为了实现物权变动的交易安全。有学者认为，公示生效主义与公示对抗主义在保障实现物权变动交易安全的机制上，有些许的不同：公示对抗主义向人们提供的信息是单方面的——只要公示方法表彰出了某一权利状态，即可信赖不存在与此不同的权利状态——消极信赖；① 与此不同，公示生效主义向人们提供的信息是双方面的——一方面，公示生效主义向人们提供消极的信息，即人们可信赖与公示方法所表彰的权利内容不同的物权状态之不存在——消极信赖，同时它也向人们提供积极信息，即只要有公示就有物权变动——积极信赖。基于上述不同，物权公示的法律效果在两者间也有相当区别：在对抗主义法制下，公示具有对抗力和推定力；在生效主义法制下，公示具有成立力、推定力和公信力。② 对于交易安全的保障来说，失落了对积极信赖之关怀的公示对抗主义，其对交易安全的保护远未充分；而向人们提供了双方面信息的公示生效主义，发挥着保护交易安全的强大机能。③

笔者认为，对物权公示法律效力的研究，应当区分物权公示的内部效力和外部效力。物权公示的内部机能就是物权公示之对于物权在当事人之间变动的意义而言，而物权公示的外部机能则是就物权公示对信赖此公示的交易第三人的意义而言。这一区别有助于我们对相关问题的阐述和厘清。这就是，就物权公示之内部效果来说，公示对抗主义法制下的公示，因物权变动的动因完全奠基于当事人的意思，所以，公示对当事人间的物权变动不生任何影响；在公示生效主义的法制下，公示的法律意义在于，其是当事人之间物权变动的生效要件，即没有此一公示就没有物权变动。可见，物权公示之内部机能，因物权变动的公示立法主义之不同，其法律效果将有相当差异。那么，不同公示立法主义下的物权公示对第三人的效力是否一样呢？此即物权公示的外部效力问题。譬如：原所有人 A 出卖其所有的房屋与 B，当 B 作为新的所有人——不论是基于物权变动的公示对抗主义还是公示生效主义——依据法定的公示方式进行公示时，此一经公示之物权对于第三人的法

---

① 肖厚国：《物权变动研究》，法律出版社 2002 年版，第 19 页。

② 肖厚国：《物权变动研究》，法律出版社 2002 年版，第 273 页。

③ 肖厚国：《物权变动研究》，法律出版社 2002 年版，第 19 ~ 20 页。

律意义却并不因物权公示立法主义的不同而有两样——当事实物权与法律物权不一致时，对于那些信赖法律物权状态而受让房屋的人们，法律采取的态度是完全一样的——均予以信赖利益保护。由此，对于那些善意的交易第三人而言，其义务仅限于以善意信赖物权公示，此即公示生效主义制度下的公示之公信原则，又称“权利的正确性推定原则”。① 这样看来，如果把公示的积极信赖视同“权利的正确性推定”的话，则在物权公示对抗主义的法制下，公示制度因欠缺积极信赖的信息供给，将无有权利的正确性推定之适用。而实际上，无论是法国民法还是日本民法，对不动产之登记和动产之占有，均采权利的正确性推定规则。因为不论是公示对抗主义之公示，还是公示生效主义之公示，都无法避免亦不能回避法律物权归属状态与事实物权归属状态发生不一致的情况。对此之不一致，法律出于对第三人交易安全之关怀，不能不采取必要措施，权利的正确性推定亦即公示之公信原则作为这一措施的结果，被普遍地承认和接受。

综上，笔者认为，物权变动主观要素选择缘起于法典的逻辑和体系，取决于立法者的目的追求；物权法定公示方式只是物权行为的表现形式之一，物权公示的本来目的限于维护交易安全。物权意思 + 公示对抗可以成为一种物权变动立法模式。

三、物权变动立法要素配置的实证分析

如果一种立法模式仅仅依据逻辑推理来论证，是不能令人信服的。法学作为一种社会科学，除了理论上的逻辑推理之外，最具说服力的就是对已有的和现有的实定法进行实证研究，以检验在理论上得以证成的立法思想是否曾经在实定法上出现过。对日本民事立法关于物权变动立法模式的研究和对中国法对物权行为的热议，可以得出一些有益的结论。

（一）对日本物权变动立法模式的实证研究

承继了《法国民法典》之立法精神而又照搬了《德国民法典》之编纂形

① 实际上，公示对抗主义并非与公信原则相斥。不论是公示对抗主义还是生效主义，都可逻辑地推演出公信原则。

体的日本民法，因其未明文区分物权合意与债权合意，因而对其法典所规定的“物权之设定及移转，仅因当事人的意思表示而发生效力”中的“意思表示”，究系仅指债权意思表示还是另需有独立存在于债权意思表示之外的物权意思表示，[①] 不论是在理论上还是在实务上，在日本国内曾经引发过不小的争论：在立法过程中，由于受法国法制影响，学说认为物权变动乃基于债权契约之特别效果而生，所以就特定物之买卖、赠与、互易，一般认为仅依债权契约即生物权变动的效果；至1961年左右，学说发生改变，认为就意思表示在概念上应区分为债权意思表示与物权意思表示；至明治末期，主张德国式之严格区别说得到多数学者的支持，蔚为当时的主流。而与此同时，日本司法实务上则一贯认为，如果当事人间有关于物权变动之特约时，应依该特约决定物权变动之时期，否则，除非有阻碍物权变动的特别情势，物权变动之效力于契约发生效力之同时发生。[②] 言外之意，即使在理论上将物权变动中的“意思表示”区分为二并且效果不同，也不能必然得出二者不可能存在于一个意思表示之中。这在交易物为“特定物”的情况下，尤其如此。但在交易物为“非特定物”的场合，所谓“二者存在于一个意思”的主张就明显地存在破绽。因此，在日本，对物权变动中意思要素属性的争论，就演变成了物权行为是否须以“登记、交付”之外在的客观形式为其存在基础和生效要件。学说上之争论，与其说是针对物权行为是否有独立性，还不如说应是在一个意思表示中是否也包含物权变动意思。持包含说者认为，登记、交付或价金支付应理解为使债权契约生物权变动效力的条件；持非包含说者认为，债权的意思表示原则上不包含物权变动的意思，而须另配合外部表征，决定物权变动的效力。虽然两说都承认有别于债权意思的物权意思，但前者将债权意思表示中的外部表征定位为物权变动的所附条件；后者则将外部表征的客观事实作为判断独立物权意思的存在形式。在日本，尽管明治末期物权行为之独立性和无因性的主张曾经红极一时，但基于对《日本民法典》第176条之规定所作的历史解释，以及物权行为在日本民法因欠缺如其在德国

① 王书江：《日本民法典》，中国人民公安大学出版社1999年版，第33页。
② 陈光岳：《日本法上不动产物权变动理论之探讨》，载《“两岸法制及比较物权法”学术研讨会论文集》2005年版。

民法的外部形式而无法认定等理由，否定物权行为独立性和无因性的主张最终成为通说并获得判例支持。[①] 其结果，日本民法上的物权变动模式无异于法国民法上的物权变动模式。

日本民法有关于法律行为的理论和制度，但其在物权法中缺失物权行为的立法选择或者学说和司法解释，使得人们不禁要问：有了“水果”，为何没有“苹果”？日本民法关于有无物权行为的论争，于一步之遥间与创立“物权意思 + 公示对抗”模式擦肩而过。在日本，其关于物权变动立法要素的争论，恰好印证了笔者前文关于物权变动立法要素的拆解和配置理论——日本民法有物权行为理论存在逻辑化和体系化空间，将法典中的“意思表示”解释为“物权行为”也未尝不可，其国内持续的和热烈的争论也正好说明了这一点；再者，物权行为的表现形式也正如笔者文前论述的那样，物权之法定公示形式仅仅是其众多表现方式之一种，物权行为的存在与否绝不会取决于物权是否已经公示。其实，德国民法也没有把法定公示方式与物权行为全然捆绑，物权行为须以法定公示方式表达是后人对《德国民法典》的误读。因此，日本民法采纳了物权行为理论的法解释也未尝不可，加之其公示效力上的对抗主义选项，所以，笔者认为其物权变动立法模式为物权意思 + 公示对抗。

（二）对我国物权变动立法模式的实证研究[②]

1. 我国民事立法择取物权行为理论有立法传统。中国大陆当下对物权行为理论取舍与否的争论，忽视了一个问题：肇始于清末，成就于民国时期的“中华民国民法典”为何就择取了物权行为理论？对德国立法模式及其法学理论的移植，当是其中最具有说服力的理由。那么，在我国大陆民事立法理论和民事立法模式仍在延续德国法系的情况下，我们没有理由抛弃物权行为

---

① 肖厚国：《物权变动研究》，法律出版社 2002 年版，第 115 页。

② “第四条道路”的确立和选择与笔者最近对美国《统一商法典》第九编的研究不无关系。美国《统一商法典》第九编区别了担保协议和担保权益的附着（attachment），尽管担保权益的附着离不开担保协议。

理论。[①] 若有之些许，则以对其有所修正和发展为适宜。如果说物权意思 + 公示对抗是对德国物权行为理论的一个修正或发展的话，倒是未尝不可。其实，不论是《德国民法典》还是《中华民国民法典》，都没有明文规定物权行为制度。所谓的物权行为理论，实际上是民事法学理论对民事立法进行解释的结果。这其中，关于法律行为的理论和民事权利分类的理论，对物权行为理论的证成和发展最为直接。如果我们继续沿用德国法系的法律行为理论和民事权利分类理论，则物权行为理论的承认就是一个互为因果的逻辑必然。尽管立法可不明言物权行为概念，但关于依法律行为的物权变动的直接动因，则在逻辑上必有物权行为的存在和民法理论上的阐释。不如此，民法典的完美体系就会出现一个逻辑缺口。当然，物权行为无因性所具有的交易安全保护价值也是十分重要的。1949 年以后的 30 多年里，我国大陆经济和政治社会发生了根本性的变化，私法生成、存在和发展的社会基础变得相当薄弱，法制事业陷入了低谷。之后，当法治事业再次成为治国安邦根本之时，法学理论的浅薄和法律人才的匮缺成了制约我国法治事业发展的瓶颈。人们对物权行为理论不能接受或者过多批评的一个重要理由就是，这个理论过于玄妙，不好懂。我们不无遗憾地要诘问，半个多世纪前就已经懂了的东西，怎么几十年后又不懂了呢？当然，这其中，物权行为理论适用导致的所谓“不公正”，是其遭到一些人士反对的另一重要原因。[②] 但不管怎么说，物权行为理论不难懂，尤其对那些学习并接受了法律行为理论的人士来说就更不难懂。[③] 但要反对民事立法采纳物权行为理论，那将是另一回事。物权行为本来就是可择可不择的选项，只是选择了法律行为之后不选择物权行为理论，就不能自圆其说了。

---

① 关于中国未来民法典的编纂体例，学界有所谓“汇编式与编纂式”之争和“理想主义与现实主义”之别。梁慧星先生倡导现实主义立法体例，现实主义立法体例主张我国未来民法典应以德国式五编制和民法通则为编纂的基础，从中国的实际出发并因应 20 世纪社会生活新的发展，借鉴 20 世纪制定的新民法典的立法经验。笔者赞同该主张并有所发展。参见梁慧星：《当前关于民法典编纂的三条思路》，载《中外法学》2001 年第 1 期；董学立：《也论民法典的体系》，载《山东大学学报》2005 年第 6 期。

② 反对物权行为理论的理由还有很多，此不赘述。

③ 物权行为理论要比法律行为理论易懂得多。我国一些受过严格系统德国法学理论训练的法学人士也常言物权行为理论难懂，我不知道他是在说他自己不懂，还是在说不易被大众理解。

2. 物权法选择了物权意思＋公示对抗立法模式。《物权法》中的区分原则确立了物权行为，同时，《物权法》大量采纳了公示对抗主义。可以说，《物权法》采纳了物权意思＋公示对抗物权变动立法模式。在标的物为“特定物”的场所，物权行为一已足以完成物权变动的效果，因为物权变动的充分必要条件即作为主观要件的物权意思和作为客观要件的“特定物”，都满足了。当然，客观条件是作为物权变动意思表示的前提来看待的；在标的物为“非特定物”的时候，因客观条件的非具备，使得当事人之间指向物权变动的意思表示因欠缺客观条件而无以产生物权变动的效果。此时，当事人之间的意思表示仅可产生债权效果。所以，以权利变动的效果为判断依据，该行为属于债权行为。那么，物权行为在哪里呢？笔者认为，不动产物权之公示和动产物权之交付本身，既是当事人移转变动物权的意思表示，也是变动了的物权得以对抗其他受让人的条件，但这并不是说不动产物权之公示和动产物权之交付是物权得以变动的条件，如果那样的话就等于承认物权变动之公示生效主义了。所以，在公示对抗主义物权变动立法模式下，让与人获得物权之时即标的物“特定化”之时，也是受让人获得物权之时，至于物权变动公示手续是否已经办理完毕，则仅限于对抗力获得与否的问题。这也是《法国民法典》第1138条之所以规定“从标的物应交付之时起”物权发生变动的原委。①

如何实现物权变动安全与便捷的双重价值，是物权立法的重点、也是难点。一般说来，公示生效主义侧重于交易安全之维护，公示对抗主义偏向于交易便捷之追求。其实，对于交易安全与交易便捷这样一对不可兼得的法律价值来说，尚没有一个更好的办法获得俱佳皆宜的制度设计。唯一能做的就是因时制宜、权衡利弊并作出取舍。笔者认为，相比较而言，公示对抗主义制度安排更符合民法作为私法的制度环境和价值取向。尽管物权变动的公示生效要件主义将公示之功能提升到了物权变动生效要件之地位，但在物权观

---

① 在这里，我们似乎感到物权行为与债权行为难以区别——似乎物权变动的充分条件是意思（当然可以是债权意思）＋特定物。对此，我国需要调整看待问题的视角：物权行为的独立性确立不是法典的目的，民法典确立物权行为独立性是为其最终选择物权行为无因性创设条件。正因为此，我们坚持物权行为理论是民法法典化、逻辑化和体系化的产物。

念化时代，是无须所有的物权变动必有法定的公示形式予以彰显的。公示仅承担着维护交易安全的功能，而交易安全是一种动态的安全，它以一个外在于交易相对人之外的第三人为前提。但事实上，客观上需要的“权利正确性推定”规则所代表的维护第三人交易安全利益，在交易相对人的主观价值视阈里非但不是一个利益，有时反而就是一个额外的负担。因为，在一个具体的法律关系中，并非是必有一个第三人的交易安全利益需要维护的，交易相对人对其相互间的法律利益的现实关切度较之对外在于他们的第三人的利益惠及显然更为迫切。强加于交易相对人身上并利益所在于第三人的交易安全维护之公示制度，在交易相对人间时常缺乏利益激励。以人对物的获取目的之不同，可将物分为消费物和通流物。如果物对于其获取者而言，目的仅在于消费的话，则该物可谓为消费物；如果物对于其获取者之目的仅在于转卖以获取差价利益时，则该物可谓为通流物。两相比较，只有在主观目的为流物的物之买卖，才可有将物权之变动公示于外的利益激励。在消费物，买受人的目的非在于继续通流，只要在合意之后能够现实地占有了该物，就能够实现其交易的目的。尽管在商品经济社会较之在农业社会有更多产品的生产目的是在于流通，但作为消费者购买产品的目的在于流通的则不能说就是多数。对目的在于消费的买受行为而言，强要买受人在占有制度保护之下即可实现经济目的的行为之外，去践行另一个超买受人个人目的之外的登记或交付，往往是多余的。总之，法律所希望塑求的社会秩序与社会生活所实际需要的秩序，往往有一段距离。解决矛盾的办法不是非此即彼、顾此失彼，而应是重点突出、兼顾彼此。是一刀切，让民事主体被动接受？还是作为选择的事项，留给民事主体自主选择？对此，笔者认为，在私法领域，在公示对抗主义能够满足交易安全利益维护的前提下，留给私法主体自主选择的公示对抗主义所具有的“软着陆”优点，是不言而喻的。[①] 我国《物权法》较之过去大量采用公示对抗主义的前瞻性制度安排，看中的就是这样一点吧。

四、与物权意思 + 公示对抗相关联的制度

在体系化、逻辑化的民法典中，物权意思 + 公示对抗立法模式的选择，

① 董学立：《物权公示，公示什么?》，载《比较法研究》2005 年第 5 期。

必然对其赖以存在的制度环境提出相应的要求。笔者认为，对以下三个问题需予澄清。①

（一）物权行为独立性与物权公示原则

在物权意思 + 公示对抗立法模式下，公示在物权变动中仅生对抗效力。物权意思既无须均以公示形式存在，则物权之公示，作为《物权法》的一个原则，就颇值怀疑了。对此问题如上文所言，不予详论。在此，笔者继而想要探讨的问题是，不经公示的物权是否还是物权？因为，发出这一疑问的人士大都有这样一个逻辑：物权具有绝对性、具有对抗他人的效力，在公示对抗主义立法模式下，不经公示的物权因缺乏对抗第三人已经公示的物权的效力，因而其不是物权。② 如果此问题得不到解决，物权意思 + 公示对抗主义立法模式的选择就足以动摇《物权法》的基础。

对于“不能对抗第三人的物权是否还是物权”的问题，需抛开前述逻辑而另择分析路径。在物权意思 + 公示对抗主义立法模式下，所谓不能对抗第三人的物权，就是有物权变动的合意而无以物权变动的法定公示形式表彰的物权。此种未经法定公示表彰之物权对抗力的不足，使得人们对其是否还是物权产生了相当的质疑。

关于未经公示物权的性质，有四种学说：一是债权效果说。认为未公示的物权为纯粹的债权，其于当事人之间有完全的效力，而在与第三人的关系上则无效。二是相对无效说。认为未登记的物权在当事人之间产生完全的效力，但在与第三人的关系上，物权变动失去效力。三是第三人主张说。认为纵使未为公示，物权变动在当事人及其第三人的关系上仍然有完全的效力，可当第三人为自己的利益而为主张之时，在对第三人的关系上便失去效力。四是法定证据说。认为公示是一种法定证据，发生怎样的物权变动，裁判所则根据登记而予以认定。③

---

① 其他还有如法律行为理论问题，权利的分类问题，等等。

② 刘保玉：《物权体系论——中国物权法上的无权类型设计》，人民法院出版社 2004 年版，第 287 页。

③ 肖厚国：《物权变动研究》，法律出版社 2002 年版，第 274 ~ 275 页。

笔者认为，未经公示物权不能对抗已经公示物权，实际上是一个善意取得制度适用的问题。[①] 因为，这一情形完全符合善意取得的制度构造：当A将其对某物的所有权与B达成物权移转合意时，根据物权变动的意思主义，此刻即使没有践行物权变动之法定公示形式，B亦于物权法律行为生效时即刻成为该物的事实所有权人。而此时，因为没有践行物权变动的法定公示手续，A就是一个所谓的法律物权人——具有法律物权的外观。如果在此之后A又将该物移转与C且完毕物权变动之法定公示手续，则C能否最终成为该物的所有权人？答案则是不确定的，其结果取决于C是否知道或应当知道B在事先已成为事实所有权人的情况。如果C知道或应当知道B早已成为事实所有权人的情况，则C在主观上构成恶意，不能适用善意取得制度。否则，则因物权善意取得制度之适用，C将善意地取得物的所有权。对于C之主观善意方面的要求，在一些有关该问题的探讨中常常被忽视。正是在这里，我们发现，未经公示之物权不能对抗已经公示之物权，实际上就是一个物权善意取得制度适用的问题——这当然也需要我们承认对不动产的善意取得制度。[②] 既为善意取得，作为事实所有权人的B之所以不能对抗C，并非在于B之事实所有权人之地位不予承认，而是在于C主观上为善意的时候，其从有所有权之虚像的无处分权人A那里，所受让的所谓所有权，能否对抗事实上的所有权人B。社会变革中的经济因素的决定作用是不言而喻的：在农业经济社会，法律一般不予C对抗B的权利；在商品经济社会，绝大多数国家的法律坚定地予C以对抗B的权利。概言之，是对交易安全保护的法律追求使然。

如果将“未经公示物权不能对抗已经公示物权”等同为善意取得制度合

---

① 有许多人认为这属于“一物二卖”的情况。其实，一物二卖仅发生于债权契约成立之后至买方取得完整意义上的所有权之前的期间。对此，台湾地区学者黄茂荣先生有精辟的论述：“二重买卖的构成以出卖人在先后二次买卖契约之缔结时均握有标的物之所有权为前提。在第二次缔约时，出卖人已不再拥有标的物之所有权，则其第二次买卖，将不是二重买卖，而为他人之物之买卖。”参见黄茂荣：《买卖法》，中国政法大学出版社2002年版，第27页，转引自马新彦：《一物二卖的救济与防范》，载《法学研究》2005年第2期。

② 不动产能否适用善意取得制度，是近几年争论热烈的问题之一，笔者赞同不动产适用善意取得的主张。尽管其制度之演进的历史不同，但其法律制度的构造是完全相同的，而且其法律制度之目的诉求也无二致。

适的话，则上述“不经登记就不能对抗第三人”中的“第三人”的范围就应该适用善意取得者的范围。但关于第三人范围的学说，在日本经历了一个从无限制说到限制说的发展历程：由于立法对第三人的范围没有界定，致使对第三人范围的学说解释和判例认识在其初均从无限制说，无限制说认为，不登记的物权变动，不得对抗一切第三人，纵使恶意第三人也包括在内。这种以形式的文字论解释为基础的无限制说，导致了一些不正当现象的出现，如有登记名义而无实质权利的人提出的登记名义的恢复和不法行为人的拒绝赔偿等。但从“不经登记就不能对抗第三人”的立法目的看来，它应以维护交易安全为己任。对于一个已经取得物权但没有将其取得的物权进行公示的人来说，要剥夺其物权人地位的法律理由也须应是充实的。对于已是一个静态的确定归属安全而言，能够较之更为应该保护的就只有动态交易安全了。所以，笔者认为，“第三人”的范围应以与出卖人同样有着物权买卖法律关系的人为限。故上述第三种学说较为适当。

因此，在物权意思＋公示对抗主义立法模式下，物权公示与否，仅在对抗“善意的交易第三人”方面具有意义。当事人即使不为物权公示，也不会影响到物权变动的效果。通常，物权变动作为两造当事人之间的事情，其是否需要公示，得由权利人自由决定。如果不为公示，便不生对抗善意交易第三人的效果，此种不利益，是权利人自愿行为的后果，法律没有必要强制其将物权变动的过程与后果公示于众；如果公示于众，权利人的权利便可以得到更好的保护。传统物权法理论一直认为物权公示为《物权法》的一个基本原则，殊不知，在公示对抗主义立法模式下，物权公示作为原则的主张不充分。充其量，物权公示仅仅是《物权法》为实现交易安全而设计的一项具体制度而已。

（二）物权行为的无因性及其相对化问题

一如前文所言，物权行为独立性的客观承认，以其无因性价值选择为目的。但是，一些人士认为，物权行为无因性的适用导致了不公正，所以，他们就提出了所谓“物权行为无因性相对化”理论，以期对物权行为无因性的适用进行限制。目前，学界关于物权行为无因性之相对化主要有三种理论，

即共同瑕疵说、条件关联说和法律行为一体性说。笔者认为，物权行为无所谓“相对化”，理由如下：[①]

1. 对“共同瑕疵说”的否定。共同瑕疵说认为，物权行为与债权行为得因共同瑕疵而无效或被撤销。笔者认为，共同瑕疵说难以成立，理由主要有二：其一，物权行为无因性仅适用于债权行为不成立或无效而物权行为本身有效成立的情况。共同瑕疵说的基本立场，则是在债权行为与物权行为皆存在瑕疵的情况下，讨论二者的效力关系问题。因此，共同瑕疵说的提出已经背离了讨论物权行为无因性的立论前提，所以，其不能被认为构成了物权行为无因性的相对化。其二，物权行为既为法律行为之一种，关于法律行为效力的一般规则当然也应适用于物权行为。因此，当债权行为与物权行为皆存有瑕疵时，债权行为的效力依法律行为效力的一般规则进行判断；同理，物权行为的效力亦依法律行为效力的一般规则予以评判。也就是，此二者依各自的具体情况分别判断。所以，在行为的效力判断上，债权行为与物权行为根本不生相互影响的问题。谓此种情况下的物权行为之无效、不成立或得撤销为物权行为无因性之相对化，实在是传统民法学理论片面强调法律行为效力规则仅适用于债权行为而忽略其亦当然适用于物权行为而得出的不正确结论。

2. 对“条件关联说”的否定。“所谓条件关联说，系指法律行为原则上均可附条件，债权行为如此，物权行为亦复如此。当事人可依据合意，将物权行为之效力，系于其原因行为效力之上，如原因行为无效，则物权行为因此将不生效力。”[②][③] 或“当事人得依其合意，使物权行为之效力系于债权行为之存在，亦即物权行为以债权行为之有效存在为其停止条件。”[④] 笔者认为，条件关联说不能被认为是物权行为无因性相对化的理由：其一，条件关联说系从当事人主观意思出发而发展出来的理论。该理论既然依赖于当事人意思，则在意思自治原则的框架内，就存在多种可能：既然当事人间可以约

① 董学立：《物权行为无因性相对化理论之否定》，载《法学》2007 年第 1 期。
② 董学立：《物权行为无因性相对化理论之否定》，载《法学》2007 年第 1 期。
③ 吴光明：《论基于法律行为之物权变动》，载《民法七十年之回顾与展望纪念论文集》（三），中国政法大学出版社 2002 年版，第 128 ~ 129 页。
④ 谢在全：《民法物权论（上）》，中国政法大学出版社 1997 年版，第 72 页。

定原因行为无效，物权行为就因此也不生效的约定，那为什么其就不能约定“原因行为无效，物权行为有效”呢？如此约定则是强化了物权行为的无因性。[①] 其二，有学者认为，所谓“附加条件”（也即条件关联），“最典型的而且也是唯一的情形就是附所有权保留条件的买卖”[②] 笔者认为，附所有权保留条件的买卖中，附于标的物所有权转移这一物权行为之上的条件——支付价金，非为目前学界普遍认为的是债权行为，而是一个物权行为。所有权保留条件买卖中的债权行为，是当事人就所有权保留条件的买卖达成合意并签订的买卖合同。所以，如果此前认为条件关联唯一的情形就只有附所有权保留条件的买卖的话，则依据笔者的前述分析，其在实践中就无任何实例了，因而条件关联说也就不可能立足。

3. 对“法律行为一体性说”的否定。“法律行为一体性说”认为，可以将物权行为与债权行为合并为一个不可分割的整体法律行为，适用民法关于法律行为一部无效而导致整个法律行为无效的规定。因此，当债权行为无效时，物权行为也归于无效。[③] 笔者认为，法律行为一体性说不能成立，理由有二：其一当是如有的学者指出的，一方面承认物权行为的独立性，认为物权行为与债权行为是不同的法律行为，二者分别存在于民法的不同法域，另一方面又认为物权行为与债权行为是一个整体的法律行为，这本身就相互矛盾；[④] 其二是笔者认为法律行为一体性说的另一个弊端是其观点过于片面。法律行为一部无效，既可能导致全部无效，也可能发生不影响其他部分效力的情况。[⑤] 法律行为一体性说显然无视这些情况，而是一味强调部分无效则

① 物权行为的无因性理论之目的在于保护第三人，当事人之间关于物权行为依随于债权行为效力的约定仅在其间发生效力，对第三人不生其效。在这个意义上，可以说物权行为之无因性是强制性规范，当事人不可以通过约定排除其适用。所以，所谓的条件关联说，在对第三人的关系上是不存在的。

② 孙宪忠：《论物权法》，法律出版社2001年版，第186页。

③ 王泽鉴：《民法学说与判例研究（一）》，中国政法大学出版社1998年版，第268页。

④ 王利明：《物权法研究》，中国人民大学出版社2002年版，第150页。

⑤ 《德国民法典》第139条规定：“法律行为的一部分无效时，其全部都无效，但是如果可以认定除去该无效部分，法律行为仍可以成立的除外”；我国《民法通则》第60条规定：“民事行为部分无效，不影响其他部分的效力的，其他部分仍然有效”；我国台湾地区“民法”第111条规定：“法律行为之一部分无效者，全部皆为无效。但除去该部分亦可成立者，则其他部分仍然有效。”

整体无效这一个方面。更何况所谓“不可分割”如何理解以及如何使二者一体？法律行为一体性说均未提出有力主张，已有的著述亦未有详论，所以，这一主张的理论想象超乎法律实践。

物权行为理论的立法选择必然要求对与其相适应的法律制度体系进行调整。首先，作为客观存在的物权行为，其独立性要求对其存在的形式与物权的法定公示方式予以区别；非依法定公示形式存在的物权行为只是缺乏对抗力而已，并非其本身就不是物权。其次，物权行为的无因性作为以其独立性为前提的价值选择，其当与债权行为分离而单独为法律判断。

五、结束语：客观世界的物权变动与主观世界的法律构造

客观世界的物权变动，不论其起点、过程还是终点，定然不具有两样，但主观世界的物权变动法律制度构造却异域异样、异彩纷呈。“存在的就是合理的”这句话，可用以对过去曾经被立法选择过的三种物权变动立法模式之何以存在的解释上；“合理的必然是存在的”这句话，就作为笔者提出“物权意思＋公示对抗”立法体例的壮行辞吧！至于合理与否，定然是公婆论理，各有说辞。笔者希冀的不在于招取方家赞同，但求抛砖引玉、引发思考。笔者认为，作为主观创造活动结晶的法律制度体系，必然伴随着在社会发展、变迁基础上的主观世界的知识、观念和价值目标的变迁而有变化和发展。承继前人智慧，尊重历史路径，考虑法理圆通，结合固有国情，[①] 以积极的姿态和勇敢的精神为法学学术发展做出应有的贡献，当属我辈无旁贷之责。作为一种物权变动立法主义个人学说的提出，权且作为法学理论因应社会发展一种表现形式吧！

---

① 韩世远：《物权变动模式的形成：一种历史决定论?》，载崔建远：《民法 9 人行（第一卷）》，金桥文化出版（香港）有限公司 2003 年版，第 174 页。

对法国物权变动债权意思主义的再思考*

摘要：一般认为，《法国民法典》确立了物权变动的债权意思主义，即当事人间的债权意思引致了物权的变动。但深入研究《法国民法典》后却得出了并非完全一致的结论：所谓的物权变动的债权意思主义，是一定逻辑体系之“前见”下的结论。以权利生效的要件以及权利变动的过程和结果观之，债权意思产生物权变动的效果是荒诞的。“物权意思 + 公示对抗”应当被确立为物权变动的第四种立法模式。这一认识对于理解我国《物权法》关于物权变动的立法主义选择以及我国未来《民法典》的制定具有意义。

关键词：物权变动；债权意思；物权意思

物权变动的立法主义，就引致物权变动的意思要素而言，一般地认为，有债权意思主义和物权形式主义之分。前者以《法国民法典》确立的物权变动模式为其典型；后者以《德国民法典》构建的物权变动模式为其范本。所谓债权意思主义物权变动模式，是指除了当事人的债权意思之外，物权变动无须其他要件的物权变动模式。以买卖合同为例，标的物所有权的移转，以当事人之间的买卖合同为根据，纯粹取决于当事人的自由意志，既不需要交付或登记行为，也不需要独立于买卖合同的物权行为。① 在对《法国民法典》进行一番研究之后，笔者不禁要问，难道《法国民法典》真的确立了物权变动的债权意思主义吗？或者，对于那个物权变动的结果而言，难道其真的是由债权意思所引致？对这一问题的追问，不仅有助于理解我国《物权法》中的物权变动立法主义，也有助于我国未来民法典的体系设计。

---

* 本文原本标题为《对法国物权变动债权意思主义的再思考》，载《北方法学》2014 年第 3 期。

① 王轶：《物权变动论》，中国人民大学出版社 2001 年版，第 18 页。

一、实然与应然——对《法国民法典》物权变动规则设计的解读

关于“特定物”的买卖，《法国民法典》第711条规定：“财产所有权，因继承、生前赠与、遗赠以及债权的效果而取得或移转。”第938条规定：“经正式承诺的赠与依当事人间的合意而即完成；赠与物的所有权因此即移转于受赠人，无须再经现实交付的手续。”第1583条规定：“当事人就标的物及其价金相互同意时，即使标的物尚未交付、价金尚未支付，买卖即告成立，而标的物的所有权亦于此时由出卖人移转于买受人。”[①] 根据《法国民法典》的这些规定，“特定物”买卖契约以契约当事人的合意而成立，标的物所有权于契约成立时发生移转而无须履行任何外在形式。故而，一些学者得出了这样的结论——标的物所有权依当事人之间纯粹的债权意思即可完成移转，由此可见，《法国民法典》所贯彻的是债权意思主义原则。[②] 但是，在这些规定之外，关于“非特定物”的买卖，《法国民法典》1138条又规定：“交付标的物的债务依缔约当事人单纯同意的事实而完全成立。”“交付标的物债务的成立从标的物应缴付之时起，即使尚未现实移交，使债权人成为标的物的所有人……”可见，在“非特定物”交易中，标的物所有权并非自合同成立时起就发生移转，而是从标的物“应该交付之时起”发生移转。[③] 对此例外之规定，需要悉心研究。

就《法国民法典》的规定而言，其第1583条之规定以“特定物”交易为规制对象，在解释上被认为是该法典关于标的物所有权移转的一般规则；其第1138条则是包括种类物、未来物等在内的“非特定物”所有权移转的特别规则。从这两条规定中唯一可以明确的是，“特定物”所有权移转的时间是在“当事人双方就标的物及其价金相互同意时”，“非特定物”所有权的移转时间是从标的物“应该交付之时”。这样看来，与其说《法国民法典》

---

① 参见《拿破仑民法典》，李浩培等译，商务印书馆1983年版，第94、126、223、152页。

② 肖厚国：《物权变动研究》，法律出版社2002年版，第91页。

③ 王轶：《物权变动论》，中国人民大学出版社2001年版，第19页。显然，这里的意思是指债权意思。

第1583条和第1138条是关于所有权是依“何因”移转的规定，倒不如说是关于所有权于“何时”移转的规定。如果说在“特定物”买卖中，物权变动可依据债权意思而发生的话，则在“非特定物”的买卖中，就不仅需要有债权意思，还需要其他条件。在非特定物特定化之前，当事人间的约定没有产生物权变动效果。当然，其约定仅在当事人间产生债权法律效果：一方享有债权，另一方负有债务。而此时，因缺乏“特定物”条件，所有权无法完成移转。所谓的“应当交付之时”，依本人的理解，即是“非特定物”已经成为“特定物”之时。这样一来，所谓的法国债权意思主义物权变动立法主义要件构成就是：债权意思＋特定物。

在这种情况下，说《法国民法典》单依凭债权意思即可引发物权变动，肯定不妥。相对于单凭债权意思即可产生债权效果而言，“特定物”必要条件的加入，使得直接关乎所有权变动的意思表示，名其为物权意思以与债权意思相区别并相对称，是再恰好不过的道理。[①] 只是，在《法国民法典》起草和颁布之时，限于各方面要素的影响，尚不能在理论上更不能在立法中提炼出有别于债权意思的物权意思。一般地，物权意思在民事法学理论和立法中被债权意思吸收了，尤其是在“特定物”买卖为法典规制的一般对象的情况下，为实现交易便捷的时代追求，更没有区分出一个物权意思的社会需要。由是之故，在“非特定物”买卖，《法国民法典》也非是如后来的《德国民法典》那样类分出一个有别于债权行为的物权行为，而只能是在立法技术上将其转化为“特定物”买卖来处理。所以，在“特定物”之即时买卖，在债权意思与物权意思同时生效的情况下，物权意思被遮蔽于债权意思，物权变动被理解为“因债权的效果而移转”；而在“非特定物”买卖，受物的非特定性所限，物权意思之即时作成受到了阻碍，债权意思作成后的债权效果并不生物权变动之结果，只有在“非特定物”特定化后，物权意思才得以作成，所有权才得以变动。置身于特定的时空条件下思考，认定《法国民法典》为物权变动的债权意思主义本也不会造成理论上的困惑和实践上的混乱。但是，笔者认为，这只是农业社会背景下以“特定物”买卖为社会经济

① 意思表示产生债权效果无须特定物要件。

生活常态的法律制度构造。所谓的债权意思主义，是以债权意思的形成机制和存在形式掩盖了其中必然存在的物权意思内容的结果。法制的实然与法制的应然之间的矛盾，在《德国民法典》确立物权行为理论之后，才得以浮出水面并加以彻底解决。

二、过程与结果——依法律行为物权变动全程之扫描

依法律行为的物权变动也即是依当事人意思的物权变动，只是关于此一“意思”，在《法国民法典》“作者”的眼里，被视为了债权意思，即债权意思引致物权变动。在笔者看来，这一在当时十分正确的规则设计，以债权与物权生效的要件衡量，则问题大矣！债权意思对应物权效果，风马牛不相及也！

（一）民事法律行为与物权变动的意思

民事法律行为，指以发生私法上效果的意思表示为要素之一种法律事实。[1] 先看这一概念里的“私法上效果”，就笔者的理解，所谓“私法上效果”，即通过当事人的自治行为获得何样的民事权利。民法上的权利，依据不同的标准有不同的类型划分，但有一种类型划分最具有意义，这就是把权利划分为绝对权和相对权。民法以权利为核心，以法律关系为构架。关于权利与法律关系的内在联系虽不是本文着重探讨的问题，但关于两者关系的一个基本判断是：权利总存在于法律关系之中；权利也只有被放诸法律关系之中，才可以更好地被理解。[2] 法律关系是人与人之间的关系。[3] 以法律关系所及主体的范围为标准可以而且只可以将其划分为两类：特定主体间的法律关

① 梁慧星：《民法总论》，法律出版社 1996 年版，第 152 页。

② 王泽鉴：《民法总则》，中国政法大学出版社 2001 年版，第 80 页。

③ 对于物权的定义，笔者认为，不应将“人对物”的关系这一经济学研究的问题纳入到法律学中强调。法律学只关注人与人之间的关系。物权法律关系无非是因为一个有体物的存在而在特定权利主体即物权人与不特定的义务主体即除物权人外的所有人之间对行为边界的划分而已。

系和特定主体与非特定主体间的法律关系。① 与法律关系的分类相对应，权利以其效力所及的范围为标准，可以划分为相对权（请求权）与绝对权（支配权）。而实际上，法律关系主体的范围与权利效力所及的范围是一回事——即纳入法律调整的主体的范围而已。在这里，两者实现了统一。所谓绝对权，即得请求一般人不为一定行为之权利也，其特征在于义务人之不特定及请求内容之限于不作为，绝对权以物权为其典型；所谓相对权，即得请求特定人为一定行为或不行为之权利也，其特征在于义务人之特定及请求内容不限于不作为两点，相对权以债权为其典型。② 就权利实现的机制来看，绝对权之实现仅凭权利人的自由意志即可，不需要其他人的积极行为；相对权之实现非借助于有法律上有义务的相对人的给付不可。就此区别，法学理论上认为绝对权为支配权，相对权为请求权。③ 请求权为特定主体间的法律关系，在财产法领域其抽象的法学术语即债权；绝对权为不特定主体间的法律关系，在财产法领域其抽象的法学术语典型即物权。

再看这一概念里的“意思表示”。依法律行为的物权变动总是发生于特定的主体之间，但是，发生于特定主体之间的法律行为，其意思表示之内容却并非就是建立一个仅仅拘束当事人自己的债权法律关系。主体的特定性并不能限制意思表示内容的多样性。质言之，特定主体间的意思表示，既可以是指向建立债权法律关系的意思表示，也可以是指向建立物权法律关系的意

① 笔者认为，法律关系可以抽象地类型化为“两个人之间的关系”和“三个人之间的关系”。这种划分既是一种抽象也是一种方法。笔者认为，以此方法建构的中国民法典的体系应为：总则、人身权法、物权法、知识产权法、债权总则法、合同债权法、侵权请求权法和附则共八编。其中的人身权法、物权法和知识产权法属于三个人之间的关系法；债权总则法、合同债权法和侵权请求权法属于两个人之间的关系法——这也就是笔者对王利明教授在“海峡两岸民法典问题研讨会”上所说的“以法律关系为中心构建中国民法典”的理解。参见董学立：《论物权变动中的善意、恶意》，载《中国法学》2004 年第 2 期。

② 王泽鉴：《民法总则》，中国政法大学出版社 2001 年版，第 80 页。

③ 依权利之作用为标准，权利可分为支配权、请求权和变动权三种。笔者认为，变动权依其效力方面的考察，也可类型化地分属于绝对权和相对权两类：形成权属于相对权，可能权属于绝对权。再者，请求权系由基础权利而发生，必先有基础权利之存在，而后始有请求权之可言。相对权与绝对权上的请求权的区别在于：在原则上，债权上的请求权系于债权成立时当然随之发生，其余之请求权，则多于其基础权利受侵害时始告发生。所以，把相对权或债权直接说成是请求权是不对的。参见郑玉波：《民法总则》，中国政法大学出版社 2003 年版，第 67 页。

思表示。这样一来，就有了区分“意思表示”类别的标准：将意欲建立债权法律关系的意思表示定型化为债权行为；将试图建立物权法律关系的意思表示定格化为物权行为。这样的法构造理念，就促成了物权变动“区分原则”的基础。① 一个目的在于物权变动的法律行为，其行为主体的特定性、相对性，极易掩盖主体意思表示法律效力范围的非特定性、绝对性。这一发现和牛顿研究苹果落地一样：现象是早就存在的，但是从一种现象中发现法科学规则，却不是人人都能做到的。② 《法国民法典》将物权变动视为“债的效果”的规定，就显示了该法典在这一问题上缺乏学理洞见。

（二）物权变动的过程

依法律行为的物权变动，总是表现为一个当事人就与物权变动有关的问题不断磋商的过程。过程本身同样是具有法律意义的。其间具有法律意义的意思表示，当然也要形成而且也只能形成双方当事人之间的“法锁”。正是此过程中产生的这些“法锁”，构成了物权变动目的实现的法律保障。当主体间的意思表示之法律效果指向对另一方当事人的请求权时，这就是一个债权行为。而且，在公示生效主义立法体例下，办理公示完毕前的“合同行为”中的所有意思表示，都只能产生债权法的法律效果；即使是公示对抗主义立法体例下，物权变动之效果的获取也会因为主观方面原因如附条件，或者客观方面如“物”的非特定性等，而不能成就物权变动效果，但这并不妨碍债权效果的成就。尽管有学者认为“所谓移转物权的合意，是包含在债权合同之中的”，或者“物权行为所包含的意思表示在法律意义上是对债权行为意思表示的重复或履行”，或者“物权行为不过是原来债权行为意思表示的贯彻或延伸，并非有一个新的意思表示”，等等。③ 但笔者认为，尽管债权合同中有一些内容是以物权变动为目的的，但这些意思表示的法律效果均只能在当事人间产生债权、债务关系。总之，尽管债权合意都是围绕着移转物权这一目的而展开，但其法律意义是给付请求权的设定，法律从来没有赋予

---

① 我国《物权法》第15条确立了区分原则。这是我国法学理论和立法实践的一大进步。
② 引自孙宪忠教授《潘德克吞法学的基本知识》一文，未刊稿。
③ 王利明：《物权行为若干问题探讨》，载《中国法学》1997年第3期。

其物权变动的法律效力。有学者曾指出："盖债权契约仅发生特定给付之请求权而已，债权人不得依债权契约而直接取得物权，故应认为债权契约以外，有独立之物权移转之原因即物权契约之存在。"[①]《法国民法典》的不足就在于，其将物权（所有权）变动的结果作为"债权的效果"，混淆了物权变动的过程与变动的结果的关系。

（三）物权变动的结果

物权变动的结果，就是作为权利的物权——支配权，在主体间发生了移转。由此，形成了一个新的物权法律关系。显然，这一结果受到前面具有法律效力的过程的推动。过程与结果的区别，在《法国民法典》关于"非特定物"的买卖中已有所发觉，遗憾的是，《法国民法典》最终也没有把因"物"一方面的特定或者非特定而导致的法律效果之不同区别开来。产生这一缺憾的原因在于，《法国民法典》没有如《德国民法典》关于权利分类的支配权、请求权的区别，没有物权与债权的区别，也没有《德国民法典》法律行为的概念和理论，因而，在《法国民法典》中也不会产生物权行为概念和理论。虽说这是《法国民法典》的缺憾，但就《法国民法典》的内在逻辑性、体系性来说，也属情理中事。将结果从物权变动的过程中区分出来，将合意所产生的对交易相对人的法律拘束效果，与物权变动所形成的新的物权人与其他人包括原物权人的物权法律效果分裂开来，以不同的法律效果对应于不同的当事人意思，以此形成债权意思与物权意思的法律分野。这样一来，相对于物权变动的法律效果而言，就有了物权行为的存在。这其实不仅是一个逻辑的问题，也是一个生活实际的问题。在特定物之买卖的意思表示之中，既可仅有引发债权债务的效果意思，也可以同时兼具引发债权债务的效果意思与发生物权变动的效果意思。因此，在立法上就有了两种选择的可能，一是可采德国民法的"析分"方法，把一项交易解分为一个债权行为，两个物权行为；二是可采法国民法的"综合"方法，把一项交易作为一个行为，例如一个买卖合同，把发生债权债务的效果意思与发生物权变动的效果

---

① 张文龙：《民法物权实务研究》，翰林出版社1977年版，第4页。

意思一起纳入这一个行为中。[1] 但是，特定物买卖是农业社会的常态现象，在商业社会，未来物、种类物买卖在社会经济生活中会占有更大的比例，并日益成为社会经济生活之常态。[2] 因此，在进行法律制度的创造和法律政策的选择时，就不得不因应社会变迁。法国法确立的债权意思主义没有在后来的德国法中得以延续，就是一个例证。德国民法确立的物权形式主义更能迎合作为社会常态的“非特定物”交易。

三、继承与创新——我国《物权法》确立的物权变动立法新模式

我国1949年以前的民事立法，移植了《德国民法典》确立的物权形式主义；1949年以后至《物权法》的颁布，我国民事立法照搬了俄国的债权形式主义。通说认为，我国2007年颁布的《物权法》就物权变动立法模式确立了公示生效主义为主，公示对抗主义为辅的立法主义。其中的意思要素究竟是物权意思还是债权意思，学界在解读《物权法》时的回答则模棱两可、意见不一。[3] 笔者倾向于认为，我国《物权法》确立的是物权意思。这一认识主要来自《物权法》第15条所确立的区分原则，即物权变动的原因与物权变动的结果相分离。[4]

从法制史的角度来看，我国物权立法关于物权变动立法主义可分为三个阶段：1949年以前，采物权意思+公示生效主义；1949年以后，我国大陆民事立法采债权意思+公示生效主义；2007年颁布的《物权法》采物权意思+公示生效主义为主、物权意思+公示对抗主义为辅的二元主义。自1949年后的民事立法关于物权变动的立法主义是债权形式主义，即引致物权变动的因素包括有债权意思与公示形式两个方面。这一立法模式，既不属于法国模式，也不属于德国模式。在赞同债权形式主义体例的人士看来，债权形式主

① 崔建远：《东亚区域的民法趋同论——以物权行为理论为中心》，载渠涛主编：《中日民商法研究》（第四卷），法律出版社2006年版，第85页。

② 现在时兴的网购更是体现种类物交易的好形式。

③ 《物权法》通过后的多部释法著作大都回避了这一问题，即使承认者，也采取了轻描淡写的方式。

④ 刘智慧主编：《中国物权法释解与应用》，人民法院出版社2007年版，第62页。

义既结合了法国意思主义的优点，又截取了德国物权形式主义的长处。但在笔者看来，情况恰恰相反，债权形式主义物权变动模式是一个物权变动立法要素上“拉郎配”的产物：就我国现有民事立法体系所采取的德式逻辑体系来说，债权意思只能产生债权效果（如果这句话没错的话），而在物权变动的债权形式主义，债权意思却成了物权变动的意思要素；公示要素在物权观念化后本仅可作为动态物权安全制度体系中表彰某人享有某特定物所有权的外观形式（没有公示，也并不代表不享有物权，这就是公示对抗主义），而在债权形式主义，其却又成了某人获得所有权的生效要件。

当然，法律制度可以被人为地任意建构，只要已经“拉郎配”了，并且只要人们已经按照“拉郎配”塑造的行为模式安排自己的法律生活了，这个法律制度也是可以践行的。对于法律制度这种人造规范来说，人们不曾想象到的东西就是不存在的并也是对法律实施不产生什么影响的，或者事实上产生了却不被人们所认知。但民法典本是一个体系化、逻辑化的制度，是在一定前见指导下的体系。我国民法理论已经引进并采纳了德国民事法律行为理论，已经将民事权利类分为绝对权和相对权并有物权编和债权编的立法体系结构，那么，将物权变动的意思要素理解并设置为债权意思，从民法理论体系和逻辑的角度来看，是不能被接受的。

物权观念化后，物权变动的充分条件得以完全奠基于当事人变动物权的意思合致之上。物权公示在谢却其物权变动要件地位之后，良性地恢复到了其本有的功能之上——以解决物权利益冲突和宣示物权状态从而促进交易安全为己任。在交易相对人之间，单凭当事人的物权合意，就足以实现物权移转。只是，《法国民法典》将其没有能够发掘出来的物权意思以债权意思遮掩或替代了。在近百年后的《德国民法典》中，物权的观念性没有改变，但物权变动的立法模式却显有不同，确立了物权变动的物权形式主义，这似乎以回归的方式将前罗马——日耳曼法上的要件性公示制度又搬移回到了现代法的物权变动模式之中，以将物权变动固定于一定的物质形式之上，来实现物权变动另一制度价值——物权变动的内外法律关系的清晰与交易安全。《德国民法典》为何选择公示生效主义作为其物权变动的立法主义？除了萨维尼从交付的研究中发现的物权行为理论并再也没有走出交付对物权变动表现形式的局限以外，再者就是公示生效要件主义本身被人们认为所具有的满足人们某种需要的优点。①

在物权变动二要素——意思要素与形式要素中，债权意思引致物权变动的理论和制度是荒谬的。相对于权利体系的类型化以及民事法律行为理论的确立，在物权观念化的今天，引致物权变动的意思要素只能是物权意思。再者，是否在物权变动的必要条件设计中须有公示要素的加入？不论是从社会实践的角度还是在理论建构的层面，都只能是一个价值上的政策选择问题——可以择其为必要条件，也可以不这样安排即选其为对抗要件。这是一个与法律制度建构所要设定的目的有密切关系的问题。就公示制度在物权观念化的制度体系中所能够担当起的角色而言，它只能对交易安全的实现起到物权享有的标示作用。所以，笔者认为，物权变动的直接原因来自当事人的物权意思。当然，此物权意思绝非是《法国民法典》的债权意思，已属昭然；此物权意思在构成上也非属《德国民法典》的物权行为，则应需注意。因为，此物权意思（没有形式主义的要求）就是产生物权变动法律效果的充分条件，不需要德国法上的公示要件。由此形成了物权变动的物权意思主义即物权意思＋公式对抗主义。

四、结语

要问《法国民法典》是否规定有债权意思产生物权变动，答案应是肯定的——法律有明文；再要问债权意思能否引致物权变动，答案则又是或然的。乍一听两个矛盾的判断之间其实并不矛盾，因为，前者是个实然的问题，而后者是个应然的问题。实然的东西一定有其存在的理由——“存在的就是合理的”；应然的东西也必定有其可以存在的价值——“合理的也应是存在的”。在我国正在谋划编纂《中华人民共和国民法典》之际，审慎地反思和检讨各项法律制度的优缺点，大胆地进行法律制度借鉴和创新，既要照顾到民法典体系固有的逻辑性、体系性，又要远观民法典各项法律制度的科学性、前瞻性。在传承与创新中，完成“制定一部二十一世纪具有世界先进水平的中国民法典”宏伟目标。就物权变动的原因而论，物权变动之“物权意思＋公示对抗”立法主义之确立，应是我国未来民法典编纂中值得认真考虑的问题。

---

① 孙鹏：《物权公示制度研究》，法律出版社2004年版，第36~40页。

结构

担保法理论与实践

形在而神移：论《物权法》担保物权编的新发展*

内容提要：《物权法》担保物权编承继了《担保法》确立的模式，即仍以抵押权、质权和留置权为担保物权基本类型及体系设计之选。与外在形式与结构的保守承继不同，《物权法》担保物权编在内容、精神方面均有发展，此即笔者所认定的担保物权编的“有形新发展”和“无形新发展”。以“抵押权的泛化，质权的矮化和留置权的显化”为特征的担保物权编无形新发展，在未来担保物权编的体系重构方面，在动产担保物权的统一登记方面以及在动产担保物权的优先次序方面等，都将有再完善的要求。

关键词：《物权法》；担保物权；形在；神移

《中华人民共和国物权法》（以下简称《物权法》）担保物权编的外在体系设计，较之《中华人民共和国担保法》（以下简称《担保法》）确立的模式，没有两样，即仍以抵押权、质权和留置权为基本担保物权类型并各设一章，以形成担保物权编的体系。在亚层次体系设计上，抵押权一章仍分为“一般抵押权”和“最高额抵押权”两节；质权一章仍分为“动产质权”和“权利质权”两节；留置权一章有章无节，因此，其无所谓亚层次体系设计。鉴于此，可以断言，对于《物权法》担保物权编的外在体系设计，立法者无

* 《形在而神移——论〈物权法〉担保物权编的新发展》，载《法令月刊》2008 年第 59 卷第 6 期，载梁慧星教授主编《民商法论丛》第 41 卷。

意于改弦易辙。[①] 面对已经颁布并已实施的《物权法》，回视立法过程中诸家提出过的不同的担保物权体系设计，《物权法》担保物权编外在体系设计上的裹足不前，常会诱使人们直觉地认为其缺失新发展。其实，对《物权法》担保物权编的新发展，在《物权法》颁布之后，学界有一些及时的反映。[②] 但在笔者看来，有关这些方面的论述并没有揭示出担保物权编发展的新境界。[③] 笔者怀揣陋见、抛砖引玉，期能以此拙作加深人们对我国担保物权制度新发展的认识。

一、形在——担保物权编的外在体系设计

（一）担保物权编外在体系设计的不同主张

以《物权法》起草之始至最终通过的时间为序，并以《物权法》担保物权编外在体系的不同设计为分，可对我国《物权法》担保物权编体系设计的各种主张作比较研究。以《物权法》立法的时间为序，我国《物权法》的立法进程可分为专家起草阶段、官方起草阶段、草案审议阶段和草案通过阶段；以担保物权编的不同体系设计为分，我国担保物权编可分为“有非典型担保物权”的体系设计和“无非典型担保物权”的体系设计。

在《物权法》的专家起草阶段，中国社会科学院梁慧星教授领导的《物权法》起草小组率先完成了《中国物权法草案建议稿》（以下称“梁稿”）。

---

① 在形式上，《物权法》担保物权编较之《担保法》还是有两处不同的：一是《物权法》担保物权编设有第十五章之“一般规定”，此“一般规定”在《担保法》之物的担保部分没有设置，尽管《担保法》也有其适用于人的担保和物的担保的“总则”部分；二是在《担保法》中，其关于动产移转占有而设定的担保物权被称为“质押”，进而又分别设置了动产“质押”和权利“质押”，此一称谓在《物权法》担保物权编均被称为“质权”。但这两处所谓变化与我们所要讨论的问题没有直接关系，故而，在本文论述中不予涉及。

② 《物权法》通过后，国内学者对《物权法》担保物权编的研究文章，以笔者对中国民商法律网的检索为例，主要有程啸博士的论文如《〈物权法〉对抵押权制度的六个重大改进》《我国〈物权法〉对权利质权制度的创新》；高圣平博士的《担保物权编：经济发展的推进器》《〈物权法〉担保物权编之评价》《〈物权法〉中留置财产的范围》；等等。这些论文对刚刚通过的《物权法》担保物权编都做了及时和准确的研究。

③ 有关担保物权制度新发展的论文，多集中于笔者下文所认定的有形新发展方面。对于笔者所认定的无形新发展，则少有人或暂无人论及。

梁稿在担保物权体系设计上与《担保法》不同的是，在规定了抵押权、质权和留置权之后，还专设一章规定了学理上被称为“非典型担保物权”的“让与担保”制度；① 一年之后，中国人民大学法学院王利明教授领导的《物权法》起草小组也完成了《中国物权法草案建议稿》（以下称“王稿”），与《担保法》不同亦与梁稿相异的是，王稿在担保物权编中设计有“优先权”制度，并置其于抵押权、质权、留置权之后。② 从中不难看出，尽管传统担保物权类型即抵押权、质权和留置权在上述两个专家草案中均予承继，但起草者们以“为适应社会经济发展对融资担保方式多样化的需要”以及“在实体法上规定优先权，以其法定性与抵押权、质权等相区分，更有利于担保物权体系的逻辑性”等为理由，还是在承继《担保法》确立的担保物权类型的基础上，对其有了较大的发展。

以上述两个专家草案为基础，全国人大法工委民法室对其加以删节、增补，形成了 2001 年 5 月 22—29 日《物权法》专家讨论会讨论的物权法草案，（简称“法工委民法室草案”）。讨论会后，法工委对民法室的草案进行修改，形成了新的草案：《中华人民共和国物权法（征求意见稿）》（简称“征求意见稿”）。2002 年 1 月 11 日全国人大常委会法制工作委员会在人民大会堂召开民法典起草工作会议，会议决定民法典的物权部分由民法室负责。2002 年 12 月 17 日公布了《中华人民共和国民法（草案）》，第二篇为物权部分的草案（简称“草案”）。③ 值得注意的是，上述不论是“法工委民法室草案”“征求意见稿”还是“民法草案”，关于担保物权制度的体系设计，均采纳了梁慧星教授的设计方案，即设专章规定了作为“非典型担保物权”的“让与担保”制度。可见，在《物权法》的担保物权体系设计中，设专章规定“让与担保”制度的主张，不论是在学术界还是在有关部门，都曾占据主导

① 梁慧星教授主持完成的《中国〈物权法〉草案建议稿》设计有十二章，让与担保居于第十章并位列抵押权、质权和留置权之后。梁慧星教授和陈华彬教授编著的《物权法》，则编有非典型担保制度，此即该书第二十章规定的“让与担保”和“所有权保留”。参见梁慧星、陈华彬：《物权法》，法律出版社 1997 年出版，第 391 ~ 403 页。

② 参见王利明主编：《中国〈物权法〉草案建议稿及说明》，中国法制出版社 2001 年版。

③ 李仁玉：《我国〈物权法〉制定中的热点问题研究（上、下）》，载《贵州师范大学学报（社会科学版）》2004 年第 3 期。

地位。

与此同时，关于担保物权的体系设计究竟要不要规定“让与担保”，在专家学者和有关部门中始终存在着重大分歧。[①] 自物权法第二次审议稿始，物权法草案就删除了“让与担保”制度。这一结局又佐证了在担保物权编中不设“让与担保”制度的主张，显呈后来居上。那么，我国物权法起草初期颇受重视并一度纳入担保物权编的“让与担保”制度，为何又最终遭致被抛弃的命运？

（二）担保物权编体系设计的立法理由

法律制度，或者表现为进化理性，或者表现建构理性。[②] 前者一般说来是“言之有物”的，所谓“言之有物”，即现实社会生活中确实存在一种有其“名”且有其“实”的法律现象，如“抵押权”这一法律概念，其最初就是被用来定义在不动产上设定的不移转占有的担保物权，尽管现代生活要求在越来越多的动产上设定抵押权，并因此使抵押权的现实模样一再地被改变着；后者一般说来是“言之无物”的，所谓“言之无物”，即法律制度体系中虽有其“名”，但现实社会生活中并无与其“名”相对应的“实”，如“物权”或“担保物权”这些法律概念就是这样，作为对一类民事法律关系的抽象，这些法律概念虽在法律制度体系中有其“名”，但现实社会生活中并无与其相对应的“实”。关于这一点，就像我们一般不将手里的苹果称为“水果”一样，因为，在我们的概念体系中，没有一个具体的“实”的存在是被称为“水果”的。“水果”这一概念，就是有其“名”无其“实”的概念。当然，没有“实”相对应的“水果”这一概念并非没有价值。[③]

---

① 主要有三种意见，即要、不要和以特别法规定。参见全国人大常委会法制工作委员会民法室编著：《〈物权法〉（草案）参考》，中国民主出版社2005年版，第421页。

② 参见［英］费里德利希·冯·哈耶克：《自由秩序原理》，邓正来译，生活·读书·新知三联书店1997年版，第10页。

③ 黄茂荣先生认为，法律概念有编纂概念与当为概念之分。参见黄茂荣：《法学方法与现代民法》，中国政法大学出版社2001年版，第49页。

上述分析仅具有相对意义，[1] 就是说，有其“实”的概念的外延并非一成不变，原本被排除在某一概念之外的“实”，也会因为其“质”的被认同而接受其他概念的指示，此时，有其名的“实”则因接受其他概念的指示而使其原有概念的价值丧失。“让与担保”制度前受厚托后遭冷落的历程，其实质就是这一概念的“实”被其他概念如抵押权或质权所替代而造成的。

笔者认为，在民法典规定了系统、完整的抵押权和质权制度之后，让与担保之名所指示的“实”，可因接受抵押权或者质权的指示，而使其丧失独立性。[2] 也就是说，民法典本身所要求的体系性、逻辑性，使得“让与担保”制度失去了独立存在的意义。[3] 这其中有两点颇为关键：一是大陆法系的所有权理论，二是动产担保物权的占有公示制度。

就所有权理论而言，大陆法系向来采单一、绝对、抽象所有权学说。这一学说对社会生活实践中发展起来的一些所谓“非典型动产担保物权”，如让与担保、所有权保留以及信托占有等担保物权制度，在解释、说明其内、外部法律关系时，遇到了理论上极大的障碍：如在“让与担保”这一动产担保物权的制度构造中，法律虽规定受让人取得让与物的所有权，但究其实质，“名”为所有权“实”为担保物权——受让人所取得的仅是对让与物所有权的期待权即担保物权；让与人仍享有对让与物所有权回购的权利——受让人在对外关系上虽取得让与物的所有权，但其在债务履行期届满前负有不得处分该让与物的义务，受让人对该让与物只能在担保目的范围内行使权利。与此同时，让与人虽失其对让与物的所有权，但却仍保留让与物的处分权——在让与担保存续期间可以移转让与物的所有权。因此，所谓的让与担保，其在与抵押权或者质权的比较中，只不过是“名”一方面的不同罢了，

① 所谓仅具有相对意义，是指概念的包容力大小是相对比较的结果，如苹果、水果、副食品三个概念之间，就是递度抽象的概念。

② 关于让与担保的法律属性，有的国家和地区持“所有权构成说”，如在德国和我国台湾地区；有的国家持“担保物权构成说”，如在日本。

③《物权法》制定过程中，关于《物权法》中是否规定让与担保制度，主要有三种意见：肯定说、否定说和民事特别法说。参见全国人大常委会法制工作委员会民法室编著：《〈物权法〉（草案）参考》，中国法制出版社2005年版，第421～423页。

两者在法律关系的“实”一方面差异甚微。但如果按照“所有权”让与的逻辑探究其法律关系，则大陆法系的所有权理论将无力解析让与担保与抵押权或质权之间，异“名”遮掩下的同“实”。

就动产担保物权的公示制度而言，传统物权立法向来规定，动产物权（当然也包括动产担保物权）只能以对物之占有或占有移转作为其权利享有之公示方式。所以，创设动产担保物权如动产质权，也只能以移转动产之占有为其生成之必要条件。[①] 但就让与担保制度而言，其间就出现了不和谐：受让人对让与物所享有的所有权（即担保物权）通常无法以公示方式表达。由此，便造成了“表面所有权”问题，严重影响了市场交易安全。[②]

症结所在，出路所依。

我们的法律思维时常落后于时代发展，惯于以过时的法学理论解释全新的法律生活。就让与担保制度而言，其曾经的辉煌历史和当今社会的夹缝适存，并不能说明其就具备在民法典中成章立节的条件。民法典章节的成就，须受事物本身“质”的规定性和民法典本身的逻辑性、体系性等方面的规律的约束。缘于大陆法系所有权的绝对性和单一性，在用其解释让与担保制度时，就极显捉襟见肘。或许，美国《统一商法典》第九编的现实主义编纂思路，可提供给我们有益的经验：第九编的起草人在立法进程中逐渐明白，名目各异的担保物权的共性远大于其个性，于是，起草人摒弃了原有的立法思路，对原有的担保物权立法所确立的担保物权种类加以整理，并以前者为基础设计了一套全新的担保物权形式即约定担保（Security Agreement），并为此创设了一套全新的概念体系，如担保权人（Secured Party）、担保权益（Secured Interests）、担保物（Collateral）、担保权益的附着（attachment）、担保权益的完善（perfection）、担保权益的终结（foreclosure）等。这些概念普适

---

① 此点在两大法系法制史上都是一样的。但以美国《统一商法典》第九编为开端，在动产占有公示方式之外，又创设了动产担保物权之登记公示方式。

② 让与担保大多表现为当事人之间的一种合同，受让人基于该合同所享有的所有权，通常并不以移转受让物的占有来表达。即在多数情况下，让与人在设定让与担保之后，仍然占有让与物。此即形成了表面所有权问题。

于美国《统一商法典》的前身如一般动产抵押、附条件买卖（所有权保留）①、信托收据等传统形式的动产担保物权类型。美国《统一商法典》第九编第9-202条规定："除关于寄售或者账目、动产质据、无形财产支付、本票买卖的有关规定外，无论担保物之所有权是属于担保权人还是债务人，本章关于权利与义务的规定，均予适用。"② 关于本条的正式评论又进一步解释道："担保物所有权之归属无关乎本质即非是问题实质所在——本章所规定的担保交易当事人以及相关第三人的权利、义务，均未提及担保物所有权之所属。例如，在对存货的'购买价金担保权益'的场合，无论担保权人保留担保物之所有权，或由债务人获得担保物之所有权后再让与担保物之所有权，或在担保物上设定质押权予担保权人，凡因此所生之担保权益，则均无不同。"如果我们抛弃大陆法系沿用的所有权理论，转向择取英美法系的担保权益（security interests）理论解释让与担保的法律问题时，所谓的一些难题将迎刃而解，并顺势融入全球化的"统一动产担保交易制度"潮流。

悉心研究之后，我们会发现，其间有一个认识上的错误阻碍了我们应早为之的选择：在让与担保制度，担保债权实现的是债权人对让与物的所有权。当我们将让与担保更名为抵押权（或质权）时，担保债权实现的则是债权人对让与物的抵押权（或质权）。同为担保债权实现，一者为债权人的所有权人地位，一者债权人的抵押权人地位，难道它们之间真的有何不同？正是对这一问题的追问，我们发现了一个学理错误：传统的物权法理论向有戒律——所有权是完全物权，担保物权是定限物权。在这一戒律之下，若将让与担保制度转化为抵押权制度时，其逻辑的结果是，债权人的地位降等了。但现实法律生活给出的答案却并非如此——不论是基于让与担保享有对让与物的所有权，还是基于抵押享有对抵押物的抵押权，债权人担保债权实

① 在我国法律制度体系之设计上，应严格区分"附条件买卖"与"所有权保留"——一般认为，附条件买卖是债权法上的制度，所有权保留是《物权法》上的制度。但由于附条件买卖合同中多附有所有权保留约款，两者如影相随，关系非常密切。除极少数例外情形，绝大多数附条件买卖都成为附有所有权保留约款之买卖。参见王泽鉴：《附条件买卖买受人之期待权》，载《民法学说与判例研究》，中国政法大学出版社1997年版，第133页。

② SELECTED COMMERCIAL STATUTES. 2005 Abridged Edition. THOMSON WEST. P787.

现的能力没有悬殊。既然如此，那所谓的担保物权是定限物权的戒律又当如何解释？

其实，在债权人不能实现债权之时，其实行抵押权处分担保物的权利，在其属性上就是在行使担保物所有权人的权利——对担保物的处分权。① 就是说，所谓的抵押权这一担保物权类型，在很多情况下（如对动产担保物的抵押权），就是一个附实现条件的完全物权即所有权。其间的道理并不复杂：如果抵押权人不享有对担保物的所有权，其如何能够让渡一个所有权与受让人并获得价金以担保未清偿债务履行！

对于动产，世界各国的立法通例一般是，不在其上设立动产用益物权。② 所以，以动产为标的物的担保物权，就其性质而言，担保权人所享有的，就只能是对担保物的附条件所有权。之所以须以处分担保物所得价金实现其担保债权，用意并非在于担保权人不能以获得担保物所有权的形式实现其担保权利，而在于以此权利行使之限制谋求实现另外的法律目的——获得担保物处分的合理价金。所以，“折价”作为担保物权实现的一种补充方式，从来没有被拒于担保法门之外。社会生活的复杂性、多样性，使得法律制度设计在追求实现一种目的时，丝毫不敢忽视强行法的刚性对社会生活秩序的破坏性冲击。必须承认，在某些时候，良好的愿望未必带来良好的社会效果。③ 就在债权人以折价方式实现其抵押权时，其作为担保物所有权人的法律地位，便得以朴素的形式为常人所能感知了。但法学理论在强调担保物权实现途径的拍卖和变卖方式时，特地渲染了一种用意，并因此不自觉地淡化了另一样图景，这使得人们在透视担保物权的性质时，常常有如“雾里看花、水中望月”之感。因此，“担保权是定限物权”这种说法不能说一点道理没有，但其中定有误导理解法律的缺憾。

① 依照物权法定原则，在动产之上没有除动产所有权之外的其他动产物权类型，如动产用益物权可资充当动产担保之标的物。

② 因不动产之上可有不动产用益物权，因此，可资抵押的不动产权利就不一定是不动产之所有权，也可能是不动产用益物权。当然，个别用益物权如用益权也以动产为标的。

③ 值得注意的是，我国《物权法》规定集体土地所有权、土地承包经营权、宅基地使用权等，不得处分。法律作出这样规定的目的和理由何在？该问题曾经被广为争议。

接下来，我们再看看动产担保物权的公示问题。

传统物权法理论认为，不动产物权以登记为其公示方式，动产物权以占有为其公示方式。并且，占有作为动产物权的公示方式，是由动产物权的性质决定的。[①] 言外之意是，动产物权依其性质不能以登记为其公示方式。教科书上的话，常常被初习者作为经典戒律刻记在最初的记忆里。就动产物权而言，当我们谈其公示方式的时候，最好事先要界定清楚是针对哪一种动产物权类型的公示——是动产所有权还是动产担保物权？就可能性而言，动产所有权并非不能以登记公示方式表达其存在，但这样做的成本太高，因而其从来未被哪一个国家的立法采行。当动产所有权以占有为其存在公示方式时，占有作为动产担保物权存在的公示方式，就失去了以积极推定方式来表达的机会。[②] 同时，动产担保物权人因动产占有所形成的所有权虚像，又给动产所有权人的权利保护增加了隐患。当然，因动产占有的移转所造成无法用益，以及因对担保物的占有徒增的管理上的麻烦，都会使占有之动产担保物权公示方式不能令人满意！

与以占有移转创设动产担保物权所造成的上述诸多弊端相对照，法律生活经验却不断地提醒人们，以登记表现动产担保物权未必就不好，尤其当动产物权的价值较高或其使用价值对其所有权人须臾不可丧失，或其登记手续简便且费用低廉时。特别的，当社会能够提供便捷的动产担保物权登记、公示系统时，以登记方式表达动产担保物权，就是水到渠成之事。正如美洲间国家组织对其成员国的要求一样，“创设单一的

---

① 传统《物权法》理论认为，在动产上仅可以设立动产所有权和动产质权，因此，动产的占有移转就是唯一的动产物权的公示方法。但现代各国《物权法》大都承认动产抵押权，如何公示动产上存在的抵押权，就成了一个问题。参见梁慧星主编：《中国〈物权法〉草案建议稿》，社会科学文献出版社 2000 年版，第 182 页。

② 依照动产所有权的占有公信力规则，债权人对担保物的占有只能作为其享有该动产担保物所有权的推定。因此，占有作为动产担保物权享有的构成要件之一与动产占有的所有权推定力之间有内在的冲突。动产担保物权不是因债权人获得对动产担保物的占有而被推定获得，而是债务人丧失担保物之占有因而丧失所有权推定力的反作用力效果。这一结论具有两方面的意义：从债权人的角度看，其通过获得对动产担保物之占有所获得的是动产担保物权，而其实质是对该动产担保物的法律所有权，这就再一次证明了动产所有权与动产担保权之间的契通；从债务人的角度看，对动产担保物占有丧失的法律意义只是将该担保物排除在责任财产之外。

和统一形式的登记系统”，已成为设立并实施“动产担保交易法”的核心或关键所在。①

当然，动产担保物权登记系统的建立和运转，与传统动产担保物权的占有公示制度可以并行不悖、互济互补、各有侧重。《物权法》并非没有建立动产之上担保物权的登记、占有公示制度，其不足仅在于没有建立系统的动产担保物权的公示制度，而是建立了动产抵押权的登记公示制度和动产质权的占有公示制度。

二、神移——担保物权编的新发展

关于《物权法》担保物权编的新发展，可以从其“有形新发展”和“无形新发展”两个方面来认识。

（一）担保物权编的“有形新发展”

所谓担保物权编的有形新发展，在笔者看来，是指与我国原有的担保物权制度比较，以文义方法解释担保物权编即可获知的新发展。

1. 抵押权制度的有形新发展

关于抵押权制度的有形新发展，主要有如下几个方面：

第一，就抵押物方面而言，一是扩大了可抵押财产的范围。《物权法》就抵押财产范围的规定，有三点不同于《担保法》。其一，《物权法》对于可以设定抵押权的动产的范围作了更为清晰的规定，即“生产设备、原材料、半成品、产品”以及“交通运输工具”可以抵押；其二，《物权法》明确规定了“正在建造的建筑物、船舶、航空器”可以抵押；其三，《物权法》规定“法律、行政法规未禁止抵押的其他财产”可以抵押，且此表述与《担保法》中的相关表述显有不同，其意义重大。二是增加了一类新型的抵押，即“动产浮动抵押”。《物权法》第一百八十一条规定：“经当事人书面协议，企业、个体工商户、农业生产经营者可以将现有的以及将有的生产设备、原材料、半成品、产品抵押……”并且，与浮动抵押制度相配合，《物权法》

① 动产抵押权类型的大量存在，需要统一的动产抵押权登记公示制度。

一百八十九条第二款规定：“依照本法第一百八十一条规定抵押的，不得对抗正常经营活动中已支付合理价款并取得抵押财产的买受人。”美国《统一商法典》第九编将这一规则称为“依商事惯例的交易（In the Ordinary Course of Bussiness）”。[①] 对于信贷银行而言，浮动抵押常常与账户质押结合在一起，银行可以通过对贷款企业账户的有效监管，得以确保对抵押物变价的控制；对贷款企业而言，浮动抵押不仅促进了融资，降低了抵押成本，而且不影响企业正常的经营活动。[②] 三是废弃了超额抵押的禁止性规定，尊重了私法主体的意思自治，并为发挥物的效益、促进融资以及在制度层面防止对抵押物的价值评估奠定了基础。

第二，就抵押权的实现方面而言，一是在抵押权实现上增加了当事人的自治内容，此即《物权法》第一百七十九条规定的债权人可以在“发生当事人约定的实现抵押权的情形”依法实现抵押权。此规定的增加，满足了债权人的多种需求，有利于保护其利益。二是在抵押权的实现上凸显抵押权的物权特色，《物权法》改变了《担保法》所规定的在当事人不能协议实现抵押权时只能求助于诉讼的抵押权实现途径，规定了“抵押权人与抵押人未就抵押权实现方式达成协议的，抵押权人可以请求人民法院拍卖、变卖抵押财产”。此规定彰显了抵押权作为物权的“直接支配性”特征。

第三，纠正了《担保法》中的错误，并对实践中的具体问题作出了规定。《物权法》确立的区分原则贯彻实施于担保物权编，这使《担保法》第四十一条的错误规定得以纠正。[③] 对于实践中的具体问题，《物权法》也作了相应规定：其一，《物权法》第一百八十二条对于实践中出现的分别或单独抵押建筑物与建设用地使用权的问题作了规定，即凡是建筑物与建筑

---

① 依商事惯例的交易与其他交易的重要不同在于，依商事惯例的交易不要求买受人的善意（知道或应当知道先期抵押权的存在），只要其“已支付合理价款并取得抵押财产”，其就不受先期存在抵押权的拘束。我国《物权法》没有使用“依商事惯例的交易”一语，而是使用了“正常经营活动中”这一词语。尽管用语有异，但在法律适用之解释上应无差别。

② 《物权法》就可适用浮动抵押的法律主体的身份有限制，即只有“企业、个体工商户、农业生产经营者”，才可以将“现有的以及将有的生产设备、原材料、半成品、产品抵押”。参见《物权法》第一百八十一条第二款。

③ 《担保法》第四十一条规定，当事人以本法第四十二条规定的财产抵押的，应当办理抵押物登记，抵押合同自登记之日起生效。

物占用范围内的建设用地使用权没有一并抵押的，未抵押的财产视为一并抵押；其二，《物权法》第二百条就建设用地使用权抵押后，土地上新增建筑物时的建设用地抵押权的实现作出了更科学的规定，即抵押权人“应当”（而非《担保法》第五十五条第一款所规定的“可以”）将“该土地上新增的建筑物与建设用地使用权一并处分”；其三，《物权法》第一百九十四条首次对抵押权的顺位作了规定，还就抵押权人放弃抵押权顺位或与抵押人协议变更抵押权顺位时，不得对其他抵押权人产生不利影响的问题作了规定，等等。

2. 质权制度的有形新发展

第一，动产质权的有形新发展。与抵押权相比，尽管动产质权的有形新发展不甚明显，但其还是在一些方面有了些许进步：其一，《物权法》于第二百零九条就“质物”增加了新的规定，此即“法律、行政法规禁止转让（禁止流通）的动产不得出质”；其二，《物权法》于第二百一十一条和第二百一十二条继续贯彻了区分原则；其三，《物权法》强化、细化了对质权人的保护，于第二百一十四条、二百一十七条增加了对质权人擅自处分质物的赔偿责任的规定，于第二百二十条增加了质权人怠于行使权利的赔偿责任的规定；其四，《物权法》于第二百二十二条增加了“最高额质权”的规定。

第二，权利质权的有形新发展。《物权法》对权利质权制度进行了丰富和完善。其一，明确了设立权利质权的生效要件。对已经证券化的权利凭证，规定“质权自权利凭证交付质权人时设立”，对没有权利凭证的权利，“质权自有关部门办理出质登记时设立”。这些新规定平息了因先前立法中的矛盾规定而造成的“究竟以权利凭证的交付为生效要件还是以登记为生效要件的争论”。[1] 其二，明确了以股权设定质权时的登记机关。《物权法》结合新修正的《公司法》的有关规定，于第二百二十六条第一款规定：以证券登记结算机构登记的股权出质的，质权自证券登记结算机构办理出质登记时设

---

① 依据《担保法》第七十六条的规定，交付权利凭证是票据质权设定的生效要件，而依据《票据法》第三十五条第二款的规定，可以认定设质背书才是票据质权设定的生效要件。

立；以其他股权出质的，质权自工商行政管理部门办理出质登记时设立。这些新规定修正了《担保法》关于有限责任公司股份出质须将质押合同记载于股东名册始能生效的欠妥做法。① 其三，扩大了能够设定质权的权利的范围。《物权法》在权利质权的客体上新增加了两类重要的财产权利，即基金份额与应收账款。②

3. 留置权制度的有形新发展

留置权制度的有形新发展，主要体现在其适用范围的扩大方面。较之《担保法》确立的留置权的适用范围，《物权法》担保物权编关于留置权的适用范围更加宽泛：其一，留置权适用于担保各种债权，而《担保法》关于留置权的适用仅限于担保几种合同债权；其二，《物权法》增加了商事留置权的规定，而且其适用不受“同一法律关系”的拘束。除适用范围的扩大外，《物权法》担保物权编还增加规定了留置权人的孳息收取权，债务人的留置权行使请求权，留置权人对抵押权人或者质权人的优先受偿权，以及留置权因留置财产丧失而消灭的规定等。③

值得一提的是，《担保法》规定的许多内容并没有全部被纳入《物权法》中来。在处理《物权法》担保物权编与《担保法》的关系上，《物权法》第一百七十八条规定：“担保法与本法的规定不一致的，适用本法。”依解释，《担保法》中有规定，《物权法》中没有规定的，将适用担保法中的规定。这样一来，担保法的法渊就不仅包括《物权法》担保物权编，而且

---

① 因为在股东名册上的记载，不具有明显的公开性，公示效果不强，不便于第三人查询，而且也容易出现伪造和篡改登记的问题

② 所谓“基金份额”，即“证券投资基金份额”，是指基金份额持有人依照基金合同的约定和法律的规定按照其所持份额针对基金财产享有的收益分配权、清算后剩余财产取得权和其他相关权利；所谓应收账款，是指未被证券化的（即不以流通票据或者债券为代表的）、以金钱为给付标的的现有以及将来的合同债权，包括非证券化的以金钱为给付标的的现有债权以及各类经营性收费权等。

③ 参见《物权法》第二百三十五条、第二百三十七条和第二百三十九条。

包括《担保法》。①

（二）《物权法》担保物权编的“无形新发展”

所谓《物权法》担保物权编的无形新发展，在笔者看来，是指与我国原有的担保物权制度相比，以体系方法解释《物权法》担保物权编可以获知的新发展。这些无形新发展，主要表现为抵押权的泛化、质权的矮化以及留置权的显化。

1. 抵押权制度的无形新发展——抵押权的泛化

所谓抵押权的泛化，是指可抵押的财产范围越来越趋于宽泛，最终形成了“凡法不禁止的财产”均可抵押的局面。

与《担保法》第三十四条第六项“依法可以抵押的其他财产”的规定不同，《物权法》第一百八十条第七项规定了“法律、法规未禁止抵押的其他财产”可以抵押。对这一变化的理解，仅仅从民事活动应秉承“法律没有禁止的就是允许的”这一侧面着眼，在笔者看来，是远远不够的。在文义解释之外，加诸体系解释，我们可从中获取新知。笔者认为，“法律、法规未禁止抵押的其他财产”可以抵押的规定，将使我国的抵押权制度的适用实现“泛化”，即各种财产，只要法无禁止性规定，都可于其上设定抵押权。于此，就有一问题被提出来了，上述所谓的“其他财产”或者“各种财产”，是仅限于除本条第一至第六项列举的可抵押财产之外的其他“法不禁止”的有形财产，还是也包括“法不禁止”的“权利”这一无形财产？②

---

① 关于《物权法》生效后，现有的担保法将如何处理，学界观点曾经不一。梁慧星先生主张在《物权法》生效后，废止现有的担保法；王利明先生则主张凡与《物权法》的规定相抵触的，以《物权法》的规定为准。但《物权法》第八条规定：“其他相关法律对物权另有特别规定的，依其规定。”如何理解《物权法》第八条？笔者认为，第八条的规定有一个前提，就是其他法律和《物权法》的规定没有冲突，或者说《物权法》没有明显地修改这些规定。如果存在冲突，或者《物权法》已经明显修改了这些规定，那就不能依据这些特别法，只能根据“新法优于旧法”的规定规则适用《物权法》。所以，第八条确立的规则实际上是“特别法优于普通法”，但如果存在冲突，还是应当适用“新法优于旧法”的规则。

② 《物权法》区分了“财产”与“财产权利”，但两者之间有无区别，以及区别的标准是什么，则不无疑问。笔者认为，可作为担保物的客体必为权利，“财产”如不加上“权”字，则不可以作为担保物。所以，笔者认为，财产与财产权利的区分缺乏科学依据。

“权利”之得以作为物权的客体，按照《物权法》的规定，须有法律之明确规定。[①] 这里的法律，既包括《物权法》第二百二十三条至二百二十八条（权利质权）的规定，也包括其他法律如《票据法》《公司法》《专利法》《商标法》《著作权法》以及《担保法》等。[②]《物权法》并没有在抵押权一章中明定“权利”得为抵押权的客体，所以，依物权法定原则以狭义解释，“权利”当不能作为抵押权的客体。但与此同时，“财产”这一概念，在大陆法系民事法律体系中，确然也包括无形的“权利”财产在内，即使一般债权，也当列属“财产”的范畴。[③] 所以，依广义解释，无形之权利亦包括一般债权在内，权利既属于“财产”，则其当可作为抵押权的客体。

如果“权利”亦可作为抵押权的客体，加之早已被纳入可设定抵押权的动产中，则可抵押的财产就包括了有形财产权利（不动产财产权、动产财产权）和无形财产权利。[④] 所以，抵押权是因应生活需要而不断被“泛化”的担保物权类型，因其泛化，作为区分抵押权和质权的标准，则随之一再被修改着：在传统民法上，抵押权的标的物以不动产为限，在动产上设定的担保物权被称为质权；随着社会经济的发展，产生了在动产上设定抵押权的需要。[⑤] 当抵押权不仅可以设定在不动产之上，且亦能设定在动产之上时，就使得原先区分担保物权的不动产和动产标准失去了意义。无奈之下，人们转而以担保物权的公示方式，作为意定担保物权分类的标准——不移转担保物占有即以登记为公示方式的担保物权为抵押权；移转担保物即以动产占有为担保物权公示方式的担保物权则为质权。因此，是否移转担保物的占有，就成了抵押权与质权相区别的重要标准。但颇值思考的是，作为担保物权之不

---

① 在《物权法》中，作为物权客体的“权利”仅仅出现于权利质权一章中。对于这一点，人们缺乏认真思考。

② 黄松有主编：《〈中华人民共和国物权法〉条文理解与适用》，人民法院出版社2007年版，第42页。

③ 其实，应为“财产权”。

④ 笔者认为，“不动产、动产”抵押的表述是习以为常但又是不精确的表述。物本身并不具有价值意义，只有物本身所表现的利益加之法律的保护即“财产权利”，才具有交换价值，因而才可以作为担保物权的客体。

⑤ 动产质权在制度上的缺陷是，作为动产质权设定条件的动产移转占有，使得出质人因动产占有的移转而失去了其使用利益。但在动产上设定抵押权需要有相当的方式将设定的抵押权予以公示，此公示方式除登记外，别无更好的办法。

动产、动产分类标准的残留，以“权利”为客体的担保物权被德、日、中三国传统的民事立法置于质权一章并“名”其为“权利质权”。① 这一模式在我国颁布的《物权法》中得以延续，但权利质权却又在大多数情况下是以登记而非担保物之占有移转作为其公示方式。②

当我们依广义解释可抵押的“财产”亦包括“权利”时，则既可抵押又可质押的“权利”担保物权将采何种公示立法主义，则不无疑问。这是因为，依照《物权法》的规定，可抵押不动产无一例外采公示生效主义的立法体例，而可抵押的动产则均采公示对抗主义的立法体例。对“法不禁止”的其他财产包括权利，若于其上设定抵押权时，究采公示生效主义还是采公示对抗主义，《物权法》未设明文。如果作类推解释，以采公示对抗主义立法体例为适当；与此同时，关于权利质权，依照《物权法》的规定，一般采公示生效主义立法体例。那么，在同一担保物上设定的担保物权因其名为抵押权或者名其为质权，所采取的公示立法主义将会出现截然不同。这一区别除了引起法律适用上的内部矛盾外，将别无任何意义。将“是否移转占有”作为区分质权和抵押权的标准，将权利质权整体性地并入抵押权一章，并将动产包括权利之上设定的抵押权明定为公示对抗主义，是解决物权法内体系设计上存在的矛盾的有效办法。③

总之，不管人们意愿如何，抵押权的泛化已铸成事实。因抵押权的泛化所导致的担保物权编的内部紊乱，亦必将成为担保物编体系重构的内在动因和契机。抵押权的泛化所推动的担保物权编体系重构的可能结局是，担保物权编回归以不动产、动产的分类为构造基础，动产担保物权分为以登记为公示方式的动产担保物权和以占有为公示方式的动产担保物权。当然，这里的“动产”，包括被“视为动产”的权利。

---

① 在物的概念中，不动产以列举的方式定义，动产以抽象的方式定义，而“权利”作为“物”，向来被以“视为”的地位安排置于动产概念之中。

② 在权利质权中，有权利凭证的债权如票据以移转占有来设定，没有权利凭证的债权如记账式国库券则以登记方式来设定。参见《物权法》第二百二十四条。

③ 有关这方面的论述，请参阅羊焕发撰写的《质权若干问题研究》一文，载王利明主编：《〈物权法〉专题研究》（下），吉林人民出版社 2002 年 1 月版，第 1303 ~ 1305 页；另请参阅许德风撰写的《对〈物权法〉（草案）第 17 章的评论》（上、下），载《中外法学》2006 年第 1 期。需注意的是，此并非唯一办法，本文下文中将有交代。

2. 质权制度的无形新发展——质权的矮化

质权的矮化现象与抵押权的泛化现象相关联。

所谓质权的矮化，是指因着抵押权的泛化而形成的质权制度在体系上的瘦减和在法律适用上的萎缩。

如果权利质权被整体性编入抵押权体系，质权制度将瘦身减重为单一的动产质权制度。① 在一增一减之间，质权担保物权制度实现了其外形上的矮化。与此同时，质权的矮化，还来自因其本身固有的缺陷而造成的适用上的矮化：在商业气息弥漫的现代社会，质权设定所要求的移转动产占有的不便利，使得质权制度的适用率日渐萎缩，加之动产抵押权设定的登记对抗主义裨益，采占有移转公示生效主义的动产质权制度，就在商事活动中愈显笨拙。② 质权制度在民事交易中的适用，也会因营业质权的兴隆而惨淡。③

当然，即使遭致层层矮化，动产质权制度不会失却其存在价值，这不论是在民事领域还是在商事领域。

3. 留置权制度的无形新发展——留置权的显化

所谓留置权的显化，是指我国动产留置制度的设计缺乏应有的层次和递进，物权立法在彰显留置权强势效力的同时，失却了权利配置所要求的利益均衡原则，且此情势在《物权法》中非但没有被节制，反而是愈演愈烈。

在我国民事法律制度体系中，作为法定担保物权的留置权，以其法定性、物权性，在权利实现之优先次序的安排上，打破了财产法领域中的两个基本原则：一是债权人地位平等的债权法原则，二是先存在的物权优先于后存在的物权的原则。由此以来，留置权在其实现上就处于无以对抗的强势地位。《担保法》将留置权适用范围限定于特别合同债权的做法，不失为对留

---

① 对那些有权利凭证的债权，权利凭证的占有移转，可视为动产的占有移转。

② 与物权公示生效要件主义立法体例相比，公示对抗主义立法体例确实有利于鼓励交易、简化交易手续、减少交易成本。

③ 民事质权与营业质权的主要区别，在于后者不适用流质契约禁止的规定。流担保是否要禁止，在物权立法的过程中曾被热烈地讨论过。

置权强势地位的矫正。但《物权法》将留置权的适用范围扩展到了担保各种债权的实现，且将企业之间的商事留置权排除在了“同一法律关系”的限制之外。由此，就使原本秉性显化的留置权在“大显身手”的同时，却也留下了“血腥”① ——在其他债权人以及其他担保权人受偿次序的屈卑之下，留置权人有恃无恐地实现着自己的利益。

为实现一定的目的，法律当然可有相应的政策选择，但任何政策选择须遵循利益均衡原则。我国留置权制度的政策选择，在笔者看来，走得有点过火了——缺少对相关利害关系人的利益关怀。

其实，如果我国民事法律制度设计中能够引进债权性动产留置制度，以此形成债权性动产留置与物权性动产留置之间的层次和递进，则不仅可以实现物权性动产留置制度设置的政策目的，且可以求得利害关系人之间的利益均衡。因为，只有在债务人破产的情况下，物权性动产留置方可显现其本性——优先受偿权，但债务人破产的情况毕竟是少数；在债权人非破产状态下，债权性动产留置在保护留置权人的债权实现上，与物权性动产留置相比并无悬殊。但即使在债务人破产状态下，赋予任何占有债务人的与债务清偿具有同一关系的动产的债权人以物权性动产留置，也并非全然妥当。

总之，《物权法》关于留置权制度的设计，在笔者看来，显有失当。

三、担保物权编新发展提出的法制完善新要求

担保物权编的有形新发展，是对我国原有担保物权制度的修改、细化、丰富或完善，其具体情状一如上述。也正因如此，担保物权编的有形新发展不会对相关法制的完善提出新的要求。与此不同，担保物权编的无形新发展，是物权立法过程中有意或无意间形成的法制体系问题，如何在物权立法

① 我国过去的民法学理论和司法解释关于留置动产与担保债权之间使用的是“牵连关系”概念。因牵连关系的概念过于模糊，范围不确定，法律适用中容易产生分歧。因此，我国《物权法》没有采用牵连关系的概念，而是采用了“同一法律关系”的概念。所谓“同一法律关系”，是指债权人占有动产是基于与其债权发生的同一法律关系发生。但“同一法律关系”概念对留置权的适用范围的限缩作用甚微。

之后特别是在担保物权法制实践的基础上，发现问题、总结经验并建立、健全与之相配套的法律制度，以满足社会生活的实际需要，是一项十分重要的后续工作。笔者认为，基于担保物权编的无形新发展，我国未来的担保物权法制完善，应着眼于以下三个方面：一是重塑以不动产、动产分类为基础的担保物权制度；二是建立统一的动产担保物权登记公示制度；三是明晰动产担保物权优先受偿次序制度。

（一）重塑以不动产、动产分类为基础的担保物权制度

传统担保物权制度的构造，是以不动产、动产的分类为基础的：在不动产之上设定的担保物权为抵押权，在动产之上设定的担保物权为质权。此外，在动产之上成立的法定担保物权为留置权。但随着动产之上设定抵押权得到法律承认且数量递增，以不动产、动产的分类为基础的担保物权制度构造，势有被担保物权的登记、占有公示方式的分类所取代，或者呈现出了担保物权构造基础的多元化倾向。与此同时，因担保物权构造基础的不一，使得对担保《物权法》的学习、理解和适用增加不少困难。因此，重塑以不动产、动产的分类为基础的担保物权制度，既有其理论意义，又有其实践意义。

笔者认为，我国担保物权立法可以分为不动产担保物权和动产担保物权。在不动产上设定的担保物权仍可沿用抵押权的概念；在动产上设定的担保物权是否可以沿用质权的概念，则不无疑问，如果沿用之，则需要重新界定质权的概念，即质权仅指在动产之上设定的担保物权，至于其公示方式究是以登记还是以占有（控制），则不在质权定义之中。① 这样一来，就形成了清晰的担保物权构造体系：在不动产上设定的担保物权即抵押权，其设定以登记为其生效要件并为其公示方式，不动产重复抵押形成的数个抵押权之间的优先受偿次序，则以登记的时间为序而定，即先登记的抵押权优先于后登记的抵押权。在动产上设定的担保物权为质权，其公示方式既可以登记也可

① 美国《统一商法典》第九编将动产之上依约定产生的担保物权称为“担保权益（security interests）”。

以占有（控制），唯与抵押权的登记公示方式不同的是，质权的登记效果采对抗主义，以此为基础，加之动产之上可依法成立的留置权，则在同一动产上并存的担保物权，就出现了公示方式的多元化和生成方式的多元化。由此，动产之上的担保物权之间的优先受偿次序的确立较不动产要复杂得多。这也正是我们为什么将动产担保物权与不动产担保物权，在体系上、结构上进行分离的重要原因。

（二）建立统一的动产担保物权登记公示制度

建立统一的不动产物权登记制度，是《物权法》因应理论界和实务界的长期呼吁而作出的明确规定，是立法的重大进步。随着越来越多的动产包括权利被纳入抵押财产的范围，如何公示于其上设定的抵押权，就成了一个问题。① 当抵押权登记成为众多动产上抵押权的公示方式时，建立统一的动产抵押权登记制度，如同建立统一的不动产登记制度一样重要：动产抵押权登记机关过于分散给当事人进行登记造成了极大不便，增加了交易成本，降低了交易效率，并严重地影响登记的公示效果。②《物权法》虽没能一步到位式地建立统一的动产担保物权登记制度，但建立统一的动产担保物权登记制度在客观上是十分必要的。对此，国外民事立法关于统一动产担保权益登记制度的规定可资借鉴。

如同统一不动产物权登记制度的一样，统一动产担保物权登记制度需要在如下几个方面实现统一：③

一是统一法律依据。《物权法》对统一不动产物权登记的规定是原则性的，不动产统一登记的范围、登记机构和登记办法，将由法律、行政法规规定。所以，抓紧制定《不动产登记法》或者《不动产登记条例》，已成为实施《物权法》的必要保证措施。在《物权法》对动产抵押权规定了分散登记

① 在这里，我们暂且将动产之上以登记方式表达的担保物权称为抵押权。按照笔者上文中的观点，以登记方式表达的动产抵押权也可称为质权。

② 据中国人民银行研究局的不完全统计，针对不动产、动产抵押，有关权利的质押的登记，分散在15个部门进行。其中，动产抵押登记部门最为混乱，共有9个。

③ 梁慧星主编：《中国〈物权法〉草案建议稿》，社会科学文献出版社2000年版，第139页。

的情况下，能否在短期内形成统一动产抵押权登记制度的共识，则不无疑问。尽管客观上有需要，但理性地思考一下，在短期内我们无暇顾及此问题也是可以理解的。但可以预期的是，统一动产担保物权登记制度的客观需要，将压缩这一立法进程的期限。对此，我国需要拭目以待，且应积极做好准备。

二是统一登记机构。统一登记机构是统一动产担保物权登记制度的重心。正是目前分散的动产担保物权登记机构，才致使登记制度应有的作用难以发挥。从国外动产担保权益登记机构的设置来看，动产担保物权登记机构需是一个处于政府控制之下的，以先进的电子化登记为基础并有能力操作全国性登记事务的单独机构。在这种动产担保物权登记系统下，当事人可以在全国任何地点，以电子方式进入登记机构。动产担保物权的登记多在抵押人所在地进行。

三是统一登记效力。《物权法》抵押权一章对所列举的有形动产之上设定的抵押权无一例外地采登记对抗主义，此为本次物权立法与以往民事立法的不同点之一。如果如上文所认定的那样，将权利质权亦体系化为权利抵押权并纳入抵押权一章调整，现行《物权法》所采行的权利质权设定登记生效主义则与动产抵押权的登记对抗主义之间，呈现出理论上的矛盾和实践中的对抗。笔者认为，登记所能够具有的功能就是给第三人一个公开的提示，让其知道担保物上有担保物权，从而对可能存在的风险作适当反应。① 在动产之上，包括有形动产和无形动产，设定抵押权，可以顺应动产担保物权公示对抗主义之国际化潮流，全部规定为动产抵押权设定上的登记对抗主义。当然，这并非是说登记是动产担保权物权的唯一公示方式。②

四是统一登记程序。对此，可以参考美国《统一商法典》第九编的有关规定。U. C. C. §9－516（a）规定："向登记机构传送记载并正式提交费用或者登记机构接受该记载，构成登记。"这里的"登记"，不仅包括初始登记，还包括对初始登记的各种修改，如担保权益的持续登记和终结登记等；

① 参见董学立：《物权公示，公示什么？》，载《比较法研究》2005年第5期。

② 美国《统一商法典》第九编区分动产担保权益的"附着"与"完善"，非经完善（完善的方式包括登记、占有、控制）的动产担保权益只是不能对抗善意第三人。

这里的“传送（communication）”，包括寄送书写的或者其他有形的记载，也包括以登记机构规定的方式发送的记载。这一规定为登记机构授权使用传送登记数据的技术，最大可能地提供了机会。① 登记构成不要求登记人须将融资报告置于登记中的适当位置或者将债务人的名字加入查询索引之中。因为担保权人不能够完成这些应由登记机构负责的工作，所以，他们对登记机构的落实工作和出现的错误不负责任。②

（三）建全明晰的动产担保物权优先受偿次序制度

《物权法》第239条规定：“在同一动产上已设立抵押权或者质权，该动产又被留置的，留置权人优先受偿。”③ 另外，《物权法》第189条第2款规定，先存在的浮动抵押权“不得对抗正常经营活动中已支付合理价款并取得抵押财产的买受人”。④ 除此之外，《物权法》对并存于同一动产上的抵押权与质权间的优先受偿次序，未设明文规定。那么，在担保物权编无形新发展的背景之下，《物权法》的实施必将对担保物权优先受偿次序的进一步明晰提出新要求。⑤

---

① 修改前的第九编文本用的不是“communicated”，而是“presented”。这一改变适应了电子登记的需要。

② William H. Lawrence，William H. Henning，R. Wilson Freyermuth：Understanding Secured Transactions. LexisNexis. P120.

③ 学界对留置权人的优先受偿权没有争议。有争议的是，在留置权人“恶意”状态下，其是否亦然享有优先受偿权？笔者认为，留置权人“知”或“应知”状态的“恶意”，不影响其应享有的优先受偿次序；留置权人与留置人“恶意串通”以损害抵押权人或质权人的担保物权的“恶意”，当影响其优先受偿次序。并且，美国《统一商法典》第九编上的“依商事常规的交易”不以“善意”为要件。对于这一点，《物权法》第189条第2款予以借鉴。有关该问题的论述参见黄松有主编：《〈中华人民共和国物权法〉条文理解与适用》，人民法院出版社2007年版，第692~693页。

④ 该款虽未明文规定浮动抵押权不得对抗后期存在的质权，但既然浮动抵押权不得对抗买受人，按照“举重以明轻”的原则，浮动抵押权人也就当然不得对抗正常经营活动中已提供融资并取得抵押物占有的质权人。其实，美国《统一商法典》第九编中的担保权人，就包括担保物的买受人。

⑤ 若建立以不动产、动产的分类为基础的统一动产担保制度，则动产之上不同公示形式的动产担保物权之间，以及动产之上不同产生方式形成的担保物权之间的优先受偿次序问题必定是法律规制的重点内容。也正是由于我国《物权法》对动产之上担保物权的零碎化处理，才使得本可作为“重要内容”的问题被淡化了。

首先，抵押权与质权之间的优先受偿次序问题。我国担保物权立法向来未有得抵押的动产不得质押的限定，而是允许当事人根据情况和需要选择抵押或质押，这就隐含了对动产之上抵押权与质权竞存现象的认可。① 但因动产抵押权的设定均采登记对抗主义，则动产抵押权就有经公示的动产抵押权和未经公示的动产抵押权之别。② 在先抵后质的情形，如果该抵押权未经公示，其可否得对抗后设立的质权？对此问题，笔者认为应区分质权人主观上之善、恶意而差别对待：质权人如果知道或应当知道先存在的未登记抵押权，则该抵押权可得对抗质权；③ 质权人如果不知道或不应当知道先存在的未登记抵押权，则因该抵押权不具有公开性，故而其不得对抗善意质权人后设立的质权。如果该抵押权已经公示，则该抵押权无疑得对抗后设立的质权。在先质后押的情形，因质权之成立以动产的占有移转为条件，应使先设立的质权优先于抵押权，此时的抵押权登记与否则不再予以考量。④ 但在质权人以其占有的质物转而为善意之他人设定抵押权的情况下，则后成立的抵押权应优先于质权人的质权。⑤ 在同时押、质的情形，是否还要区分抵押权之登记与否而区别对待，则不无疑问。因为抵押权与质权同时发生，所以就无所谓相关当事人之间的知与不知即善、恶意状态。因此，两担保物权之间应效力相当、优劣不分。⑥

笔者认为，因抵押权的泛化，在《物权法》明文列举的可抵押动产之外的其他动产包括被“视为动产”的权利之上，必将更多地发生抵押权与质权

---

① 国外动产担保物权立法，如日本、我国台湾地区等，有关于某些动产之上仅得为抵押权的标的，不得为质权的标的的规定。若如此，则这些动产之上自不得发生抵押权与质权的竞存。

② 在此，需要澄清的是，未经公示的抵押权也是抵押权，也是物权。因为，目前我国一些学者强调，因未经公示的物权不能对抗第三人，所以，这样的“物权”不是物权。参见刘保玉：《试论物权公示原则在物权性质界定与类别划分中的意义——兼评公示要件主义与对抗主义的立法模式选择》，载《政法论丛》2007 年第 3 期。

③ 此处要维护的是“不经登记的物权也是物权”这一主张。笔者认为，登记这一物权公示制度仅仅关涉依法律行为物权变动中的交易安全问题。参见董学立：《物权公示，公示什么?》，载《比较法研究》2005 年第 5 期。

④ 需要交代的是，在采动产担保物权公示对抗主义的法制下，移转动产的占有并非是动产担保物权的成立要件，而仅为其对抗要件。如此，以占有（控制）公示的动产担保物权则因公示要件的缺失，而不能对抗善意的交易第三人，即不能对抗于该动产之上已设定担保物权且已经登记公示的担保物权人。

⑤ 刘保玉：《论担保物权的竞存》，载《中国法学》1999 年第 2 期。

⑥ 此结论仍是以“未经登记的物权也是物权”这一主张为立论前提的。

竞存的现象，尤其是在同一权利之上并存的抵押权和质权，因它们均以登记为公示方式，又因权利质权的设定采公示生效主义，而按照《物权法》有关规定的解释，权利抵押权的设定应为登记对抗主义。[①] 这样一来，在同一权利之上并存的抵押权和质权之间，因其公示立法主义的不同而有相当差异。但侥幸的是，这些差异不会导致两者在竞存方面出现特质的问题。也就是说，同一权利之上相竞存的抵押权和质权，其效力次序规则应与上述所列无异。[②] 着眼于《物权法》的未来实施，是否可以在判例中淡化权利质权设立的公示生效主义，强化未经登记公示的权利质权的物权地位，则不无意义。

《物权法》对可抵押、可质押的财产或财产权利的范围，呈开放的姿态，这必将为《物权法》中未明文列举的财产日后加入可担保财产开启了后路。因此，一些财产如美国《统一商法典》第九编中列举的“储蓄账目”“信用证权利”“电子动产契据”以及“电子权状”等，可预期成为可担保财产。[③] 但与一般财产上设定担保物权采取的登记或占有公示方式不同，这些担保物上的担保物权的公示方式，依据美国《统一商法典》第九编的规定，可采取“控制”公示的方法，其中，对作为初始担保物[④]的储蓄账目、信用证权利上

---

① 如前文所述，物权立法本完全可以体系化地将权利质权植入抵押权中并采行公示对抗主义，对于有权利凭证债权之上的质权设定，可以在“动产质权”中单列一条规定。

② 与动产质权以移转动产之占有为公示方式不同，权利质权多以登记为其公示方式，但对于有权利凭证的债权，也可以移转权利凭证的占有为公示方式。

③ 参见董学立：《美国动产担保交易制度研究》，法律出版社 2007 年版。

④ 将储蓄账目作为初始担保物，是修改后的第九编扩大其适用范围的一个结果。在第九编修改之前，美国的一些州已将储蓄账目作为初始担保物来使用好多年了，立法者将其纳入法典中来也是对法典外存在的非统一行使的储蓄账目担保现象的法典化正面回应。在立法过程中，将储蓄账目作为初始担保物是否适当曾经引起过相当大的争论：许多人对在储蓄账目上设定担保权益的虚幻性表达了其关切。特别是有一些人认为，在债务人违约的时候，储蓄银行对储蓄账目的担保权益是帮助其实现普通法权利的另一种机制。因此，对于那些非银行担保权人而言，获得储蓄账目上的担保权益并不能给他们带来什么。保护消费者的人士则表达了他们对消费者能否认清将储蓄账目作为担保物的重要性和意义的关切。尽管多数观点相左，但大家却一致认为，将储蓄账目作为初始担保物对担保债权人来说，确实不是一件容易的事。为此，起草委员会将消费储蓄账目排除在了第九编的调整范围之外，并将控制作为储蓄账目上担保权益完善的唯一方法。这样做的目的在于通过实施这一措施，提醒当事人对该种交易之重要性的认识。See Terry M. Anderson：《Attachment and Perfection of Security Interests Under Revised Article 9：A “Nut and Bolts” primer》，American Bankruptcy Institute Law Review，Spring，2001，9 Am. Bankr. Inst. L. Rev. 179。

的担保物权，控制公示方法是其唯一的公示方法。[①] 美国《统一商法典》第九编关于以不同方法完善（即公示）的担保权益之间的优先受偿次序，确定了一个基本原则，这就是以控制方法完善的担保权益优先于以其他方法完善的担保权益。[②] 如前所述，担保权人可以在投资财产、电子动产质据、信用证权利和储蓄账目上，以控制方法完善其担保权益。如果担保权人在上述四种担保物上以控制方法完善了其担保权益，则在同一担保物上以其他方法完善的担保权益，其担保权益之优先次序上就后序于以控制方法完善的担保权益。例如，美国《统一商法典》第九编规定，在投资财产上以控制方法完善的担保权益优先于仅以登记方法在该担保物上完善的担保权益；同样的，在信用证权利上以控制方法完善的担保权益也优先于以其他方法在该担保物上完善的担保权益，并且，基于此控制完善方法从发行人或指定人那里获得收益控制的担保权人，其权利也优于将信用证权利作为支持债务而在其上自动完善的担保权人。[③] 因此，以自动完善方法在信用证权利上完善其担保权益的担保权人，即使其完善在先，如果在其后有其他债权人以控制方法在同一信用证权利上完善其担保权益，其担保利益顺位也次于后者。同样的，如果担保权人控制了储蓄账目，其担保权益要优于以其他方法完善的担保权益。这样一来，就导致了以登记方法在作为其他担保物之收益的储蓄账目上完善的担保权益之顺位要后序于以控制方法在储蓄账目上完善的担保权益。[④] 这一担保权益顺位安排的结果就是，以登记方法在库存或账款上完善其担保权益的担保权人，常常发现其存在于储蓄账目收益上的担保权益的优先受偿顺位要后序于以控制方法在该储蓄账目上完善的其他担保权人的担保权益。[⑤]

四、结语

本文以我国《物权法》之担保物权编为研究对象，以担保物权编的外形

---

① See Barkley Clark + Revised Article 9 of the U. C. C：Scope，Perfection，Priorities，and Default，North Carolina Banking Institute April，2000 4N. C. Banking Inst. 129.

② U. C. C. §9－328（1），and Comments2，3.

③ U. C. C. §9－329（1）Comments2.

④ U. C. C. §9－327 Comments 3.

⑤ 参见董学立：《美国动产担保交易制度研究》，法律出版社2007年版，第137～138页。

结构形式未变即“形在”；以担保物权编的内容、精神大有发展即神移为研究范围，以担保物权编未来实施可能遇到的问题为研究前瞻，提出了笔者粗浅的见解和预见。作为立论的前提，本文的研究以国外蓬勃发展的统一动产担保交易立法为参照。本文研究的目的，在于系统地认识担保物权编的进步和存在的某些缺陷，以为其未来实施中可能或者势必遇到的问题，提出个人意见。当然，未来的担保物权法实践不是今日书斋中的想象，尽管这些想象不是空穴来风。发展了的担保物权制度以及发展着的社会经济生活，必然在互动的发展与求变中实现相适应。

抵押权概念的演变及其法体系效应*

摘要：抵押权概念的发展大致经历了三个阶段："抵押权即不动产抵押权"阶段、"抵押权即不动产与限定动产抵押权"阶段和"抵押权即不动产与不限定动产抵押权"阶段。抵押权作为担保物权制度之王，其内涵与外延的演变必然引致担保物权法的体系效应："抵押权即不动产抵押权"或者引致非典型动产担保物权的法外存在，或者引致动产担保物权法的特别立法；"抵押权即不动产与限定动产抵押权"不可避免地导致不同动产担保物权类型之间同类制度的重复、不一致甚或矛盾；"抵押权即不动产与不限定动产抵押权"则足以将其他动产担保物权类型如动产质权和权利质权吸收性消灭。抵押权概念演变的实质是可抵押动产范围的不断扩大，其法体系效应的最终结局是动产担保物权体系一元化立法模式选择。

关键词：抵押权；动产抵押；法体系效应；一元化

一、问题的提出

在《中华人民共和国物权法》（以下简称《物权法》）的制定过程中，民法学界就应否在《物权法》中规定"让与担保"一章曾有过激烈争论。虽然最终让与担保未能成章建节地写入《物权法》，但民法学界对让与担保究竟为何不能独立成章地植入《物权法》的认知，至今仍然存在分歧。2015 年 5 月在南京财经大学法学院承办的"第一届担保法理论与实践研讨会"上，仍有部分与会者提及让与担保制度，并呼吁立法对让与担保予以正面承认。[①] 对这一主张，笔者不能苟同。在以往的学术研究中，笔者曾经

---

* 本文原标题为《抵押权概念的演变及其法体系效应》，载《法商研究》2017 年第 5 期。

① 参见董学立主编：《担保物权法理论与实践》（第一辑），中国法制出版社 2015 年版，第 142 页。

做过让与担保不能成章建节地写入《物权法》的论证。① 本文虽是旧话重提，但并非老调重弹，而是期望另辟蹊径——从更加宏大的法制史角度以及担保物权法体系建构方面入手，阐释抵押权概念的历史演变及其所产生的体系效应，也借此把让与担保不能植入民法典物权法编原委的研究再向前推进一步。

让与担保制度的浮沉历史，与抵押权制度的演变史休戚相关。暂且不论最早出现的抵押权制度源出于让与担保制度，仅就抵押权制度自身的演变历史而言，在近代法制史上就大致经历了以下三个发展阶段："抵押权即不动产抵押权"阶段（立法上没有动产可以抵押的规定），"抵押权即不动产与限定动产抵押权"阶段（立法上有"依法可以抵押的财产"可以抵押的规定），以及"抵押权即不动产与不限定动产抵押权"阶段（立法上有"未禁止抵押的财产"可以抵押的规定）。抵押权概念的演变历史，实质就是可抵押财产（动产）范围逐步扩大的历史。在物权法定原则的框架内，可抵押财产范围的变化，必将直接影响到其他担保制度如动产质权和权利质权制度尤其是让与担保制度的适存空间。《物权法》"担保物权"编之所以没有将"让与担保"成章建节地植入，也正是因为《物权法》确立的抵押权概念与以往的抵押权概念大不相同——"法律、行政法规未禁止抵押的财产"都可以抵押的规定，实质性地把让与担保制度一体性地纳入抵押权范畴，让与担保制度成章建节单独存在的空间因此荡然无存。② 因此，研究抵押权概念的演变及其法体系效应，对于解决让与担保制度能否继续成建制地单独存在的问题，具有重要价值。

二、"抵押权即不动产抵押权"及其法体系效应

（一）"抵押权即不动产抵押权"之立法

在抵押权概念出现之前的罗马法中，以让与物之所有权的方式创设担

① 参见董学立：《形在而神移——〈物权法〉担保物权编的新发展》，载《法令月刊》2007 年第 19 期。

② 参见董学立：《也论"后让与担保"——兼与杨立新教授商榷》，载《中国法学》2014 年第 2 期。

保物权即“让与担保”，最早可溯源至罗马法上之信托。而考诸担保物权之发展，其轨迹应是自移转标的物所有权为担保，演变至仅移转标的物之占有但不移转所有权为担保之占有质，再进化为标的物所有权与占有均不移转而仅取得具有担保作用之权利为担保之不占有质。让与担保以移转标的物所有权实现其担保之经济目的，可见其实为物的担保之最早形态。① 让与担保这一担保物权形式，是通过附条件让与担保物的所有权这一法律构造来确保债权实现的。随着法律概念的精致化、所有权与定限物权的分野以及不动产与动产之基本分类上的物权法体系建构的完成，担保物权概念项下的抵押权概念出现并且一开始就将抵押权这一法律概念固定在不动产担保物上。由此，就出现了抵押权概念即不动产抵押权的法典定型。随着民法法典化的进程，《法国民法典》第2393条、《德国民法典》第19113条、《日本民法典》第369条等都规定了不动产抵押权制度。又因为物权法定化的格局，“抵押权即不动产抵押权”概念得到进一步强化。作为一种不移转不动产担保物之占有，而于其上设定的一种在一定条件下担保物权人可以就不动产的交换价值优先受偿的担保物权制度，在民法法典化以及物权法定化的双重作用下，在“圈进”了不动产作为抵押物的同时，也将其他财产“圈出”了抵押物的范围。也就是说，在“抵押权即不动产抵押权”的法制环境之下，在不动产之外的其他可设担保财产如动产或权利等财产上，是不可以创设不移转占有并称之为“抵押权”的担保物权的。如果立法要创设一种不动产之外的财产上的不移转占有的担保物权，那么它也只能定其名为其他什么权利如权利质权，而绝无可能定名为抵押权。② 因为，抵押权的概念已经被立法固定——“抵押权即不动产抵押权”。再进一步看，上述各国立法也不是没有在不动产之外的财产上创设担保物权，如在动产上创设了以占有为公示方式的动产质权，在权利上创设了以登记为主要公示方式的权利

① 参见谢在全：《民法物权论》（下册），中国政法大学出版社2011年版，第1102页。
② 权利质权多以登记为其公示方式，当然也有以移转占有为其公示方式的，如证券的交付设质。

质权。① 在抵押权、动产质权和权利质权法典化、法定化之后，“圈进去”的暂且不谈，“圈出来”的就是在有形动产上不得创设不移转动产之占有的担保物权。由此，立法造成了法律制度资源供给上的短缺——动产上不移转占有的动产担保物权制度资源没有提供给社会。后来的经济社会法律实践证明，在动产上只能创设须经移转占有的动产质权的法律强制，实在是一种不能被经济活动实践所接受的法律制度安排：对担保人而言，放弃对动产的占有如放弃对生产设备的占有，将使其无法实现融资的目的——贷款是为了扩大或者继续生产，但此时生产设备不在担保人的占有之下，生产无以为继；对于担保权人而言，占有移转而来的担保物，对自己并非一件必需的好事，有时甚至对担保物之占有无能为力——占有需要花费人力、物力、财力。总之，移转动产担保物的占有，成了一种“弊”大而“利”小的制度安排。②

（二）“抵押权即不动产抵押权”的法体系效应

民法的法典化和物权的法定化，使得在动产之上创设一种被法律承认的不移转占有的担保物权成为难题。立法者拘泥于特定时空的想象力，永远落后于社会生活的发展脚步。对担保物权制度的经济社会需求，农业社会定然迥异于工业社会，但身处农业社会的立法者永远不能创设出满足未来商业社会的担保物权制度。立法拘泥于担保物分类及担保法体系完美的追求，以及受限于担保物权公示方式的技术不足，没有供给在动产上可以创设不移转占有的动产担保物权制度，就是著例。于是乎，不断发展的经济社会需求就内在地极力挣脱法典局限和物权法定主义的束缚，在法典之外步履蹒跚地——

---

① 正如本文中所言明的那样，之所以将权利质权置于动产质权之后，并且法律规定权利质权可以准用动产质权的规定，不是通过权利质权的准占有方式即可以证成，也不是通过权利质权的登记公示方式即可以证否，而是担保物权体系的担保物之不动产与动产分类以及权利被“视为动产”。权利质权之所以被很多学者包括笔者认为可以归入抵押权，正是因为“法律、行政法规未禁止抵押的财产”都可以抵押的法律规定。当各种法律不禁止抵押的财产都可以抵押的时候，现有法律制度框架下被质押的那些权利是不是可以抵押？广义解释当然可以。由此，权利质权就没有独立存在的空间了。

② 其“利”在于：移转动产担保物权的占有，对于潜在的其他债权人而言，具有消极的公示效果——债务人没有占有担保物，当推定其不享有该担保物的所有权。由此，该担保物不在债务人责任财产的范围之内。

这就是不移转动产之占有的担保物权制度在法典之外的再度出现。法典之外不移转占有的动产担保物权法制主要有两种表现形式：

首先，非典型担保物权在法典之外的再度出现，主要是让与担保制度的出现。民法法典化和物权法定化，使得古已有之的让与担保制度被“圈出”了民法典。不移转动产占有的动产担保物权类型的制度缺失及社会发展的强烈需求，促使人们不得不在民法典之外另谋出路。让与担保制度在法典之外由此再度进入经济社会生活。目前大陆法系没有国家在其民法典中规定让与担保制度，但由于该制度在实践中有存在的空间和价值，一些国家和地区的司法实践和法学学说不得不承认这一制度，如德国、日本、瑞士和我国台湾地区。关于让与担保的标的物范围，德国、瑞士民法以动产为限，而日本和我国台湾地区为体现和突出让与担保的灵活性、广泛性和综合性特点，认为让与担保的标的物应包括动产、不动产以及正在形成中的财产和其他具有财产性质的权利。关于让与担保的性质，德国和我国台湾地区立法者认为，让与担保是一种信托让与行为，是以所有权的让渡来担保债权，故所有权应完全移转给让与担保权人，并由此得出进一步的结论——让与担保权人在债务履行期间届满前对担保物的处分有效。日本等国家和地区立法者则认为，让与担保不过就是一种担保的设定，担保权人在对外关系上虽然取得担保物的所有权，但在内部关系上只是取得担保权人的资格，其只能在担保的目的范围内行使权利，并由此得出进一步的结论——担保权人在债务期限届满前不得处分担保物。关于让与担保的公示，在德国不需要登记，因而不具有公示性，对交易安全构成威胁；在日本和我国台湾地区则需要公示，否则不具有对抗第三人的效力。关于让与担保的实现，在其初期，许多国家和地区的司法实践和学说都认为，债务人不履行到期债务的，让与担保权人可以直接取得担保物的完全所有权。这一做法可能使让与担保权人获得暴利，对让与担保人极为不利。在其后期，司法实践中采取了以下两种做法消除前者的弊端：一是以处分清算实现担保权，即让与担保权人出售担保物，以所得价款优先实现自己的债权，剩余价款退还让与人；二是以归属清算实现担保权，即让与担保权人将担保物折价以获得担保物所有权的方式实现自己的债权，折价超出债权数额的部分返还让与担保人。以上两种做法兼顾了让与担保人与让与担保权人的利益。[①]

其次，在民法典之外以特别民事立法的方式规定不移转动产占有的动产担保物权类型，以济民法典关于“抵押权及不动产抵押权”的制度供给之不足。例如，我国台湾地区在“民法典”之外于1963年另行颁布的“动产担保交易法”即是如此。该法规定了动产抵押、附条件买卖、信托占有三种不移转占有的动产担保物权。我国台湾地区之所以在“民法典”之外另行颁布“动产担保交易法”，就是因为其“民法典”关于动产之上担保物物权制度资源的供给不足。我国台湾地区“民法典”所规定的动产担保制度，主要包括动产质权、权利质权和动产留置权。正如前文所提及，我国台湾地区“民法典”关于抵押权的规定只限于不动产抵押权，而动产之上的担保物权又只限于以移转占有为生效要件的质权，因而不移转动产之占有的担保物权付之阙如。质权的特色在于债务人需将动产移转占有予债权人，究其本意，系为了确保债权人之权利实现。然而如此一来，不仅债务人将无法再对标的物为使用收益，债权人也未必愿意负起保管之责。相对于今日现代人讲究先使用后付款的生活方式，传统动产担保交易制度显然已不能符合时代的需要，动产抵押、附条件买卖、信托占有等新型动产担保形式应运而生。[②]

正是借助于民法典之外的特别立法，或者借助于法学学说和判例推动，一些国家和地区建立了民法典之外的在动产上可以设立的不移转占有的动产担保物权制度，由此也就形成以民法典确立的占有型动产担保物权类型为主干和中心、以特别立法和判例法确立的非占有型动产担保物权类型为辅从和外围的动产担保物权法制体系。在这一“解法典”式的动产担保物权法制发展进程中，民法典确立的“抵押权即不动产抵押权”制度得到了维护，民法典之外生发出来的不移转动产占有的动产担保物制度得以发展，其重要形式就是让与担保这一古老的制度得以在法典之外再度获得重生，并显现了蓬勃的生机和活力。民法法典化的生成，使得原有的让与担保物权制度在法典之内“建构性”地消失；民法法典化的存续，又使得让与担保物权制度在法典之外“演进性”地重生。

---

① 参见全国人大常委会法制工作委员会民法室编：《物权法（草案）参考》，中国民主法制出版社2005年版，第418~423页。

② 参见郑正忠、吴展旭：《动产担保交易法》，台湾书泉出版社1998年版，“自序”第19页。

三、“抵押权即不动产与限定动产抵押权”及其法体系效应

（一）“抵押权即不动产与限定动产抵押权”之立法

如前所述，“抵押权即不动产抵押权”将可抵押财产的范围限缩在不动产担保物之上。这一立法模式严重地阻碍了抵押权制度在经济社会发展中的制度价值。于是，为了充分利用抵押权制度的制度优势，各国担保物权立法不断将抵押权制度的适用范围予以扩张。上述民法典之外关于动产担保物权特别立法以及关于动产之上不移转占有的担保物权判例法的发展，是两种基本的动产之上不移转占有的担保物权制度适用外延的扩张路径。除此之外，我国作为后发的法治国家，在担保物权立法模式上另辟蹊径，走出了一条解决同一问题的不同道路，这就是我国于1995年颁布的《中华人民共和国担保法》（以下简称《担保法》）的相关规定。该法于第三十四条第（二）、（四）、（六）项分别规定以下动产可以抵押：一是抵押人所有的机器、交通运输工具和其他财产，二是抵押人依法有权处分的国有的机器、交通运输工具和其他财产，三是依法可以抵押的其他财产。从《担保法》关于可抵押财产范围的规定来看，一是《担保法》已经不是如我国台湾地区“民法典”等传统民事立法那样将抵押权制度限制在不动产抵押的狭小范围内，而是将抵押权制度扩展到“机器和交通运输工具”以及“依法可以抵押的其他财产”上；[①] 二是《担保法》关于可抵押财产的范围相比较于后来颁布的《物权法》“担保物权”编的抵押权概念的外延，还是属于有限的动产抵押权范畴——除了列举的几项可抵押财产外，立法用抽象的方式规定“依法可以抵押”的其他财产可以抵押。相比较于《物权法》“担保物权”编适用的“法律、行政法规未禁止抵押的其他财产”可以抵押的规定，显然可抵押财产的范围相对有限。但即使是《担保法》规定的可抵押财产的范围相对有限，其也还是将抵押权这一概念从传统的“抵押权及不动产抵押权”的狭小外延中

---

① 从《中华人民共和国担保法》的规定来看，这里也使用了“财产”这一概念，但因为使用限定词“依法可以抵押”，该财产的范围就不能过分扩大解释，仅限于法律规定可以抵押的范围。

突围了出来，拓展到了动产的范畴。由此开始，动产上的担保物权就有了动产抵押权、动产质权和权利质权的分类并依序排列，但担保物权立法由此而引致的担保物权法体系效应却没有引起学界的关注。①

（二）“抵押权即不动产与限定动产抵押权”的法体系效应

当抵押权开始出现动产抵押权时，首先引起的法体系效应就是担保物权分类标准的紊乱。原有的担保物权分类以担保物的不动产与动产之类分作为分类标准：不动产上的担保物权为抵押权，动产上的担保物权为质权包括动产质权和权利质权。当抵押权概念的外延开始包括动产抵押权的时候，动产抵押权与动产质权如何区分？动产抵押权与权利质权又如何区分？在同一动产上设定的担保物权何谓抵押权？何谓动产质权或权利质权？担保物分类不再起作用了，因为有可能是同一个担保物如同一设备上设定了抵押权或者质权。此时，人们开始注意到，担保物权的公示方式——担保物占有是否移转，可以把动产上的抵押权与质权区分开来——非移转占有而以登记为公示方式的担保物权为动产抵押权，移转占有即以占有为公示方式的动产担保物权为动产质权；但对于通常多以登记为其公示方式的权利质权而言，何谓权利上的抵押权以及何谓权利上的质权，则无法再予区分了。②

其次，立法者没有自觉地注意到动产抵押权制度对动产质权制度和权利质权制度的可准用性并加以明确规制。从我国台湾地区“民法典”“担保物编”的规定来看，有最高额抵押权对一般抵押权的准用，有最高额动产质权

① 笔者认为，此问题没有引起我国学界关注，与我国担保物权法学术研究缺少对国外尤其是美国《统一商法典》第九编即“动产担保交易法”的研究、传播有密切关系。比较法的见识和研究，对于一国法制的发展至关重要，尤其是对后发法治国家而言，更是如此。在民法典分则编纂之际，我们深感对动产担保物权一元化立法的研究和借鉴，对我国动产担保物权法制的现代化具有重大意义。

② 这一问题的根源在于对法律条款文义的解释以及对物权法定主义的理解。《中华人民共和国物权法》第980条第（七）项规定：“法律、行政法规未禁止抵押权的财产”可以抵押。此“财产”之措辞，是否包含该法第223条规定的可设质权利？按照物权法定原则的理解，似乎在法律已经明示于其上设定的担保物权为权利质权的情况下，不应再为抵押权的标的。但“财产”一词，在中国的法制语境下，依文义解释当包括权利无疑。因此，按照物权法不断扩大可抵押财产范围的体系解释，将“财产”一词作广义解释——包括权利质权的标的——应无不可。唯此时，权利质权就没有独立存在的基础和价值了。

对最高额抵押权的准用，还有权利质权对动产质权的准用等，但该法没有动产质权和权利质权对抵押权的准用。究其原因，在于抵押权与动产质权和权利质权的制度隔阂——该法所界定的抵押权为不动产担保物权，动产质权和权利质权则为动产担保物权。在人们的心目中，两者不在同一担保物上，这恰似“井水不犯河水”一般。在“抵押权即不动产抵押权”的法制环境下，民法典没有关于动产质权和权利质权准用抵押权的规定，有其一定程度的正当性、合理性和可接受性。但是，在抵押权不再限于不动产抵押权，而是也包括了动产抵押权的法制语境下，抵押权概念之内涵和外延的演变，导致同一动产上的抵押权和质权之间区别无几。此时，如果立法者没有自觉地认识到两者之间的模糊界限，再续延原有立法的模式，就会出现立法的漏洞。《担保法》在规定了抵押权包括动产抵押权的情况下，没有将这一变化引致的担保物权法体系效应贯彻到底。也就是说，在抵押权之概念和外延扩展到动产的时候，立法者应当将由此引致的法体系效应清晰、及时并准确地作出回应——鉴于抵押权与动产质权和权利质权之间的界限几乎全无，鉴于抵押权制度的周详细致，随之规定动产质权和权利质权准用（动产）抵押权的规定。

再次，当抵押权的概念与外延扩展到动产之时，由于动产抵押权与动产质权和权利质权之间界限的模糊性，因此就要特别注意避免同一制度中出现不必要的重复、应该一致而不一致甚或不应有的矛盾等情形。[①] 在这一点上，《担保法》在扩展抵押权概念的内涵与外延的同时，确实存在对同一制度科学设计方面的疏漏。例如，《担保法》第40条规定了（动产）流押禁止条款，第66条又规定动产流质禁止条款，此为“不必要的重复”。在动产抵押权与动产质权仅限于公示方式的不同以及由此而产生的规则差异而没有其他不同的前提下，立法既然已经规定了流押禁止条款，流质禁止条款就无须重复规定，只要规定“本章（节）没有规定的准用动产抵押权的规定”即可。[②] 又

---

① 作为意定动产担保物权，不论是抵押权，还是动产质权和权利质权，都有其定义、设立、公示、效力、次序、实现和消灭等依次出现的一个制度“从生到死”的全过程层分规则。由此，处于同位阶的制度之间就有该重复而没有重复的漏洞、应该一致处不一致的缺陷等。

② 其他还如《中华人民共和国担保法》第73条对第52条的重复，第73条对第58条的重复，第67条对第46条的重复，第72条对57条的重复，以及第65条对第39条的重复等。

如，《担保法》第四十三条规定“当事人以其他财产抵押的，可以自愿办理抵押物登记，抵押合同自签订之日起生效”，而该法第六十四条第二款规定“质押合同自质物移交于质权人占有时生效”。同为担保物权，立法却没有实行同样的规制：动产抵押合同自签订之日起生效，而动产质押合同则自质物移交于质权人占有时生效。[①] 此为“应该一致的不一致”。再如，在抵押权概念扩展方面有过之而无不及的《物权法》担保物权编在规制可担保财产方面，关于抵押物作出了“法律、行政法规未禁止抵押的财产”可以抵押的规定，而对质权则作出了“法律、政策法规规定可以质押的”动产可以质押的规定，由此造成关于担保物范围的立法政策上的矛盾——前者为“法不禁止即自由”的立法立场，后者是“法有授权才有权”的立法立场。此为“不应有的矛盾”。

四、“抵押权即不动产与不限定动产抵押权”及其法体系效应

（一）“抵押权即不动产与不限定动产抵押权”之立法

《物权法》于第四编“担保物权”第180条第（四）（五）（六）（七）项分别作出了“生产设备、原材料、半成品、产品”，“正在建造的船舶、航空器”，“交通运输工具”，以及“法律、行政法规未禁止抵押的其他财产”都可以抵押的规定。由此，可抵押财产的范围就走到了可抵押财产的极限地步——《物权法》不仅明示列举了可以抵押的“现有动产”如“生产设备、原材料、半成品、产品”可以抵押，而且“正在建造的建筑物、船舶、航空器”，“交通运输工具”等“未来财产”也可以抵押；并且利用“法律、行政法规未禁止的抵押权的其他财产”的规定，将可抵押动产的范围推向了极致——形成了“法不禁止即自由”的可抵押财产局面。基于担保物权的通性，一般来说，可以于其上设定动产质权和权利质权的财产，当属于“法不禁止抵押”的财产，但未必是“法律规定可以抵押的财产”。由此，可设定动产质权者，于其上则必可设定动产抵押权；可设定权利质权者，与其上也

① 学界基本认同，此处之所谓“合同”生效，是立法用语的错误，应该为抵押权或者质权生效。

必可设定权利抵押权。这一结论在《担保法》“圈定”的可抵押财产范畴下当不可以得出，原因在于《担保法》第34条第6项规定了“依法可以抵押的其他财产”。从逻辑上分析，“依法可以抵押的财产”是一个有限的范围，而“法不禁止的可以抵押”的范围是一个无限的范围。“有限”与“无限”之间差异大矣！由此，我们认为，我国通过《物权法》“担保物权”编第180条第（七）项的规定，即将抵押权制度的担保物可适用范围扩展到了极致——法律、行政法规不禁止抵押权的财产都可以于其上设定抵押权。这样一来，我国民事立法关于抵押权制度的规定就迥异于其他国家和地区的抵押权制度，亦显然不同于《担保法》的规定。我国抵押权制度适用外延的“泛化”，将不可避免地引致整个担保物权法的制度体系效应。但这一点同样没有引起国内学界和司法界的关注。①

（二）“抵押权即不动产与不限定动产抵押权”的法体系效应

当“法律、行政法规不禁止抵押的财产”都可以抵押的时候，抵押权概念外延的无限扩展会引致担保物权法体系的何种体系效应？从动产担保物权的体系规模来看，在不动产之外财产上创设的动产担保物权在实定法上被分为动产抵押权、动产质权和权利质权。如前所述，从担保物的角度观察，凡是能作为动产质权和权利质权之质押财产的，均可以作为抵押财产。由此，可抵押财产的极限化在担保物权法体系方面将引发两个问题：一是在理论上，动产担保物权的分类标准及类型问题；二是在实践上，有与抵押权“泛化”密切相关的动产质权和权利质权的“虚化”问题。

先说动产担保物权在理论上的分类标准和类型问题。因为在同一财产上既可以设定抵押权，也可以设定动产质权或权利质权，那么何为抵押权，何为动产质权或权利质权？传统担保物权分类的标准是担保物的类型，即不动产上设定的担保物权为抵押权，动产上设定的担保物权为质权，有形动产上

① 最高人民法院民二庭曾经尝试制定《物权法》“担保物权”编的司法解释，从流传出来的资料看，因为不能透析担保物权编的体系结构，在一些问题如新类型担保的性质认定等方面，难有建树。参见陈本寒：《新类型担保的法律定位》，载《清华法学》2014年第2期；董学立：《也论“新类型担保的法律定位”》，载《法治研究》2015年第4期。

设定的担保物权为动产质权，无形动产上设定的担保物权为权利质权。但在法不禁止的财产均可以抵押的法制环境下，担保物之不动产与动产的类型划分不能再作为担保物权类型划分的标准了，因为同一财产既可以抵押又可以质押了。由此，带来了担保物权类型划分标准的再确认问题。从动产抵押权与动产质权的区别来看，似乎动产担保物权公示的方式是两者可以区别的标准——不移转占有而借助登记公示的动产担保物权为动产抵押权，移转占有并以占有为其公示方式的动产担保物权为动产质权。但这一动产担保物权分类标准如果被适用于动产抵押权与权利质权，则又失灵了。因为从权利质权的实定法规定来看，绝大多数权利质权都是以登记为其公示方式的，所以，在权利上设定担保物权时，我们称其为权利抵押权还是权利质权，因无区分标准而无从区别称呼之——似乎两者已经合二为一。

再议动产质权和权利质权的虚化问题。尽管立法确立了动产质权和权利质权的法律地位，但在抵押权极限化的法制环境之下，在同一有形动产既可抵押又可质押的选择中，人们将很自然地基于制度之便宜的利益衡量而择取动产抵押制度；同理，在权利上的担保物权，在权利抵押权与权利质权区分无界的法制环境下，是否还有在立法上予以区别的必要？尤其在建立了统一的动产担保物权登记公示制度之后，是否还需要对权利质权作出专章另节的规定？到底称权利上的担保物权为抵押权还是权利质权？笔者倒觉得直接在立法上将其编入抵押权并称其为抵押权更好。加之我国现有的立法没有关于权利质权准用动产抵押权的规定，权利质权在理论上和实践上归入动产抵押权制度，将是其宿命般的归依，因为抵押权制度历经时间的积累和实践的检验，其制度设计最为完善最为科学。① 总之，所谓动产质权和权利质权的虚化问题，实质上是因抵押权概念外延的扩展以至于极限化，使得动产质权和

① 《中华人民共和国担保法》第三章关于抵押的规定分五节：第一节“抵押和抵押物”，第二节“抵押合同和抵押物登记”，第三节“抵押的效力”，第四节“抵押权的实现”，第五节“最高额抵押”。与其相比，第四章“质押”仅设“动产质押”与“权利质押”两节。特别值得注意的是，《中华人民共和国担保法》第三章关于抵押的分节结构，与美国《统一商法典》确立的动产担保物权一元化立法模式具有相似性，具备了一元化动产担保物权立法的层分结构模式。在其因抵押的泛化而得以在理论上以及实践上消灭性吸收动产质权和权利质权的结局下，实质性地迈向了动产担保物权的一元化立法模式，尽管立法者以及司法者至今也未必自觉地意识到这一特质。

权利质权失却了在实践上独立存在基础和价值。“抵押权”这一概念，已经在可抵押权财产极限化的基础上，演变成为一个与“动产担保物权”概念居于同一层次的概念。在抵押权“泛化”的法制环境下，当我们谈论抵押权概念的时候，其所指其实就是在一切不动产与动产上创设的担保物权。因为现在的抵押权这一概念的外延已经实质性地等同于原先的不动产抵押权、动产抵押权和动产质权、权利质权概念的外延，而这一系类概念的外延之和，原先是在担保物权这一概念的统摄之下的，所以，现在的抵押权概念等同于担保物权概念。正因为如此，在抵押权概念“泛化”的法制环境下，让与担保作为一种担保物权类型，也没有独立存在的基础和价值，其外延也包含在了抵押权概念之下。这就是“让与担保”最终不能进入《物权法》“担保物权”编的根本原委。

五、抵押权概念演变的实质及其体系效应之趋向

（一）抵押权概念演变的实质

抵押权概念演变的实质，是抵押权概念外延的不断扩张，即从“抵押权即不动产抵押权”过渡到“抵押权即不动产与限定动产抵押权”，最后极限化为法不禁止的所有的财产都可以抵押权的泛抵押权结局。其演变的方式，有先法典化国家关于或者非移转占有动产担保物权的法典外特别立法，或者法制实践中通过法学学说与司法判例推动的非典型动产担保如让与担保等习惯法的形成；也有后法典化国家通过不断扩展可抵押财产范围的法典化形式，吸收性消灭其他动产担保物类型。先法典化国家主要通过不断增加动产担保物权类型的方式来解决“抵押权及不动产抵押权”的制度供给不足问题；后法典化国家则是通过扩展抵押权概念的外延，并由此实质性地将动产质权和权利质权吸收性消灭的方式，来解决“抵押权即不动产抵押权”的立法缺陷。从让与担保存废的角度观察，是一个让与担保制度因法典化生成而消失，又因法典化存续而非典型法典外存在，以及又因法典化演变而被抵押权制度吸收性消灭的发展过程；就动产担保物的法定类型来看，是一个动产担保物权类型不断增加后又因不断合并而减少的过程，并最终呈现出趋于动

产担保物权一元化立法模式的取向。①

从法律制度得以产生和存续的经济、社会基础分析，传统担保物权结构类型体系主要是建立在两种社会背景之上：一是经济社会基础，即后农业社会经济基础或者初步的自由经济社会基础，这一社会基础对交易安全的要求相对于现代自由经济的社会基础的要求，显然要低得多；二是哲学社会基础，即理性哲学基础上的对法典的崇拜和对法典逻辑形式的演绎的崇拜，使立法者少了对社会实际需求的把控。在这两种社会基础上建立的近代民法典，关于担保物权的规定就不能满足现代经济社会的发展对融资安全和效率的要求。反映在法律制度层面，就是抵押权制度外延的狭隘和制度贡献无力。与此相对比，现代担保物权制度，即以抵押权制度的外延扩张为表象的现代担保物权制度，立基于高度发达的市场经济社会，着眼于解决现实经济活动中关于融资担保的各种问题，不拘泥于法律的形式逻辑而倾力于以透明、高效的制度设计，为融资安全和融资效率提供一整套法律方案。

（二）抵押权概念演变导致的法体系效应趋向

抵押权概念外延的扩张，使得各种可抵押的动产甚或法律、行政法规不禁止抵押的“财产”得以进入可抵押财产的范围。先法典化国家与后法典化国家的不同之处在于，前者一般只能是在法典之外以特别立法或者判例法的方式，实现不移转占有型担保物权外延的扩张；而后者则完全可以通过可抵押财产范围的立法扩张，在法典内部实现不移转占有型担保物权概念外延的扩张。由此，对于后法典化国家而言，在担保物权类型体系上就有了前述不动产抵押权与动产抵押权、动产质权、权利质权的分类体系问题。当我们这样来分析和看待整个担保物权体系的时候，在延续不动产担保物权与动产担保物权的基本分类路径下，就有了动产担保物权进一步被分为以登记公示、以占有公示的动产担保物权类型。但这种以公示方式的不同而对动产担保物权的分类不足以在立法层面予以单独成章的表达，而只能是在动产担保物权概念项下，在区分动产担保物权设立合同、动产担保物权的设立以及动产担

---

① 在美国《统一商法典》中，各种名称各异的动产担保物权类型之间的共性大于个性。

保物的公示的基础上，再对动产担保物权公示的方式不同进行立法次级路径分述。动产担保物权多样化形式的公示方式，一是承继延续原有的动产担保物公示方式如“占有”，二是创新另立的动产担保物公示方式如“登记”公示方式以及“控制”公示方式等。

由此，我们可以在参考国外先进动产担保物权立法模式的基础上，对我国未来动产担保物权的立法模式提出如下设想：在动产担保物权概念项下，整个动产担保物权法制设计次第分别规制为动产担保物权的概念、担保物的范围和类型、担保物权的设立合同、担保物权的设立、担保物权的公示（登记、占有、控制等）、动产担保物权的优先受偿次序、动产担保物权的对内对外效力、动产担保物权的实现、动产担保物权的消灭等事关动产担保物权“从生到死”的全过程问题。这一立法模式，即学界所谓的“一元化”动产担保物权立法模式。动产担保物权的“一元化”立法模式，是相对于我国现有的动产担保物权立法模式而言的，如此，我国现有的动产担保物权立法模式可以称为“多元化”立法模式。“多元化”动产担保物权立法模式恰是依据动产担保物权公示方式的不同，而对其进行立法分类并分别规制。但各种动产担保物权又不可能不对其概念、合同、设立、公示、效力、次序、实现、消灭等基本问题逐一规制。[①] 鉴于“多元化”动产担保物权立法模式的种种结构性弊端，动产担保物权的一元化立法趋向势不可当。[②]

六、结语

作为债权实现的法制保障措施，担保物权法制自民法法典化以来，已经走过了近二百年的历史。奠基于近代资本主义初级阶段或者农业经济发展后期的法典化担保物权法制，定有其形成理由并做出了历史贡献。但“抵押权及不动产抵押权”的法典化模式，随着时代的变迁和市场经济的发展，却日显捉襟见肘。在民法法典化与物权法定化的双重框架夹击之下，为满足市场经济发展对法制资源的需求，只能在法典之外以特别立法的方式或者以判例

① 这一立法架构在《中华人民共和国担保法》第三章抵押制度中初有表现。

② 参见董学立：《我国意定动产担保物权的一元化》，载《法学研究》2014年第6期。

法（习惯法）的方式，实现对“抵押权即不动产抵押权”的突破——不移转动产之占有的动产抵押权制度得以在法典之外建立。我国现有担保物权立法确立的抵押权即法律、行政法规不禁止抵押的“财产”均可以抵押的立法选择，实质上是把抵押权制度的适用范围推向了极致。在此制度下，动产担保物权再延续现有的法制分类，已缺乏充分理由。应将动产抵押权、动产质权、权利质权法制中的概念、合同、设立、公示、效力、次序、实现、消灭等制度进行类项合并，只是在“公示”部分，再细分为登记公示、占有公示和控制公示等。至此，由抵押权概念的演变所导致的体系效应，推动着我国动产担保物权法制的一元化趋向。当我们对这一趋向有一个自觉认知的时候，我们就会主动迎合并顺应这一趋势，并在法制完善和司法实践中，不断将其推向前进。

我国意定动产担保物权法的一元化*

内容提要：我国意定动产担保物权在立法上分类为动产抵押权、动产质权和权利质权；在此基础上，立法又分别规定各类意定动产担保物权的"定义、担保物、担保物权的设定、公示、效力、顺位、实现和消灭"等。意定动产担保物权分类的结构模式易于导致立法者对全局性制度的疏忽或遗漏，在此基础上，对各类意定动产担保物权的分别规定又可诱发制度之间的重复、不协调甚而冲突或矛盾。实证考察可以发现，我国意定动产担保物权法制在以上两个方面均存在重大缺陷，这些缺陷的现实存在佐证了以上学理认知。解决问题的近期措施是加强司法解释工作，以解司法亟须；远期目标则是制定一元的意定动产担保物权法，以替代现有的多元的意定动产担保物权法。以此，我国意定动产担保物权法制得以现代化。

关键词：动产；担保物权；抵押权；质权；一元化

我国民法学界对担保物权法的研究，微观之具体制度分析成果丰富，宏观之体系结构研究文献偏少。自美国《统一商法典》第九编即"动产担保交易法"确立了"一元的"动产担保物权立法模式以来,[①] 包括我国在内的"多元的"动产担保物权立法模式国家，就在体系结构上有了一个可以比较和借鉴的成功范例。所谓一元的动产担保物权立法模式，就其宽泛的描述意义而言，就是相对于多元的动产担保物权立法将设于动产上的担保物权分类为动产抵押权、动产质权和权利质权，以及在此基础上又分别规定各类动产

---

* 本文原标题为《我国意定动产担保物权法的一元化》，载《法学研究》2014 年第 6 期。

① 当然，美国法中没有"物权"这一概念，也没有"动产担保物权法"这一概念。这里使用"动产担保物权"一词，是为了便于读者阅读和理解。

担保物权的概念、担保物、设立、公示、效力、次序、实现、消灭等而言，以一元的动产担保概念体系诸如“动产担保物、动产担保物权、担保物权人、担保人、债务人”，以及统一规定动产担保物权的“设定、公示、效力、次序、实现、消灭”等，所形成的一整套单一的动产担保物权概念术语体系和动产担保物权法制模式。① 在比较法视野里，在多元的意定动产担保物权立法模式可以被一元的立法模式所替代的情况下，整个担保物权法律体系就可以形成由动产担保物权法与不动产担保物权法分立、并立的结构格局。因不动产担保物种类有限且不动产担保物权的设立多采公示生效主义，其法律关系相对简单；而动产上的意定担保物权则因动产担保物的种类繁多、公示方式不一特别是其设立多采公示对抗主义等，导致其法律制度复杂。与多元的动产担保物权立法模式相比，一元的动产担保物权立法模式可以较好地应对这一复杂局面。从美国《统一商法典》第九编的运行效果及其在世界范围内产生的广泛影响来看，一元的动产担保物权立法模式具有多元的立法模式不可逾越的优势。

我国大陆动产担保物权立法向来承袭多元的立法模式，不论是1995年颁行的《担保法》还是2007年通过的《物权法》，皆如此。② 与一元的动产担保物权立法模式相比，多元的动产担保物权立法模式的不足主要集中在如下两个方面：一是立法者会因为过分关注各类意定动产担保物权的个性而忽视其共性。如同一动产担保物上因叠加而并存的各类担保物权之间的优先次序规则，以及各类动产担保物权都需要面对的公示制度尤其是统一登记公示制度等，在分类模式下都有被忽视的可能。二是分类基础上的制度分别规定必然导致制度之间的重复，以及因制度重复所可能引发的制度之间的不一致甚或矛盾。

---

① 美国《统一商法典》1945年1月1日正式启动起草工作。其中的第九编最初的设计是草拟一系列的特别法以个别调整主要的融资类型，如商用机械、消费品、农产品、存货和应收账款、无体财产等。但随着起草工作的进展，起草者们发现：这些个别融资交易制度的共同之处远远超过了其相异之点。于是，他们决定起草“统一动产担保交易法典”以涵盖所有的动产担保交易形态。第九编设计为七章：总则、担保合同的效力及当事人的权利、担保物权的公示及优先受偿顺位、第三人的权利、登记、违约、过渡规定。

② 与担保法相比，物权法担保物权编的体系构造几无变化，依然将动产担保物权分类为动产抵押权、动产质权、权利质权和留置权。其中，抵押权包括一般抵押和最高额抵押，质权包括动产权利和权利质权。

本文拟通过对我国多元的意定动产担保物权法制的体系结构的分析，查找其结构性缺陷，进而为我国现有意定动产担保物权法的司法解释和最终实现一元化立法建言献策。

一、我国意定动产担保物权法的结构体系解析

（一）我国意定动产担保物权的立法分类

我国民事立法将动产担保物权分为四类，即动产抵押权、动产质权、权利质权和动产留置权。此四者间最显著之差异，在于产生的方式有别：前三者为意定产生，后一者为法定生成。① 此外，意定动产担保物权的分类依据并不清晰。

首先，正如这些动产担保物权的定义所显现的那样，在动产抵押权与动产质权之间，不移转（有形）动产担保物占有（以登记为公示方式）的担保物权为"动产抵押权"，移转（有形）动产担保物占有（以占有为公示方式）的担保物权为"动产质权"。而这一点所谓的区别，究其实质为有形动产担保物上设立的担保物权的公示方式不同。②

其次，动产质权与权利质权虽并列于"质权"一章，但将设置在权利上的意定担保物权即所谓的"权利质权"也放在"质权"一章，我们只能在担保物权制度体系设计的历史惯性中去寻找依据。传统担保物权法制将抵押物限为不动产，③ 而"权利"在民法理论与立法实践上向来被"视为动产"，在形式上与动产作一体化的处理。故此，将权利上的意定担保物权与动产上的意定担保物权并列于一章，其分类依据就从动产抵押权与动产质权的公示

① 本文之研究对象限于"意定动产担保物权体系结构问题"，但基于论述的便利以及研究问题的需要，如对同一动产之上数个担保物权之间优先受偿次序规则的论述等，有时也会论及留置权。

② 动产担保物权公示方式的不同，虽可以作为动产担保物权分类的标准，但却不是其本质的区别。所以，在一元的动产担保物权法律制度体系下，公示方式的不同只是以动产担保物类型的不同为基础，以动产担保物权的优先受偿次序为目的而进行的一项制度安排，其目的在于保障交易安全的实现。

③ 我国台湾民法严格以担保物分类作为区分担保物权的依据，如其所谓抵押权，即仅限于不动产抵押权。但我国大陆担保法中的抵押权包含有限的动产抵押；而物权法中的抵押权，则是"法不禁止的财产"都可以抵押。

方式之不同，回到了动产质权与权利质权的担保物类型之不同。

再次，在动产抵押权与权利质权之间，权利作为无形动产，将其作为担保物不能通过移转其占有来表达其上担保物权的意定存在，只能以登记（有些也可以通过“控制”①）方式来表达，而登记也是动产抵押权的公示方式。所以，依据动产担保物之有形与无形之分类而身处“质权”一章的权利质权，却又在公示方式这一方面，找到了与其身处两地的动产抵押权的共同之处——不论是基于交易安全的考量，还是源于交易效率的追求，它们可能以及最好在同一个登记机构办理担保物权登记，尽管我国现有立法与此愿景相去甚远。

所以，尽管传统民法理论和民事立法依据担保物类型的不同，有不动产担保物权和动产担保物权之分，但若承继这一思路，则意定动产担保物权划分的依据以及划分的结果就会变得前后不一甚至混乱起来。② 意定动产担保物权既有担保物的有形与无形之别，又有公示方式的登记与占有（控制）之分。动产担保物本身的分类虽然依旧起着基础性作用，但已经不是动产担保物权分类的显性依据，而与动产担保物类型密切相关或者受动产担保物类型决定的动产担保物权的公示方式，成为划分意定动产担保物权的显性分类依据。③

另外，在公示对抗主义法制下，可以区分“未经公示”的和“已经公示”的意定动产担保物权。“已经公示”的意定动产担保物权又可以再分为经“登记公示”、经“占有公示”和经“控制公示”的意定动产担保物权。在上述各类意定动产担保物权之间，同一动产之上经同一公示方式或者不同公示方式表达的多个动产担保物权之间的优先受偿次序规则，又最终将它们牵连在了一起。而在意定动产担保物权之间，其区别也就只剩下了公示方式

① 就性质而言，美国法上的“控制”公示方式，实质上是“占有”公示方式的抽象表达形式，其适用于某些特殊的无形动产。

② 这种混乱是由我国担保物权立法对可抵押物范围的不断扩大引起的。2007 年颁布的物权法将可抵押物的范围进行了抽象式扩大，抵押物不仅包括不动产、动产，甚至扩展到了“财产”。此一变化引发的体系效应是，担保物权分类的标准混乱了起来。因此，动产担保物权的新分类必须以新视野、新方法，才能得出新结论。

③ 美国《统一商法典》第九编即“动产担保交易法”开篇就是关于动产担保物的分类，其分类的意义在于，不同种类的动产担保物其担保物权的成立与公示有别，其效力有别，其优先受偿次序有别，其实现方式也有别。这些“有别”均以担保物的分类为基础。

的不同以及基于公示方式的不同而产生的一些不同而已，如以不同公示方式表达的动产担保物权之间的优先受偿次序的不同等。①

（二）我国意定动产担保物权的规范内容

多元意定动产担保物权体系的另一个特征是，各类意定动产担保物权在体系结构上具有高度的同一性。这种高度同一性，一者来自分类而并立的各类动产担保物权，二者来自事物本身的逻辑，即各类意定动产担保物权作为一项民事权利，自有其静态之可被认知的本体稳定性和动态之产生、存续、消灭的形式变动性。这样一来，被立法分类而并立的各类意定动产担保物权，就在其制度展开上有一个次第过程——各该类意定动产担保物权的定义、担保物的范围界定、该类担保物权的设立、公示、效力、顺位、实现、消灭等制度，被依次呈现。为形象地展示此处所描述的内容，下面以图表列示我国物权法担保物权编中各类动产担保物权（此处包括留置权）的规定内容。

	一般动产抵押权	动产质权	权利质权	动产留置权
定义	第179条	第208条	第229条	第230条
担保物	第180条、第181条、第184条、第196条	第209条	第223条	第231条、第232条、第233条
设定	第185条、第186条、第188条、第189条第1款	第210条、第211条、第212条	第224条、第226条第1款、第227条第1款、第228条第1款	第230条
公示	第188条、第189条第1款	第212条	第224条第2句、第226条第1款第2句、第227条第1款第2句、第228条第1款第2句	第230条

① 如美国法规定了以“控制”公示方式表达的动产担保物权要优先于以其他公示方式表达的动产担保物权。这一立法规则值得我国立法借鉴。

续表

	一般动产抵押权	动产质权	权利质权	动产留置权
效力	第 191 条、第 192 条、第 193 条、第 194 条、第 197 条、第 198 条	第 213 条、第 214 条、第 215 条、第 216 条、第 217 条、第 221 条	第 225 条、第 226 条第 2 款、第 227 条第 2 款、第 228 条第 2 款	第 234 条、第 235 条、第 238 条
顺序	第 189 条第 2 款、第 190 条、第 191 条、第 194 条、第 199 条	第 217 条	第 229 条	第 239 条
实现	第 195 条	第 219 条第 2、3 款、第 220 条	第 229 条	第 236 条、第 237 条
消灭	第 177 条、第 194 条、第 202 条	第 177 条、第 218 条、第 219 条第 1 款	第 177 条、第 229 条	第 177 条、第 240 条

从列表所展示的规范组的内在逻辑以及数量对比来看，各类动产担保物权都是以其效力以及与效力密切相关的优先受偿次序规则为制度核心，并围绕这一制度核心次第展开结构体系：首先，是各类动产担保物权的定义及该类动产担保物权所涉担保物的范围。这是各类动产担保物权得以被认知的本体稳定性，立法的用意是想借此将各类动产担保物权区别开来，尽管其结果之不尽如人意已如前述。此一部分仅意定动产担保物权就涉及 9 个条文。其次，是各类动产担保物权的设立与公示制度。此一部分仅意定动产担保物权就涉及 11 个条文。再次，是各类动产担保物权的实现和消灭。严格地讲，动产担保物权的实现是动产担保物权消灭的原因之一，但动产担保物权的实现有独特的实质内容和动态过程，对其须有专门的规范，因而其具有独立性。此一部分仅意定动产担保物权就涉及 8 个条文。最后，在动产担保物权的设立与消灭之间，是作为意定动产担保物权制度核心的动产担保物权的效力和优先受偿次序规则。动产担保物权依其物权属性所具有的支配力和排他力，是决定其优先受偿次序的基础；而动产担保物权的优先受偿次序又同时受制

于动产担保物权的公示制度以及法律对优先受偿次序的法政策。此一部分仅意定动产担保物权就涉及 20 个条文。

如表列示，各类意定动产担保物权制度在规范内容上具有实然上的高度重复性，以及在高度重复基础上的应然的可叠加性。①

首先，就各类动产担保物权的定义和所涉担保物的范围来说，物权法在担保物权编的“一般规定”中开宗明义地规定了一般担保物权的定义，这一定义在适用于不动产担保物权的同时，也普适于各类动产担保物权。但鉴于动产担保物权的分类且并立，物权法又在各类动产担保物权部分专设定义规范，以此定型并区别各类动产担保物权。其实，各类动产担保物权作为物权或担保物权之一类，其本质要素应如同其他物权一样，不外乎“特定性”“支配性”以及“排他性”三者。由此，一元的动产担保物权概念体系得以因规范叠加而形成。②

其次，就各类动产担保物权的设立来说，物权法在担保物权编严格贯彻了该法总则编确立的“区分原则”，规定了动产抵押权、动产质权和权利质权合同的订立规范与相关动产担保物权的设立规范，这些重复规范具有可被叠加性。同时，应该重新思考现有立法关于动产抵押权设立的公示对抗主义和质权设立的公示生效主义的对峙，必须将占有置于与登记同一的法律地位——它是且只应是已经成立的动产担保物权的公示方式而已。

再次，就各类动产担保物权的消灭来说，相比之下，其在我国《物权法》中的一元化程度最高，基本上已经规定于《物权法》担保物权编第 177 条中了。各类动产担保物权章、节中规定的动产担保物权的特别消灭原因，也只是第 177 条具体的或者延伸的表现形式，完全可以透过对 177 条的解释获得确认。

最后，就各类动产担保物权的效力与顺序来说，《物权法》担保物权编

① 意定动产担保物权制度的可叠加性已经表现于物权法担保物权编第十五章即“一般规定”中，只是我国选择的立法路径是在分类基础上的部分制度的有限抽象叠加。叠加程度之极致，就是一元的动产担保物权立法模式的选择。

② 从更高抽象层次的角度观察，物权法第 2 条第 3 款规定了物权的定义，而担保物权的定义以及动产担保物权的定义只不过是该物权定义的具体化。

关于动产担保物权效力的规范重复数量多、重复程度高，可被叠加者数量亦多、程度亦高。《物权法》担保物权编关于动产担保物权之优先受偿次序的规范，则主要不是因重复而可被叠加的问题，而是因分散而可以被集中的问题，即基于不同的或相同的公示方式以及法律政策，形成统一的优先受偿次序规则。当这些实然法上被重复的法律条文被叠加之后，一元的动产担保物权体系即得以形成。

二、我国意定动产担保物权法的体系结构缺陷

与动产担保物权法的一元体系结构对比，可以探知我国意定动产担保物权法因多元的体系结构特质所导致的结构性缺陷。

（一）我国意定动产担保物权法的结构性缺失

我国意定动产担保物权既然被区分为动产抵押权、动产质权、权利质权，则各类型动产担保物权之间的优先受偿顺序规则，以及作为优先受偿顺序规则之基础的公示制度尤其是登记公示制度，是动产担保物权法的基础性、核心性制度，其重要性不言而喻。但由于我国动产担保物权采取了多元的立法模式，致使“统一优先受偿顺序规则”和“统一登记公示制度”等，因立法者过度关注各类动产担保物权的个性制度安排而被忽视或遗漏。这两项“统一”制度在我国立法中的缺失，致使我国动产担保领域的安全和效率大打折扣。①

1. “统一登记公示制度”的结构性缺失

我国《物权法》担保物权编不是没有动产担保物权的登记制度，而是没有统一的动产担保物权登记制度。鉴于物权本身的对世效力以及对交易安全的追求，一国的物权登记制度包括动产担保物权登记制度应当统一。此所谓“统一”，一般的理解为由一个登记机构统一负责有关登记事务，并在登记范

---

① 动产担保交易制度的改革趋势是：单一的动产担保物权概念，集中的登记公示系统，明确的优先权规则，简便的动产担保物实现。这些一元化改革方向，在国际上已被公认为尤其适用于那些寻求改革其动产担保法律体制的新兴和转型中的金融市场。参见中国人民银行研究局主编：《中国动产担保物权与信贷市场发展》，中信出版社 2006 年版，第 204 页。

围、登记规则和登记程序等方面实现统一。① 我国物权法在促进和规制统一不动产物权登记制度方面迈出了坚实的一步。该法第10条规定："国家对不动产实行统一登记制度。统一登记的范围、登记机构和登记办法，由法律、行政法规规定。"依此，2013年3月29日《国务院办公厅关于实施〈国务院机构改革和职能转变方案〉任务分工的通知》要求出台并实施不动产统一登记制度。

与不动产统一登记制度相比，同样重要和必要的动产担保物权统一登记制度，却没有得到物权法的同等关注。其一，该法没有设专条确认和强调建立统一的动产担保物权登记制度；其二，该法对各类动产担保物权的个别登记再予确认，以此沿袭并强化了动产担保物权的个别登记制度。如《物权法》第189条规定：企业、个体工商户、农业生产经营者以现有的以及将有的生产设备、原材料、半成品、产品抵押的，向抵押人住所地的工商行政管理部门办理登记；《担保法》第42条第4项规定：交通运输工具上的抵押权要向交通运输工具管理部门进行登记；《物权法》第224条、第226条、第227条、第228条分别规定了相关权利质权的登记，质权登记部门因质押权利的不同而不同，主要有"有关部门""工商行政管理部门""主管部门""信贷征信机构"等；对于"法律、行政法规未禁止抵押的其他财产"上的抵押权，到哪里去登记则为空白。据统计，《物权法》颁布前，我国动产上担保物权的登记部门多达17个。②《物权法》颁布后，动产担保物权登记部门似乎也没有减少。质言之，我国《物权法》没有规定动产担保物权的统一登记公示制度，形成了结构性制度缺陷。应该说，造成这一结构性制度缺失的原因有多个方面，但对动产担保物权进行分类，造成立法者过分关注个性制度安排，忽视整体性、全局性制度设计，应是导致这一结构性缺失的主要原因。

2. "统一优先受偿次序规则"的结构性缺失

同样缘于多元动产担保物权的结构性缺陷，我国《物权法》担保物权编也没有形成统一的动产担保物权优先受偿次序规则。当然，这不是说我国

① 参见王利明：《民法》，中国人民大学出版社2010年版，第168页。

② 中国人民银行研究局主编：《中国动产担保物权与信贷市场发展》，中信出版社2006年版，第49页。

《物权法》没有事关动产担保物权优先受偿次序的规则，而是说这些规则被散落在各章、节之中而难成一体，以至形成一种“遇事说事、各说各事、遗漏大事、难成一事”的动产担保物权优先受偿次序规则格局。

首先，所谓“遇事说事”，即在《物权法》第十六章“一般抵押权”一节，第199条规定了同一财产上两个以上抵押权之间的优先受偿顺序。这是同一财产上数个抵押权之间优先受偿顺序的基本规则。① 除此之外，该法第189条第2款规定了浮动抵押权“不得对抗正常经营活动中已支付合理价款并取得抵押财产的买受人”，第190条规定了财产“先租后抵”以及“先抵后租”中抵押权与租赁权的优先次序关系，第191条规定了抵押权与抵押物受让人的所有权之间的优先次序，② 第194条规定了协议变更的抵押权与其他抵押权之间的优先次序等。

其次，所谓“各说各事”，即除了“一般抵押权”一节事关抵押权顺序的规则以外，《物权法》又在“动产质权”一节第217条规定，“质权人在质权存续期间，未经出质人同意转质，造成质押财产毁损、灭失的，应当向出质人承担赔偿责任”。通常认为，这是一条关于“责任转质”的规定，但与此同时，该条也以隐晦的方式间接地表达了对转质制度的承认，并引出了转质情况下前后两个质权之间的优先受偿次序问题。再进一步的解释应当是，在转质的情况下，质权不得对抗转质权。③ 《物权法》还在“权利质权”一节第229条规定，“权利质权除适用本节规定外，适用本章第一节动产质权

---

① 该条来自我国《担保法》第54条。与《担保法》第54条规定不同的是，《物权法》第199条规定“抵押权已登记的先于未登记的受偿”，以及“抵押权未登记的，按照债权比例清偿”。这样规定是否合理，值得探讨。我国《物权法》关于动产抵押权，采行登记对抗主义，在登记对抗主义法制下，就有“已经登记”的抵押权和“未经登记”的抵押权之分。学界一般认为，“未经登记”的抵押权也是抵押权，也具有抵押权的一般效力，可以对抗“恶意”第三人。参见董学立：《如何理解〈物权法〉第199条》，载《政法论丛》2009年第2期，第101页。

② 该条规定：“未经抵押权人同意，不得转让抵押财产”，此所谓“不得”，究是指转让行为无效还是指受让人的所有权不能对抗抵押权，各国民事立法和法学理论多有不同和争论。笔者认为，此所谓“不得”，在我国应解释为转让行为有效且受让人获得抵押物之所有权，但该所有权不得对抗转让前已经存在的抵押权。由此，笔者认为该条所规范的法律关系的实质，是抵押权与所有权之间的优先次序关系。

③ 这一解释是基于转质是依据当事人特别是质权人的意思自治完成的权利变动，质权人既然同意转质，其质权就须受到转质权的压制，除非当事人有相反的约定。

的规定”。该准用性规范的适用使得“权利质权”转质在制度空间上亦存在可能。

再次，所谓“遗漏大事”，即《物权法》第 189 条第 2 款规定了售出的浮动抵押财产上的浮动抵押权与“正常经营活动中”买受人的所有权之间的优先次序，“正常经营活动中”买受人的所有权优先；但该法却没有对购进的财产在购进前负担的担保物权与购进后自动生成的浮动抵押权之间的优先受偿次序作出规定，造成了对“购买价金超级优先受偿权”的法律漏洞。① 再者，我国《物权法》也没有对同一财产的不同法律表现形式上分别设定的相竞担保物权之间的优先受偿次序作出规定，如对“库存”上设定的抵押权与对库存做成的“仓单”上设定的权利质权之间的优先受偿次序等，就没有专文规定，由此也形成了法律漏洞。更深层次的问题是，我国《物权法》对于担保物权优先受偿次序密切相关的动产担保物的种类的认知处于浅表层面，完全没有把担保物在商业社会中沾染上的商业气息计算进去，如对作为浮动担保物的“设备”的认知，就是一个彻头彻尾的错误：在商业领域，“设备”不是专事用于销售的物品，而是用于生产的设施，所以，该“设备”上的浮动抵押权不适用于“正常经营活动”这一法律术语圈定的调整范围。②

最后，所谓“难成一事”，即动产担保物权间优先受偿顺序规则的零散、漏洞和错误等，直接导致了统一动产担保物权优先次序规则无法形成。统一动产担保物权优先受偿次序规则的缺失，将直接影响我国动产担保领域的效率和安全。

（二）我国意定动产担保物权法因结构性重复而导致的不一致甚或矛盾

分类使本可为一体的动产担保物权法制分立，因而每一种分立而存在

---

① 有关该问题的详尽论述，参见董学立：《浮动抵押的财产变动及其效力限制》，载《法学研究》2010 年第 1 期。

② 所谓“正常经营活动”，我国物权法颁布后的法律解释性著述对其解释均不甚准确。依据美国等相关立法的规定，“正常经营活动”是指专以某类财产的营销为业的商事行为。

的意定动产担保物权又须对其定义、担保物、担保物权的设立、公示、效力、顺序、实现和消灭等作完整的法律规制。由此，同一问题在不同类意定动产担保物权法中存在制度重复。比如，对动产担保物权的设定，就有动产抵押权设定和动产质权设定之间的制度重复。凡此种种，重复累累。其结果是同一法律问题的结构性重复，以及在结构性重复基础上极易形成的制度之间的不一致甚或矛盾。鉴于权利质权可以准用动产质权的规定，此处主要以动产抵押权与动产质权之间的制度重复、不一致甚或矛盾等为例而详论。

1. 关于动产担保物及其范围

"动产质权"关于动产担保物及其范围的规制十分简明：《物权法》第208条规定，动产质权设定于"动产"之上；关于该"动产"的负面范围，第209条又规定，"法律、行政法规禁止转让的动产不得出质"。与此形成对照的是，物权法对动产抵押权的担保物及其范围的规定要复杂得多：该法第180条第4、5、6项将可以抵押的动产进行了分类式列举规定，第7项以开放式兜底条款规定"法律、行政法规未禁止抵押的其他财产"可以抵押；紧接着第181条又规定"现有的以及将有的生产设备、原材料、半成品、产品"可以抵押即所谓浮动抵押，继而第184条又以列举加兜底款项规定不得抵押的担保物的范围。上述正反两方面圈定的可抵押动产担保物，可以进行学理上的再分类：以抵押物"特定化"的时间为依据，可以将抵押物分为现有抵押物和未来抵押物；以抵押物"特定化"的空间为依据，可以将抵押物分为单一抵押物和集合抵押物。其中，"未来抵押物"包括该法规定的"正在建造中的船舶、航空器"以及"将有的生产设备、原材料、半成品、产品"，"集合抵押物"包括该法第180条第2款所规定的"抵押人可以将前款所列财产一并抵押"中所涉及的动产担保物部分。两相对比，动产质权的担保物只是可设抵押动产担保物中"现有"且"单一"的那一部分。形成两者差异的直接原因在于：从动产抵押权方面来看，对抵押权效率的偏好压倒了对担保物权客体特定性的法制内在逻辑要求——可在"未来物"和"集合物"上设定，甚至可在"未来"且"集合"的物即"浮动物"上设定。从动产质权方面来说，我国立法要求动产质权的设立以动产担保物之占有移转为生效要件，“占有移转”就需要质权担保物以“时间上的现实性”和“空间上的个别性”为条件，即所谓“特定物”。所以，动产质押物是对动产抵押权可抵押物的小量部分重复。如果不是多元的体系结构，立法只需在公示制度中反映两者的差异即可。

动产质权与动产抵押权之间关于担保物及其范围规定的重复、不一致甚或矛盾，还表现在对“不得”设定担保物权的担保物的规定上。《物权法》第 184 条第 6 项规定：“法律、行政法规规定不得抵押的其他财产”不得抵押；第 209 条规定：“法律、行政法规禁止转让的动产不得出质。”从规范用语的角度观察，两个条文的本意是相同的，属于规范重复。因此，两者完全可以规定于“一般规定”中。对于重复规范，如果使用相同的法律用语，就能最大限度地减少理解上的歧义。但这两个条文使用的法律用语却有不同，从逻辑角度分析，“不得抵押”属于直接的限制性规定，“禁止转让”属于间接的限制性规定——禁止转让者，当不能作为担保物，因为担保物权之实现，以对担保物的法律处分即变价为实现方式之一。如果不是采取多元的体系结构，就不会出现这些重复规范，也不会出现不一致。

2. 关于动产担保物权的设立与公示

动产抵押权与动产质权都属于意定动产担保物权，其设立贯彻了《物权法》第 15 条确立的物权变动的原因与效果相区分的所谓“区分原则”。该法第 185 条规定了抵押权合同及其一般条款，第 210 条规定了质权合同及其一般条款。从该两条的内容来看，其绝大部分是完全相同因而也是完全重复的。其不同仅限于以下两方面：一是抵押合同的“一般条款”之第 3 项特别要求写明抵押财产的“所在地、所有权归属或者使用权归属”，二是质权合同的“一般条款”之第 5 项特别要求写明“质押财产交付的时间”。内容的相同来自规制对象的属性相同——都是意定动产担保物权；内容的不同则是立法者注意到了两者的差异：抵押合同规制的标的不限于动产，还包括不动产，不动产之“所在地、所有权归属或者使用权归属”对于锁定不动产担保物、满足担保物权之“客体特定性”要求，具有不可或缺的意义；质权合同则涉及质押财产的交付，其交付时间对于明确合同双方的权利义务具有关键意义，因此合同中也需予以明确。

但也应该注意，不动产“所在地、所有权归属或者使用权归属”所涉及问题的实质，是担保物的“可识别性”问题。只要合同对担保物的描述使人们能够识别该担保物，其描述就是充分的。毕竟，担保物权对担保物的特定性要求要比所有权和用益物权对客体特定性的要求低得多。对此，美国《统一商法典》第九编第9－108条规定：“不论对动产或不动产的描述是否特别明确，如果其能够合理识别其所描述者，该描述就是充分的；如果担保物描述之识别是通过对担保物特别明晰的列表、种类、《统一商法典》所定义的担保物的类型、数量、计算和分配的规则和程序以及其他客观上能够识别担保物的方式进行，该描述就是合理地识别了担保物。”① 有鉴于此，《物权法》第185条第3项与第210条第3项均可概括为“担保财产在担保物权实行时，具有可识别性”的要求。再者，质权合同一般条款中包括“质押财产交付的时间”，而抵押合同的一般条款却没有包括“抵押财产登记的时间”，原因可能在于动产抵押权采登记对抗主义，存有“未经登记”的动产抵押权，抵押合同一般条款中就无须规定“抵押权登记的时间”。但是，一者来说，第185条的“一般条款”不仅适用于动产抵押，也适用于不动产抵押，而不动产抵押权之设定均采登记生效主义，所以其一般条款应包括“抵押财产登记的时间”。二者来说，即使动产抵押权采登记对抗主义，基于对交易安全的追求，抵押权人通常也是在动产抵押权设立后随即去办理抵押权登记，以达到对抗善意的交易第三人的目的，基于这一理解，其一般条款中也应包括“抵押权登记的时间”。②

从《物权法》的规定来看，动产抵押权采行公示（登记）对抗主义，动产质权采行公示（占有）生效主义。公示对抗主义法制下，公示仅是对抗要件而非生效要件；公示生效要件主义法制下，公示既是公示要件也是生效要件。对质押物的占有到底是作为动产质权的一种公示方式，还是动产质权的生效要件，还是二者兼具，从法制史以及比较法的角度而论，存在不同做

① 参见董立学：《美国动产担保交易制度研究》，法律出版社2007年版，第74页。

② 在登记生效主义立法体例下，未办理登记前，是没有什么抵押权被登记的。但如果行文为“抵押财产登记”，也是错误的。因为，财产本身是不需要登记的，所谓“财产”实为“财产权”。所以，这里的行文只是为了方便，请读者明辨。

法。但就逻辑分析来看，应将占有作为动产质权的公示方式，并以实现对交易安全价值的关怀为限，以此实现我国意定担保物权公示立法主义的一元化。我国《物权法》将动产抵押权规定为公示对抗，又将动产质权规定为公示生效，造成了强烈的错位反差，不利于法律的解释和适用。笔者认为，将二者统一规定为“公示对抗主义”为妥。

3. 关于动产担保物权的实现

该问题涉及物权法关于动产抵押权实现的第195条和关于动产质权实现的第219条。从两条规定的内容来看，其完全相同之处因而也是完全重复之处有：担保物权实现的条件，即“债务人不履行到期债务或者发生当事人约定的实现抵押权（质权）的情形”；担保物权的实现方式，即当事人应当首先以协商方式实现变价权和优先受偿权；担保物权的变价方式，即折价、拍卖、变卖；对担保物变价权的限制，即抵押财产（质押财产）折价或者变卖的，应当参照市场价格。

但两条规定在以下两个方面也存在差异甚至矛盾：一是关于担保物权的公力实现方式的不同。《物权法》第195条规定，“抵押权人与抵押人未就抵押权实现方式达成协议的，抵押权人可以请求人民法院拍卖、变卖抵押财产”，而第219条没有类似规定。当然，这一差异有其合理性——抵押物不在抵押权人手里，而质物在质权人手里，此差异就造成了需不需要人民法院介入的问题。但这个理由充分与否，以及这个做法是否遮蔽了抵押权作为物权的直接支配效力等，从比较法的视角观察，仍有追问余地。二是关于“协议损害其他债权人利益”的问题。《物权法》第195条规定，抵押权人与抵押人协议损害其他债权人利益的，其他债权人可以在知道或者应当知道撤销事由之日起一年内请求人民法院撤销该协议。但同样的内容在该法第219条没有出现，也没有在该条所处章节的其他地方出现，且物权法担保物权编在“动产质权”一节没有规定“动产质权准用抵押权的规定”。由此形成了立法对同样问题的不同处理，甚而可能导致法律解释和法律适用的矛盾。

4. 关于动产担保物权的消灭

《物权法》担保物权编在第十五章设有“一般规定”，对某些事关各种担保物权的全局性、统一性问题作了明确规定，其中就有关于担保物权消灭的一般规定。该法第 177 条规定，有下列情形之一的，担保物权消灭：（一）主债权消灭；（二）担保物权实现；（三）债权人放弃担保物权；（四）法律规定担保物权消灭的其他情形。基于此，该法除了第 240 条又规定了作为法定动产担保物权的留置权的特殊消灭原因外，在抵押权、动产质权和权利质权章、节中规定的动产担保物权的特别消灭原因，只是第 177 条具体的或者延伸的表现形式。这是法典式立法之抽象性、体系性、逻辑性的要求和表现，更是对动产担保物权可以进行一元化体系设计的有力佐证。但与担保物权消灭密切相关的另一问题需要在此提及，即担保物权与其所担保的债权的诉讼时效之间的关系问题。[①]《物权法》第 202 条规定："抵押权人应当在主债权诉讼时效期间行使抵押权；未行使的，人民法院不予保护。"同样的问题在质权章节并未有直接明文规定，也未有准用规范。那么，质权人未在主债权诉讼时效期间内行使权利的，其担保物权的效力又将如何?[②] 物权法在这一问题上的不一致或者说立法漏洞，给法律的解释和适用又制造了麻烦。

三、我国意定动产担保物权法缺陷的弥补

如何弥补、克服多元的动产担保物权立法的结构缺陷，是我们面临的现实问题。笔者认为，在我国现在已经制定有担保法、物权法的情况下，近期再在立法层面实施推倒重来的立法完善措施，并不现实。近期可行的行动方案，是参酌国外一元动产担保物权立法模式和立法理念，以司法解释补充和完善现有立法的不足，通过司法解释应对法律适用中存在的棘手问题。但是，我国现有多元的动产担保物权立法的不足是结构性的，司法

① 诉讼时效所限制者，是债权请求权而非物权支配权，尽管担保物权附随于其所担保的债权，但在债权请求权因时效制度的适用不受法律保护的时候，担保该债权的担保物权是否也受时效制度或者担保物权附随性的影响，学界有深入探讨。参见徐洁：《担保物权与时效的关联性研究》，载《法学研究》2012 年第 5 期。

② 有学者指出："若作肯定回答，将违反物权法定原则；若作否定解释，则发生'抵押权适用诉讼时效，而质权、留置权不适用诉讼时效'的解释结果，必将构成内部体系的违反。"参见王闯：《冲突与创新——以物权法与担保物权法及其解释的比较为中心而展开》，载梁慧星主编：《民商法论丛》第 40 卷，法律出版社 2008 年版，第 286 页。

解释只能解燃眉之急，问题解决的根本之道，应是借民法典编纂之机，参酌一元动产担保物权立法，结合我国实际情况，在未来民法典之内或者之外，制定一元化“动产担保交易法”，以替代现有多元的动产担保物权立法。①

（一）立足现实：以司法解释弥补我国现有动产担保物权立法的不足

1. 关于动产担保物的范围

前文已就动产抵押物对动产质押物的全覆盖引起的规范重复作了论述。在此仅就可抵押财产与可设质权财产范围的不一致甚或矛盾进行学理上的解释。《物权法》第180条第7项规定“法律、行政法规未禁止抵押的其他财产”可以抵押，对其中的“其他财产”的不同理解，势必引起意定动产担保物权法律的体系效应。在笔者看来，这一规定极大地扩展了可抵押财产的范围，可称为动产抵押权的“泛化”现象。② 对动产抵押权的“泛化”现象，仅仅从民事活动应秉承“法不禁止即自由”这一侧面着手，是远远不够的。在文义解释之外，需加诸体系解释。一种可接受的体系解释是，“其他财产可以抵押”的规定足以引起动产抵押权与权利质权之间的紧张关系，以至于最终使得权利质权的单独章节存在没有必要——使多元的动产担保物权法制通过制度叠加向着一元化模式迈进。

“权利”之得以作为物权的客体，按照《物权法》第223条第7项的规定，须有法律、行政法规之明确规定。物权法并没有在抵押权一章明定“权利”得为抵押权的客体，所以，依狭义解释物权法定原则，“权利”当不能作为抵押权的客体。但与此同时，在大陆法系民事法律体系中，“财产”这

① 立法界、法学理论界对我国是否需要在现有的立法基础上编纂民法典有重大分歧。从立法体例的选择来看，一元化动产担保物权立法与编纂民法典没有直接关系，一元化动产担保物权立法可以在民法典之内设专编、章予以规定，也可以在民法典之外以特别立法调整，但民法典的编纂可以为一元化动产担保物权立法提供契机。

② 有关抵押权“泛化”、质权“矮化”以及留置权“显化”的论述，参见董学立：《形在而神移：论物权法担保物权编的新发展》，载《法令月刊》2007年第1期。

一概念确实包括无形的“权利”在内，即使一般债权，也当属“财产”之列。[①] 所以，依据极力扩大抵押权担保物范围的立法趣旨，依广义解释，无形之权利亦应包括在“财产”概念之内，其当可作为抵押权的客体。权利如果可以作为抵押权的客体，依据体系一致原则，权利上的抵押权应采取公示对抗主义。但是，如果类推适用权利质权的规定，则权利上的担保物权宜采公示生效主义——依照物权法的规定，权利质权采公示生效主义立法体例。这样，在同一权利上设定的动产担保物权则因其名为抵押权或者质权之不同，所采取的公示立法主义将会截然而异。这一区别除了引起法律适用上的内部矛盾外，别无其他意义。将权利质权整体性地并入抵押权一章，并将动产包括权利之上设定的抵押权明定为公示对抗主义，是解决上述矛盾的有效办法。[②]

2. 关于动产担保物权的公示

我国《物权法》关于动产担保物权的公示制度采行了二元主义立法模式：动产抵押权采行公示对抗主义，动产质权和权利质权采行公示生效主义，由此形成了两者之间的不一致。

学界一般认为，物权公示原则要求物权之得丧变更，须以一定方法为公示，始具有对抗第三人的效力，质权以占有质押物为公示方式，此其一；其二，质权的标的物为动产或者财产权利，流动性较大，权利变动频繁，与不动产相比，不具有区别于其他财产的显著特征，若出质人不将质押财产交付于质权人占有而成立质权，质权人对标的物的支配将无法实现；其三，质权的设立无须登记公示，对出质人利用、处分和收益质押财产的权利不能不加

---

① 《物权法》颁布后，一些中小企业在生产经营过程中，以《物权法》和《担保法》未予明确规定的可以担保的财产和权益，作为清偿特定债权的担保。比如江浙地区部分商业银行开展的商铺租赁权质押、出租车经营权质押、银行理财产品质押、排污权质押等。但由于我国《物权法》、《担保法》对这些新类型担保方式的效力、公示方式和权利实现的方式等问题没有明确规定，在司法实践中面临着不少法律适用上的困难。为此，最高人民法院曾经邀请一些法学专家、学者会商，探讨这些问题的解决之道。从有关文献资料来看，法学理论界与司法实务界都没有给出笔者认为适当的解决方案。笔者认为，将这些所谓新型担保物解释为“财产”，将这些新类型担保物上的担保物权解释为“权利抵押权”，问题就迎刃而解了。

② 有关这方面的论述，参见羊焕发：《质权若干问题研究》，载王利明主编：《物权法专题研究》下，吉林人民出版社 2002 年版，第 1303 页；许德风：《对〈物权法〉（草案）第 17 章的评论》（上、下），载《中外法学》2006 年第 1 期。

以限制，唯有向质权人交付质押财产，才能确保质权人之权利，并防止损害第三人的利益。① 上述三项理由可以概括为质押物占有的三项效力：对第三人的对抗之力、对质押物的支配之力和对质押人的限制之力。但是，支持动产质权采公示生效主义的这三项理由均不成立。

首先，关于“对第三人的对抗力”，这项理由犯了逻辑错误——将动产质权的公示方式等同于公示生效主义。如同抵押权的公示方式是登记，而其公示立法主义是登记公示对抗主义一样，动产质权的占有公示方式不能等同于占有公示生效主义，质权需要公示与采行哪一种公示立法主义是两码事。公示生效主义产生的是生成力并在此基础上的对抗力；公示对抗主义仅产生对抗力，不产生生成力。申言之，作为物权的动产质权当然也需要公示，且其经公示后也能产生对抗第三人的效力，但却不能凭此认为质权必须要公示且必须采行公示生效主义。

其次，关于“对质押物的支配力”，这项理由犯了理论错误——担保物权的支配力通常不是现实支配力。担保物权的支配力与所有权和用益物权的支配力不同，所有权、用益物权的支配力是现实支配力，而担保物权如动产质权的支配力是附条件的非现实支配力。正因如此，抵押权人在抵押权成立时并不享有现实支配力，仅在条件具备时即抵押权设立后出现“债务人不履行到期债务或者发生当事人约定的实现抵押权的情形”时，才得以现实地享有并行使支配力。动产质权也是如此，生效要件基础上的质押物占有充其量是一种事实上的控制管领力，而非是基于担保物权的支配力。因为，担保物权包括动产质权的支配力限制在条件成就时担保物权人实现担保物权的方式——无须请求担保人而可径行就担保物进行折价、变价、拍卖而优先受偿。所以，不占有质押物并不影响质权人的支配力。

再次，关于“对质押人的限制力”，这项理由忽视了法律运行的基本事实——未经占有公示的动产质权并非没有限制力。一是未经占有公示的动产质权对质押人的担保物处分权有限制力。尽管学界对担保人是否有处分担保物的权利存在争议，但担保人处分担保物损害担保物权人利益的行

① 参见朱岩、高圣平、陈鑫：《中国物权法评注》，北京大学出版社2007年版，第699页。

为肯定是受到法律限制的，理由就在于，意定产生的动产担保物权在设立当事人之间依约而具有物权拘束力。二是未经占有公示的动产质权对第三人也有拘束力，但这种拘束力仅限于第三人主观上具有可责难性的时候，即第三人明知或者可得而知动产质权的存在，其反面就是常说的“未经公示的物权（包含担保物权）不能对抗善意的交易第三人”。公示生效主义除了使得法律运行变得生硬之外，别无其他优点。况且，物权法定主义也是为保护以第三人为代表的社会利益而设计的制度。不涉及第三人利益的相对人内部（质押人与质权人之间）的约定是有效的，质权人可以有条件地享有和行使支配权。

总之，将动产质权和权利质权的公示立法主义设计为公示对抗主义，以实现动产担保物权公示立法主义的一元化，是完全可行的，也是体系的应然要求。在这种立法理念之下，如果现有立法条件下动产质权尚未办理占有移转，或者权利质权尚未完成登记、交付等，在司法解释上应予以缓和理解，赋予质权人以物权保护，质权人可以有条件地支配担保物以实现担保权，也可以对抗恶意第三人。

3. 关于动产担保物权的实现

如前所述，动产抵押权与动产质权实现规则的不一致或者矛盾有两处：一是是否有法院应请求参与担保物权的实现；二是是否限制当事人之间关于担保物权实现的约定对他人可能造成的损害。

针对前者，一方面，《物权法》第 195 条第 2 款修正《担保法》第 53 条规定的“协议不成的，抵押权人可以向人民法院提起诉讼”的规定，改为“请求人民法院拍卖、变卖抵押财产”，值得肯定。另一方面，物权法在这一点上仍然没有直接反映抵押权实现上的直接支配属性。尽管动产抵押权人不占有抵押物，但在当事人就抵押权的实现协商不成的情况下，其仍然有一个径行行使抵押权的支配权能。当然，在规定了抵押权人可以行使支配权的同时，法律也需要注意到动产抵押物未经移转占有而可能导致的社会现实问题——支配权的行使常常会导致利害关系人之间的冲突。法律对这种冲突不能不作出反应。接下来的问题是，法律应对利害关系人之间何等程度的冲突作出反应？笔者认为，只有当抵押权人支配权的行使导致利害关系人之间发生冲突且这种冲突的性质足以达致“违反和平”的程度时，法律才可以要求抵押权人停止其支配权的行使，转而“请求人民法院拍卖、变卖抵押财产”。但我国立法没有参酌国外立法规定“违反和平”之前提条件，其规定的“抵押权人与抵押人未就抵押权实现方式达成协议的”条件，有碍抵押权支配权能的有效发挥。可供对照的是，美国《统一商法典》规定，在不“违反和平”的前提条件下，担保物权人可以直接支配担保物权并对其进行拍卖和变卖。① 这样规定是符合担保物权的支配属性的。既如此，人民法院在司法实践中就需要放宽对抵押权人径行行使支配权实现抵押权的限制——只要抵押权人行使支配权的行为在当事人之间不至于引发冲突并致“违反和平”，抵押权人就可以行使支配权，径行对抵押物进行变卖、拍卖并受偿。②

针对后者，立法者或许认为，质权人占有质押物，故而不可能形成如重复抵押那样的多个债权人之间的利益竞争。但是，即使动产质权不容易出现质权人与质权人之间的利益竞争，也可能出现抵押权人与质权人之间的利益竞争，以及在同一财产的不同法律形式（如作为动产的库存和以库存为基础而形成的仓单）上设立的担保物权之间的竞争。动产质权人与质押人之间关于质押物变价的协议，可能危及“其他债权人的利益”。对此漏洞，法院在审判实践中应参酌抵押权一章中的相关规定予以补充。

4. 关于动产担保物权的消灭

前文提及了与动产担保物权的消灭密切相关的抵押权与其所担保的债权的诉讼时效的关系问题。对此，《物权法》第 202 条作出了明文规定。但类似问题在动产质权和权利质权两节中都无相关明文。那么，到底是动产质权和权利质权本身的属性与此不相干，还是立法有漏洞？笔者认为，

---

① 根据美国《统一商法典》的规定，美国人法律生活中有“受法律保护的小偷”之说：担保物权人可以从担保人那里偷来担保物并予以变价受偿，只要这种行为没有“违反和平”且“偷”之后马上将“偷”的行为报告给警察局。法律允许担保物权人自力救济，只要担保物权人的自力救济方式没有“违反和平”，其就可以尽可能地使用自力救济方式实现其担保物权。参见董学立：《美国动产担保交易制度研究》，法律出版社 2007 年版，第 177 页。

② 如抵押人只是以言语反对抵押权人的支配权行使主张，但没有以行动阻止抵押权人支配权的行使，在笔者看来就不能算是“违反和平”。

动产质权和权利质权的实现也有与其所担保的债权的关系问题，即若动产质权或者权利质权在其所担保的主债权诉讼时效期间未行使，人民法院是否还予以保护？

《物权法》对此没有明文规定，形成了法律漏洞，司法解释应予以法律漏洞补充，司法实践中遇到相关问题，应作与抵押权与诉讼时效关系的一体处理。未来立法可对其作一元化立法处理，将该条文置于动产担保物权一般消灭原因即现有立法之第 177 条之后，规定："动产担保物权人应当在主债权诉讼时效期间行使权利；未行使的，人民法院不予保护。"①

（二）着眼未来：实现我国动产担保物权立法的一元化

1. 当今世界动产担保物权立法模式的一元化趋势

1952 年，美国《统一商法典》出台，该法第九编即"动产担保交易法"摒弃了原来以交易形式对动产担保进行概念化区分的做法，转而以担保物类别为基础，以动产担保物权优先受偿次序规则为核心，对动产担保进行功能化一元化设计，开启了动产担保物权一元化立法之先河。加拿大率先仿效美国，其 11 个普通法域的省和地区中有 8 个通过了动产担保法，并先后建立起了统一的动产担保物权登记系统。特别是身属大陆法域的加拿大魁北克省，于 1994 年颁布魁北克民法典，其第六卷（优先权与担保物权）较好地吸收了美国《统一商法典》第九编的立法方法。我国台湾地区参照美国立法，于民法典之外专门制定了动产担保交易法，规定各种重要的动产均可以作为动产担保交易之标的物，以解原有立法应对社会需要之窘态。一些东欧国家在剧变之后纷纷进行动产担保制度变革，从立法上承认对动产的非占有性担保。近些年来，联合国及一些国际组织也陆续制定动产担保交易示范法或指南，如 1994 年《欧洲开发银行动产担保交易法示范法》、2002 年《美洲国家间动产担保融资和跨境信贷示范法》、《美洲国家组织动产担保交易示范法》、2002 年《亚洲开发银行动产担保机构指南》以及 2005 年开始讨论的《联合

① 这一结论是以现有立法为基础得出的。从比较法的角度来看，其他国家一元化动产担保物权立法都没有关于担保物权与所担保债权诉讼时效关系的规定。当然，担保物权与所担保债权诉讼时效的关系问题不在本文的深入探讨之列。

国国际贸易法委员会动产担保交易立法指南草案》。[①] 法国于2006年修改其民法典，新增第四卷"担保"，分"人的担保"和"物的担保"两编，重构了法国法上的担保制度，其中"物的担保"编按照"动产担保"和"不动产担保"进行体系划分，不仅构建了注重逻辑、层次分明的结构，还引入了"不移转占有的质权""可更新抵押"等新制度。[②]

我国《物权法》沿用了传统的多元动产担保物权立法体系。在物权法起草期间，以美国《统一商法典》第九编即"动产担保交易法"为蓝本的一元动产担保物权立法模式开始介绍到我国大陆。[③] 相关研究虽然没有扭转我国物权法律制度体系设计的历史惯性，但一些先进的制度如浮动抵押制度及其相关制度如"买受人优先权制度"等被物权立法所移植。但遗憾的是，由于我国对一元动产担保物权立法的研究起步晚、水平低、影响小等，其研究成果没有得到立法机构和民法学界的足够重视，其研究深度和广度也随着《物权法》的颁布而暂告一段落。

2. 我国未来动产担保物权体系模式的立法选择

一元动产担保物权制度具有比较法上的优越性，与多元动产担保物权立法模式相比，其优越性集中表现在这一立法模式无法绕开的两项基本制度建设：一是统一的动产担保物权登记公示制度，二是统一的动产担保物权优先受偿次序规则。所以，借我国民法典编纂之机，参酌国外先进立法，应将我国现有的多元动产担保物权制度的重复内容进行叠加，提升改造为一元化动产担保物权立法。这一模式的基本结构是：概念与调整对象、动产担保物分类、动产担保物权的设立、公示（登记、占有、控制）、效力、优先受偿次

---

① 参见中国人民银行研究局主编：《中国动产担保物权与信贷市场发展》，中信出版社2006年版，第1页。

② "不移转占有的质权"，其实质就是在动产上设定的以登记为公示方式的担保物权；"可更新抵押"，其实质就是浮动抵押。

③ 中国人民银行联合国际机构对中国动产担保物权一元化立法进行了重点课题研究。研究认为：改进中国动产担保融资的法律、登记制度和担保物权的实现方式，将动产担保更广泛地引入法律和信贷实践，对于解决中小企业融资难、保证担保权人在担保物权上的优先受偿顺位、提高银行和商业信贷的质量、降低融资过分依赖不动产抵押对经济生活产生的不良影响等，都具有重大意义。参见中国人民银行研究局主编：《中国动产担保物权与信贷市场发展》，中信出版社2006年版，第58页。

序、实现和消灭等。其中，建立统一的动产担保物权登记公示制度和统一的动产担保物权优先受偿次序规则，是实现我国动产担保物权一元化立法的重中之重。

（1）建立统一的动产担保物权登记公示制度

建立统一的不动产物权登记制度，是物权法因应理论界和实务界的长期呼吁而作出的明确规定，是立法的重大进步。与此对照，随着越来越多的动产包括权利被纳入可担保财产的范围，如何公示其上设立的动产担保物权，就成为一个问题。就非占有型动产担保物权而言，登记应属最佳之公示方式。[①] 建立统一的动产担保物权登记制度与建立统一的不动产登记制度一样重要：动产担保物权登记机关过于分散给当事人造成了极大不便，增加了交易成本，降低了交易效率，影响了公示效果。

动产担保物权登记制度需要在如下几个方面实现统一：[②] 一是统一法律依据，即适时制定一部动产担保物权登记法；二是统一登记机构，从国外的法制经验来看，动产担保物权登记机构应是一个处于政府控制之下、以先进的电子化登记为基础并有能力操控全国性登记事务的单独机构；三是统一登记效力，顺应动产担保物权公示对抗主义之国际潮流，确立动产担保物权的登记对抗主义；四是统一登记程序。

（2）建立统一的动产担保物权优先受偿次序规则

物权法不是没有动产担保物权的优先受偿次序规则，而是没能建立起统一的、明晰的、全面的动产担保物权优先次序规则。由此形成了分散、不清晰、不全面的动产担保物权优先受偿次序制度。

统一的动产担保物权优先受偿次序规则其一是要求形式上的统一，即设专章规定动产担保物权的优先受偿次序规则。这些规则通常是规定在动产担保物权的公示制度之后、实现制度之前，这也是一元化动产担保物权制度逻辑体系的自然展开。其二是内容上的全面，即尽可能对法律生活中可能出现的各种动产担保物权的竞争无遗漏地作出规制，其基本内容包括一项基本优

① 参见谢在全：《动产担保制度之最近发展》，载《跨世纪法学新思维》，台湾法学丛刊杂志社2006年版，第317页。

② 参见梁慧星主编：《中国〈物权法〉草案建议稿》，社会科学文献出版2000年版，第139页。

先受偿次序规则（时间在先、权利在先）以及一系列例外优先受偿次序规则（收益规则、超级优先权规则、买受人优先权规则、非合意担保物权优先规则等）。其三是规则的清晰和准确，即必须保证债权人和其他利害关系人在与债务人交易时，能非常确定地判断担保信贷的法律风险。只有统一、明晰且详尽地规定一整套动产担保物权优先受偿次序规则，才能最大限度地发挥优先受偿次序规则的应有功能。

四、结语

我国多元动产担保物权立法模式的结构性缺陷是不能透过司法解释得到根本解决的，唯有尽快制定一元化动产担保物权法，才是最理想的法制演进线路。一元化动产担保物权立法模式首先要求概念的一元化，即建立一套单一的意定动产担保物权概念体系，这些概念主要包括：担保物、担保人、债务人、担保权人、担保物权的设立、公示、效力、优先受偿次序、实现、消灭等。其次是制度的一元化，即建立统一的制度体系，主要包括：采行单一的公示对抗主义，建立统一的动产担保物权登记制度，建立统一且全面、清晰、明确的动产担保物权优先受偿规则等。再次是逻辑体系的一元化，即开宗明义地规定意定动产担保物权法的调整范围——依契约产生的动产担保物权，对担保物进行科学分类——一般物、集合物、浮动物、未来物、有形物、无形物等，以担保物的科学分类为基础，明确动产担保物权的公示方式——如登记公示、占有公示和控制公示等，对未经公示和已经公示的动产担保物权的效力予以明确，以及以公示制度为基础并参酌法律政策设计动产担保物权的优先受偿次序规则等。

由此，多元动产担保物权法的历史使命终结，一元化动产担保物权法的历史使命开启。

建立动产担保物权统一登记制度的担保物权法编纂意义*

摘要： 源于动产担保物权法律制度自我完善的内在要求，建立动产担保物权的统一登记制度，成为对动产担保物权法编纂的学界共识。建立动产担保物权统一登记制度的意义却远不止于此。对于一元化动产担保物权编纂思路倡导者而言，动产担保物权统一登记制度的建立，尚具有“明修栈道、暗度陈仓”的法体系效果——动产担保物权统一登记制度的建立，足以使得现有的“权利质权”制度难以再续立节成章地独立存在下去，其结局应是“权利质权”制度被抵押权制度吸收性消灭，动产担保物权立法模式一元化程度因此得以迈进；与此同时，动产担保物权统一登记制度的建立，还足以使非典型担保物权被司法认可，动产担保物权的类型自由得以实现，动产担保物权在内容法定且唯一的基础上，实现类型的自由约定。终此，一元化动产担保物权立法模式渠成。

关键词： 动产担保物权；统一登记；法体系效应

一、问题的提出

按照民法典编纂预定的步骤和时间表，在《民法总则》颁布之后，包括担保物权法在内的《民法分则》的编纂提上了日程，且整部《民法典》须在2020年前完成编纂工作。关于如何编纂民法典分则之担保物权法，学界有两种观点：一种是“自然演进式”的编纂思路，即按照“三个非不可”的编纂方针——对“非增加不可”的条款才可予以增加，对“非删除不可”的条款

* 本文原标题为《建立动产担保物权统一登记制度的担保物权法编纂意义》，载《法治研究》2018年第1期。

才可予以删除，对“非修改不可”的条款才可予以修改。[①] 如此，这一思路的实质就是在现有的担保物权法制体系内——抵押权、质权、留置权篇章结构体系保持不变的前提下，对在实践中发现的现有担保物权法制存在的模糊、冲突、漏洞、错误等问题予以补充、修改和完善。这一编纂思路的立论基础是，《民法分则》的编纂与《民法总则》的编纂显有不同：《民法总则》的编纂，虽有《民法通则》的前置存在影响，但《民法通则》不是《民法总则》。也就是说，《民法总则》的编纂是在一个没有先期的《民法总则》存在条件下的全新立法工作，编纂工作近乎没有先在框架的拘束；而《民法分则》的编纂，是在已有的《合同法》《物权法》《亲属法》《继承法》和《侵权责任法》等现有较为完备和先进的法制基础上进行的，受其限制，承其制约。也就是说，《民法分则》的编纂不是全新的立法工作，而是对前述已有立法的承继和完善。所以，包括担保物权法在内的《民法分则》的编纂，要以现有法制为基础，在现有法制基础上实施修补式的编纂工作。而且，2020 年前完成全部民法典编纂的工作目标，时间紧、任务重，要保质、保量、保期地完成包括担保物权法在内的民法分则的编纂工作，实属不易。若要大动包括担保物权法在内的民法分则各部分的筋骨，另起炉灶或者推倒重来，势必会掀起大争议、大讨论、大是非，既费时费力也未必讨好，最终也会延误民法分则的编纂进程。所以，《民法分则》之自然演进式编纂思路，是在《民法分则》各部分已有先期较为完善的立法限制的编纂，是有时间期限限制的编纂，最终也只能是一种保守稳健的编纂。

另一种观点是“理性建构式”的编纂思路，即参照国际先进的一元化动产担保物权立法模式，对我国现有的动产担保物权立法进行全面革新，借民法典分则的编纂实现我国动产担保物权法制的现代化。这一编纂思路的立论基础是，我国现有的动产担保物权法制，在其历史发展进程中，经过民法的法典化和物权的法定化，又因法典中缺少动产上不移转占有的动产担保物权法制资源的供给，促成了我国大陆得以在法典中通过对“动产抵押权”的机

---

① “三个非不可”的编纂方针，是 2016 年 7 月 6 日梁慧星教授在中国社会科学院召开的《民法分则》编纂研讨会上提出的。

械植入，改变担保物权法制自然演进中渐续成长起来的不动产担保物权即不动产抵押权与动产担保物权即动产质权和权利质权的两分有序结构，从而使得其中的动产担保物权法制出现了“竖切分块”和“横刨分层”的结构性弊端。动产担保物权法制的这一结构性弊端非经结构性革新是无法根除的。我国现有的担保物权法制若不能借此民法典分则编纂良机实现其动产担保物权法制的现代化，则民法分则编纂的历史价值和法制发展意义将大打折扣。但从学界凝聚的共识以及立法机构的方案优选来看，对现有的动产担保物权法制实施理性重构式编纂思路，接受度不高、可行性不强——理论界百余年来形成的担保物权法制德国模式思维惯性巨大、改辙不易；立法机构的价值取向也不全在编纂出包括动产担保物权法制在内的体系完美、制度先进的民法分则。至此，秉持理性重构式动产担保物权法编纂进路者尚未摇旗呐喊，却已息鼓收兵。①

但是，不论秉持上述动产担保物权法的何种编纂思路，民法学界对于我国现有动产担保物权法制缺失动产担保物权的统一登记制度，皆认为是一个重大的立法缺陷，因此主张借《民法分则》的编纂之机予以弥补。所以，建立动产担保物权的统一登记公示制度，是民法学界关于动产担保物权法编纂的基本共识。但如果对动产担保物权统一登记公示制度建立，认识上仅限于动产担保物权制度的内在逻辑需求，而不能认识到该制度建立的外溢法体系效应，就只是看到了问题的浅层次之表面，而没有认识到问题的深层次之内里。我们认为，动产担保物权统一登记公示制度的建立，不仅使得动产担保物权法制度本身的法制度效用大幅度提升——建立动产担保物权统一登记公示制度的法制度内在逻辑；而且，动产担保物权统一登记制度的建立，还有对自然演进式动产担保物权编纂思路的人士而言，难以想象到的法体系外溢效应，这主要包括两个方面：一是动产担保物权统一登记公示制度的建立，足以使现已成章立节独立存在的“权利质权”制度不再有独立存在下去的法体系基础；二是动产担保物权统一登记公示制度的建立，还足以使得如“融

---

① 立法实践表明，法律规范的制定，既具有必然性，也具有偶然性；既是群体行为，也有个人行为。我国法学家群体对国际上发达的一元化动产担保物权立法模式表现陌生、研究不足，是一元化动产担保物权立法模式难以被接受的主要原因。

资租赁”等所谓的非典型动产担保物权制度被司法实践承认——担保物权法定理论不攻自破，动产担保物权现有的分类变得狭隘而封闭。由此两方面的合力，就足以使得理性重构式动产担保物权编纂进路者所主张的一元化动产担保物权立法模式，在动产担保物权统一登记公示制度的建立中，于无声中水到渠成，于无争中铸成定局。一元化动产担保物权立法模式逐渐被人们所认知、接受和采纳。进一步而言，对于民法典之动产担保物权法的编纂是否采纳动产担保物权的一元化立法模式，从其本身来说，难证其明、难辨其理。但从动产担保物权统一登记制度的建立说起，却找到了明确的方向，得出了无疑的结论。这一结论对于动产担保物权一元化立法模式的主张者而言，确有一种“山重水复疑无路，柳暗花明又一村”的感觉。

二、动产担保物权统一登记制度建立的内在法制度逻辑需求——提升制度经济效益

2007年颁布的《物权法》第10条规定了“国家对不动产实行统一登记制度。统一登记的范围、登记机构和登记办法，由法律、行政法规规定”。随后，国务院于2014年发布《不动产登记暂行条例》。该条例的颁布，对于“整合不动产登记职责，规范登记行为，方便群众申请登记，保护权利人合法权益”等，起到了基础性、根本性作用。但《物权法》对于在理论和实践中同样重要也同样必要的动产担保物权统一登记公示制度，却没有充分认知到其建立的价值和意义，以至于该法继续沿用了《担保法》中确立的动产担保物权分散登记制度，并因此进一步强化分散登记制度的地位和效用。建立动产担保物权的登记制度尤其是动产担保物权的统一登记制度，是动产担保物权法制实现其立法目的的基础性制度。如果没有动产担保物权统一登记制度作为其制度基础，动产担保物权法的实施效果将难以奏效。我国现有担保物权法制关于动产担保物权登记公示机构的分散、不明确所显现的立法不足，就是一个极好的说明。①

① 中国人民银行研究局：《中国动产担保物权与信贷市场发展》，中信出版社2006年版，第93~116页。

动产担保物权，不论是动产抵押权、动产质权还是权利质权，其制度规范体系都有一个自然的内部逻辑外化展开，即各类动产担保物权的概念、各类动产担保物权之担保物范围、动产担保物权的设立合同、担保物权的设定、担保物权的公示、担保物权的效力、担保物权的优先受偿次序、担保物权的实现和担保物权的消灭九个方面，以前后顺序分别予以次第展开。这个顺序，首先是制度生与死的自然顺序。“生”的制度如动产担保物权的设立合同、动产担保物权的设立，“死”的制度如动产担保物权的实现和消灭制度等；在此“生”与“死”之间，是动产担保物权制度的“存”的制度，即动产担保物权的公示制度和效力制度。其次是核心制度与辅助制度顺序，动产担保物权法律制度的核心制度就是动产担保物权的优先受偿次序制度，其他各项制度皆是作为辅助制度围绕着核心制度而设计和展开的：如动产担保物权的公示制度就是以建立科学、有序、明晰的动产担保物权优先受偿次序为直接目的的，而动产担保物权合同、设立、效力、实现及消灭等制度，皆是以动产担保物权优先受偿次序制度为间接目的的。再次是作为前提制度之结果的核心制度，即动产担保物权合同是动产担保物权设立的前提，动产担保物权设立是动产担保物权之公示的前提，动产担保物权公示是动产担保物权优先受偿次序的前提。最后是作为结果制度之前提的核心制度，即作为动产担保物权制度核心的动产担保物权优先受偿次序规则，是动产担保物权实现和消灭的一个前提性制度。在此基础上，因着准用规范的适用，后续动产担保物权类型如动产质权和权利质权，可以略去其位前某一种动产担保物权类型如动产抵押权、动产质权的某一些制度，如权利质权就大部分略去了其位前的动产抵押权、动产质权制度中的动产担保物权设立合同、设立、效力、实现、消灭等规范。这些制度的省略，是基于法典法的逻辑性、体系性的内在要求，而不是所略去的制度不予适用。值得注意的是，不论是动产抵押权、动产质权还是权利质权，都有其公示制度的规定。且前述关于动产担保物权规范体系九个方面顺序关系的论述也表明，动产担保物权的登记公示制度，在其中居于承上启下、核心的地位。唯遗憾的是，我国动产担保物法律制度没有建立起统一的动产担保物权登记公示制度。从我国现有的动产担保物权法制来看，我国不是没有动产担保物权的登记公示制度，而是没有统一的动产担保物权登记公示制度。《物权法》因应时局，对不动产物权统一登记制度作出了概括性安排，但从法律制度自身逻辑的角度观察，同样重要也同样必要的动产担保物权统一登记公示制度，《物权法》却没有予以同等重视，且《物权法》对分散登记公示制度的再度确认，实质上是强化了动产担保物权的分散登记公示制度。

如同不动产物权统一登记制度建立的意义一样，动产担保物权统一登记公示制度的建立，对于动产担保物权制度有效实施，具有基础意义。一是从当事人的角度观察，便于完成公示手续。试想若没有统一的动产担保物权登记公示制度如我国现有立法，涉事当事人只能按照现有的法律，分别到不同的动产担保物权登记机构去办理登记公示手续，则登记手续重复烦琐、浪费精力财力；但若将分散登记规定为统一登记，则当事人只要到一个部门就可以办理过去须到十余个部门办理的手续。二是从交易第三人的角度观察，便于查询财产负担实现交易安全。物权登记公示制度包括不动产物权登记公示制度和动产担保物权登记公示制度的建立，目的只有一个，就是维护交易安全。交易第三人要知晓交易物上是否有动产担保物权等权利负担的存在，就需要到动产担保物权登记公示机构查询。动产担保物权的分散登记，使得此一查询工作如同登记工作一样，费用高且准确度低，因此，从交易安全的角度观察，建立动产担保物权统一登记制度十分必要。三是从动产担保物权制度本身来看，便于形成科学有效的动产担保物权法制。动产担保物权登记制度在动产担保物权法制体系的地位，已如前述。但如果继续分散登记的话，其效果就不可能达到统一登记所能建立的法秩序效果：担保物权法需要的是统一登记制度所能建立起的明晰、确定、透明的担保物权优先受偿次序规则，而这一规则的塑成，需要的就是统一的登记制度。

若本研究到此为止，其研究的学术价值就几近归零。因为这样的研究思路和研究结果，在经过了不动产统一登记制度建立的研究之后，已经成为学界之共识。对于一元化动产担保物权的鼓吹者而言，动产担保物权统一登记制度的建立，其产生的法律效果远不只限于动产担保物权法律制度自身完善的内在需求，更有甚者，其“明修栈道、暗度陈仓”的法体系外溢效果——“权利质权”章节因之而归入抵押权制度——为一元化动产担保物权立法模式的选择铺平道路；非典型担保物权如融资租赁、所有权保留、让与担保等，得以设立并产生同样的法效——因得以办理登记而足以产生担保物权的法效等，才是这一研究的目的、价值所在。

三、建立动产担保物权统一登记制度的外溢法体系效应——“权利质权”章节的消失

“权利质权”是在质权概念项下存在的次级担保物权概念，其最初出现在《中华民国民法典》之中。早在《大清民律草案》中，基于严格的不动产担保物权和动产担保物权的类型界分，权利质权是被立法内置于动产质权之内的，即质权之下不再区分动产质权和权利质权，只有动产质权一项制度。也许是因为有形动产上的质权与无形动产上的质权在担保物权公示方式等方面的差异，到了《中华民国民法典》时期，在担保物权体系结构设计上，权利质权从动产质权中析离出来而独立于动产质权。这一情形延续到《中华人民共和国担保法》和《中华人民共和国物权法》。所以，从《中华人民共和国物权法》担保物权编的规定来看，“权利质权”一节独立于“动产质权”一节而成章立节地存在，成为一种独立的动产担保物权类型。从位序来看，权利质权后续位于抵押权（包括不动产抵押权和动产抵押权）和动产质权之后，且有权利质权有准用动产质权的规定。所以，从法典法的逻辑性、体系性来看，“权利质权”一节的具体内容不需要有动产抵押权、动产质权制度一样的完善——后者的内容展开上基本按照定义、担保物、担保合同、担保物权设定、担保物权公示、担保物权效力、担保物权优先受偿次序、担保物权实现和担保物权消灭九个方面依次完整规列。而“权利质权”一节的内容就可以大大节略——只有担保物范围和登记公示机构等。原因就在于“权利质权”作为担保物权之一类，其与动产抵押权制度、动产质权制度等在“质”的方面没有什么本质不同，既然“动产质权”已有较为完善的制度在前，且“权利质权”有准用动产质权的明示规定，则“权利质权”仅限于规制“动产质权”无法规制的内容即可。①

① 无法规制的内容则限于权利质权标的物的范围和不同的权利质权登记的机构。

为证实上述逻辑推演结论，我们来实证研究“权利质权”一节的具体内容，发现“权利质权”一节的具体内容确实没有全面设置其定义、担保合同、担保物权效力、担保物权优先受偿次序、担保物权实现、担保物权消灭等可有的完备内容，其实际规制的内容限于两个方面：一是何种权利得以作为权利质权的标的（第223条规定了可以出质的权利范围）；二是可以作为权利质权标的上设定的担保物权去哪一个登记公示机构办理权利质权登记公示手续（第224条至第229条明示规定了各种权利质权的设立，因权利质权采公示生效主义，所以，其设立规范都是规定各种权利质权去哪一登记公示机构办理登记公示手续）。“权利质权”一节关于上述多个方面规范内容的省略，当然与权利质权身置不动产抵押权、动产质权之后，权利质权有准用动产质权规范的便利使然。① 但仅就“权利质权”一节涉及的上述两项内容而言，也不是非有设专门节章予以特别类型化规定的必要：在《物权法》第180条第7项规定了“法律、行政法规未禁止抵押的其他财产”可以抵押的情况之下，权利上负担的担保物权即现所谓“权利质权”完全可以归类于“一般抵押权”一节。因为“未禁止抵押的其他财产”在解释上当然可以包括各种可以设定权利质权的“权利”。由此，《物权法》第223条就被安排进了动产抵押权之中了。剩下的第224条至229条，之所以这些条款在现有立法中成节立章，与我国现有的担保物权法制实施动产担保物权分散登记制度有着前因后果之密切关系。不同的权利质权须由不同的权利质权登记公示机构办理登记公示手续，几乎每一种权利质权都有一个不同的权利质权登记公示机构，如第224条规定的“质权自有关部门办理出质登记时设立”，此“有关部门”究是哪个部门更是不甚明了；如第226条规定的“以基金份额、股权出质的，质权自证券登记结算机构办理出质登记时设立；以其他股权出质的，质权自工商行政管理部门办理出质登记时设立”；第227条规定的“以知识产权出质的，质权自有关部门办理出质登记时设立”；第228条规定的“以应收账款出质的，质权自信贷征信机构办理出质登记时设立”。综上，

---

① 其实，动产质权和权利质权更应该准用抵押权尤其是动产抵押权的规定。但我国担保法中没有这样的准用规范，形成了法律漏洞。参阅董学立：《我国担保物权法中“准用性规范”研究》，载刘士国主编：《遵循科学的自然法》，法律出版社2014年版，第11~19页。

这些可以负担权利质权上的登记公示机构，立法有的明确具体，有的模糊不清。其原因就在于我国没有建立起动产担保物权统一的登记公示机构。

不同权利上创设权利质权的不同登记公示机构，在立法技术上确有予以专门集中规制的必要，加之传统担保物权法制在担保物权分类上，将权利质权类归入动产担保物权，且将其分置于“动产质权”之后，所以就在担保物类型体系上形成了“权利质权”一节：内容限于哪些权利可以于其上设定权利质权，以及这些不同权利上创设的“权利质权”在哪一个权利质权登记公示机构办理登记公示手续。但抵押权概念的无限扩大，使得作为权利质权担保物的各项权利内置于“未禁止抵押的其他财产”范围之内。如果未来我国动产担保物权法制能够建立起统一的动产担保物权登记公示机构，则以动产担保物权分散登记为法制基础而构成的“权利质权”这一章节中的数个规范，即可集结表述为一个规范——各项权利上设定的权利质权，到一个专门设立的动产担保物权登记公示机构办理登记公示手续。由此，现有的数条法律规定构成的“权利质权”一节，就浓缩为一条法律规定。由一条法律规定构成权利担保物权的一个章节，且取名为“权利质权”法定成类，确乎与法典法的逻辑性、体系性不搭。① 既然作为担保物的各种可设担保权利已经涵盖在一般抵押权一节，则在建立了动产担保物权统一登记公示机构的法制基础上，因分散登记而得以数条法规规定另立门户的“权利质权”一节将完全失去独立存在的法规数量基础，只剩下一条关于各项权利质权均可在一个机构办理登记公示手续的规定，而这一条规定也是完全可以有机植入一般抵押权一节的抵押权统一登记公示制度中去。由此，动产担保物权统一登记公示制度的建立，足以使得现有的“权利质权”一节再无专章立节别类立身之地。“权利质权”一节在建立起动产担保物权统一登记公示机构后，不可避

① 撰写本论文之际，笔者收到了中国社会科学院法学研究所完成的《物权法》编纂建议稿。在此建议稿中，关于担保物权规定了统一登记制度（改草案第186条），但在权利质权一节中，又规定了分别登记制度，前后矛盾（改草案第232条至236条）；与此同时，本人也收到了中国法学会民法典分则编纂小组完成的担保物权法编纂草案，该草案同样规定了动产抵押权的统一登记制度（该草案第202条之三），但在权利质权部分，则又实施了分别登记制度（该草案第224条至第228条），显然草案起草者没有完全弄清楚抵押权在抵押物范围上对权利质权标的可吸收性，以及抵押权登记与权利质权登记的同质性。

免地遭致灭顶，这一结局是今日不接受甚而反对一元化动产担保物权立法模式的人士所不能想象的。尽管开始走路时大家有不同的道路主张和选择，但走着走着大家就会聚到了共同的目的地。这是因为担保物权法以及其他民事法的编纂都有一个归路——主观观念的不同只是问题的一个方面，事物本身发展的内在逻辑和规律，以及其不以人的意志为转移的本性不可小觑——权利质权被抵押权的吸收性消失，是抵押权概念外延扩大，以及与动产担保物权统一登记公示制度建立合力的结果。如果大家还有意愿继续往前迈进，在动产抵押权与动产质权两者之间仅有公示方式的不同以及因公示方式的不同而稍有其他些许非本质不同的情况下，本质没有不同的动产质权制度，也是可以通过扩大抵押权公示方式的途径，将动产质权制度有机地植入一般抵押权制度中来——唯有在上述担保物权立法九个方面的担保物权公示一项中，将担保物权的公示方式增数为登记公示方式和占有公示方式等基本公示方式。由此，一元化动产担保物权制度终成——这一结局与动产担保物权统一登记公示制度的建立息息相关。

四、建立动产担保物权统一登记制度的外溢法体系效应——担保物权类型自由约定

物权法定以及担保物权法定，是包括中国在内的大陆法系国家物权立法的理论基石。在这一理论的指导下，担保物权有典型担保物权和非典型担保物权之分。典型担保物权即法律确立的法定担保物权类型如我国《物权法》确立的抵押权、质权、留置权等担保物权类型；非典型担保物权即法律中没有予以规定但现实社会交易中自发产生并逐渐被广泛利用，且为学说和判例所承认的担保物权类型如融资租赁、让与担保、所有权保留和保理等非典型担保物权类型。在承认判例法的国家，一旦典型担保物权之外的担保物权形式得到了判例与学说的承认，就具有与典型担保物权同样的法律效力。但若相反，则典型担保物权之外的担保物权形式，不被承认为担保物权。如在我国，融资租赁、让与担保和所有权保留，就是不被司法实践承认的法定担保物权类型。

其实，担保物权法定的内涵应该限于担保物权内容的法定，而担保物权

种类的法定就是一个谬论：担保物权的种类是完全可以自由约定的。担保物权的这一特点，与所有权和用益物权有显著不同：所有权的法定，是严格的法定，容不得当事人对所有权的内容和种类有任何的自由约定；用益物权的法定，是内容和种类法定基础上得以缓和的法定，因为比较法上的事实是，不同国家的用益物权类型大都是不一样，甚至同一个国家不同时期的用益物权类型也是不一样。因为用益物权类型设置就是一个法律适应社会需求而不断创新的结果。担保物权与用益物权都有次级物权类型体系，但两者之间不同的是：我国《物权法》规定的建设用地使用权、宅基地使用权、土地承包经营权、地役权等，这些名称类别不同的用益物权类型，因为有着不同的内容，所以冠以不同的名称；反过来就是，不同的用益物权种类名称，指向内容不同的用益物权内容。即不同的用益物权内容决定了不同的用益物权名称。但这一原理却不能适用到担保物权类型体系中来。研究表明：不同的担保物权名称，不论是典型的担保物权名称还是非典型担保物权名称，其所指代的担保物权内容却皆无不同——担保物权，不论冠以什么样的次级名称，其内容都是“担保物权人在债务人不履行到期债务或者发生当事人约定的实现担保物权的情形，依法享有就担保财产权利的变价在担保债权数额限度内之优先受偿的权利”，此即《物权法》第170条关于担保物权的定义。但缘于对物权法定理论的机械和错误理解，民法学说理论和民事审判实践，都没有放大对《物权法》第170条的适用，而是狭隘地把第170条限制在《物权法》规定的抵押权、质权和留置权等法定担保物权类型上。以至于非法定的担保物权类型如融资租赁、让与担保和所有权保留等担保物权类型皆不被司法实践认可。①

当担保物权的不同名称指向的担保物权内容别无二致的时候，担保物权的名称是什么就变得不重要了。如让与担保，其本质就是抵押权。因为一般来说，抵押权人在债务人不履行到期债务或和发生当事人约定的实现抵押权的情形时，就是对抵押物的所有权的变价权，以及对担保物所有权之变价的

① 一个有趣的现象并没有引起学界的注意：笔者在检索材料中发现，凡有学者在其文章中谈论物权缓和尤其是物权自由的时候，其所列举的事例一定是用益物权和担保物权，因为只有用益物权才需要缓和，只有担保物权才得以种类自由。

在债权数额限度内的优先受偿权。而让与担保，其本质就是当事人约定的在债务人不履行债务或者发生当事人约定的情形时，债权人以受让担保物所有权人的地位，变卖受让物的所有权并就变价在债权数额限度内的优先受偿的权利。融资租赁，这一在法律制度安排中被置于合同法中的法律制度，其实质也是创设了一项担保物权，虽其名为融资租赁，其实质就是所有权保留，出租人保留了出租物的所有权，在承租人不履行支付租金义务的时候，出租人就租赁物保留的所有权处分变价并在未受清偿的债权数额限度内优先受偿的权利。而让与担保与所有权保留之间，就是对同一民事法律关系因观察角度的不同而得出的结果：从出售人的角度谓之所有权保留，从买受人的角度观察，就可以定义为让与担保。即使是法定的担保物权类型如动产抵押权与动产质权之间，其差异也仅限于公示方式的不同，其他方面也没有实质的不同。总之，因为在动产上没有如不动产上既有对不动产的所有权，也有对不动产的用益物权，故而对不动产的担保物权既有以不动产所有权为担保标的的不动产所有权之担保物权，也有对不动产用益物权为标的的不动产用益物权之担保物权。在动产上的担保物权，仅限于对动产之所有权的担保物权。所以，动产上的担保物权，就只限于对以动产所有权为标的的动产所有权之担保物权。故而，依据前述担保物权内容法定的理论——动产上的担保物权，就是对动产所有权在一定条件下的变价权以及对变价所得在未受清偿债权数额限度内的优先受偿的权利。至于对动产上的担保物权的名称是什么，即不论动产上的担保物权名称是动产抵押权、动产质权、动产融资租赁、动产让与担保、动产所有权保留等，其名称虽各异不一，但内容却别无二致。所以，动产上的担保物权内容法定，即对动产所有权之附条件的变价权以及对此变价在未清偿债权数额限度内优先受偿的权利；至于当事人以什么角度、什么法律关系模式观察和界定其法律关系，以及唤以什么样的种类名称代之，都是无关本质和紧要的事[①]——这些不同名称所代称的动产担保物权，在当事人之间，不会有任何差异——担保物权内容法定，种类自由。

---

① 美国《统一商法典》第九编第 9－202 条：所有权归属无关紧要。参见董学立：《论“担保物所有权之归属无关紧要”》，载《法治研究》2014 年第 1 期。

但是，担保物权作为物权之一种，有其权利属性上的对世性、排他性，其产生和存续如果没有登记公示制度的支撑，将对经济效益和交易安全带来隐患。即使有动产担保物权的公示制度，如今日中国《物权法》确立的动产担保物权的分散登记公示制度，对于一种法律没有明定的动产担保物权类型如融资租赁等，人们不能确定知晓这种非法定动产担保物权在哪一个动产担保物权登记机构办理登记才能产生满足交易安全的法律效力的话，则担保物权类型自由约定的法制目标也是无法实现的。只有建立起动产担保物权的统一登记制度，凡是当事人合意设立的担保债权实现的对担保物价值的有限优先受偿权，皆可以通过法定的动产担保物权统一登记机构办理登记公示手续，以产生对抗交易第三人的法律效力，并由此建立起明确、清晰、科学的动产担保物权优先受偿次序规则等。

上述关于担保物权类型自由的主张，已经被司法实践证明有效无疑，并实质性地影响到了动产担保物权法的编纂。这就是：2014 年 3 月 20 日，中国人民银行签署了《中国人民银行关于使用融资租赁登记公示系统进行融资租赁交易查询的通知》。该通知对使用融资租赁登记公示系统进行融资租赁交易查询作了规定：一是中国人民银行征信中心建立的融资租赁登记公示系统（http：//www. zhongdengwang. com），通过互联网为全国范围内的机构提供租赁物权利登记公示与查询服务；二是融资租赁公司等租赁物权利人开展融资租赁业务时，可以在融资租赁登记公示系统办理融资租赁登记，公示融资租赁物权利状况，避免因融资租赁物占有与所有权分离导致的租赁物权属冲突；三是银行等机构作为资金融出方在办理资产抵押、质押和受让等业务时，应当对抵押物、质物的权属和价值以及实现抵押权、质权的可行性进行严格审查，并登录融资租赁登记公示系统查询相关标的物的权属状况，以避免抵押物、质物为承租人不具有所有权的租赁物而影响金融债权的实现。更为有意义的是，在中国人民银行发布此文件之稍前，最高人民法院于 2014 年 2 月 24 日发布了《最高人民法院关于审理融资租赁合同纠纷案件适用法律问题的解释》。该解释第 9 条认为：承租人或者租赁物的实际使用人，未经出租人同意转让租赁物或者在租赁物上设立其他物权，第三人依据《物权法》第 106 条的规定取得租赁物的所有权或者其他物权，出租人主张第三人物权权利不成立的，人民法院不予支持，但有下列情形之一的除外：（一）出租人已在租赁物的显著位置作出标识，第三人在与承租人交易时知道或者应当知道该物为租赁物的；（二）出租人授权承租人将租赁物抵押给出租人并在登记机关依法办理抵押权登记的；（三）第三人与承租人交易时，未按照法律、行政法规、行业或者地区主管部门的规定在相应机构进行融资租赁交易查询的；（四）出租人有证据证明第三人知道或者应当知道交易标的物为租赁物的其他情形。由此中国人民银行的该项通知与最高人民法院的该项司法解释相结合，我们就可以得出一个结论——在司法实践中，凡是按照中国人民银行的该项通知办理完毕融资租赁登记公示手续的，出租人对租赁物的所有权享有对抗交易第三人依据正常交易所获得的对租赁物的任何权利。也就是说，未经公示的融资租赁，在合约当事人之间具有物权效力，出租人保留租赁物所有权以担保租金债权的实现；经公示的融资租赁，在出租人与其他交易第三人之间，产生出租人对租赁物的所有权得以对抗第三人的效力。而这一结果，恰是公示对抗主义法制之下，动产担保物权人的法律地位。

所以，借助于动产担保物权统一登记公示制度的建立，所有具有担保功能的法律关系约定，不管其被当事人代称为什么名称——是典型的动产担保物权还是非典型的动产担保物权，只要在统一登记系统完成登记公示，就具有了担保物权的法律效力。质言之，动产担保物权统一登记公示制度的建立，把理论上证成的担保物权内容法定、种类自由，在法律实践层面通过动产担保物权统一登记制度的支撑，就变成了法律生活的现实。而这一结果的后续联动效果就是：未来中国的动产担保物权法制，就不需要对动产担保物权进行分类了，只要当事人创设了担保债权实现的对担保物权利之变价的有限的优先受偿权，且得借助于动产担保物权统一登记公示制度的协力，就完全可以实现担保物权的对内效力和对外效力。其结果就是：动产担保物权一元化立法模式终得以渠成。

五、结束语

我们坚持主张动产担保物权法编纂的理性重构式一元化编纂进路，但这一进路的主张在学界应和者不多，势单力薄。如强要单刀赴会，现编纂背景下定溃败无疑；若能借势侧入，明修栈道、暗度陈仓，或许最终赢得天地。对于未来中国动产担保物权法的编纂进路，自然演进式编纂的保守势力暂占优势，理性重构式的革新主张暂处劣势。但不论何种主张，对于在民法典分则的编纂过程中建立动产担保物权统一登记制度，则属两派皆予认同。保守派不可能也不愿意认识到动产担保物权统一登记制度建立，所具有的外溢法体系效应；革新派则看到了动产担保物权统一登记制度的建立，对于一元化动产担保物权制度立法模式的基础意义——只要建立起了动产担保物权的统一登记公示制度，则现有的多元化动产担保物权就自然地朝着一元化立法模式迈进，非典型动产担保物权也可借助统一登记公示制度的建立而被司法所承认。由此以来，动产担保物权的一元化立法模式将是水到渠成之事。最终，我国现有多元化动产担保物权的结构弊端，将在一元化立法模式的基础上得以彻底解决。对此，我们充满理论自信和实践自信。

我国担保物权法中的“准用性规范”研究*

摘要：我国担保物权法中的“准用性规范”主要缘起于担保物权法制的多元化结构体系，反映了多元化担保物权法制下不同担保物权类型之间制度的相似性、一致性。在我国动产担保物权类型已发生显著变化的情状下，立法者并没有认识到这一变化并将“准用性规范”机制进行到底，形成了法律漏洞。“准用性规范”在担保物权法制中“线状式”存在，恰好反映了多元化动产担保物权体系的一元化可能。对此，我国立法界和司法界应保持清醒的认知，以便在法律适用和立法完善中作出适恰的反应。

关键词：动产担保法；准用性规范；多元化立法；一元化立法

传统法学理论认为，法律规范，按照一定标准，可以被分为确定性规范、委任性规范和准用性规范。确定性规范，是指内容已明确肯定，无须再援引或参照其他规范来确定其内容的法律规范；委任性规范，是指内容尚未确定，而只规定一些概况性的指示，由相应国家机关通过相应途径或程序加以确定的法律规范；而准用性规范，是指没有规定行为模式和法律后果，而只规定援引、比照某法律条文的法律规范。对准用性规范之是否为法律规范的争议在此暂且不予讨论，① 但就被视为准用性规范的我国担保物权法的相关条文来看，实值得研究。我国《物权法》担保物权编不论是在形式还是在内容上，都承继了我国《担保法》的立法模式和主要内容，而《担保法》的

* 本文原标题为《我国担保物权法中的“准用性规范”研究》，载刘士国主编：《遵循科学的自然法》，法律出版社2014年版，第11～19页。

① 当然，也有学者认为，所谓“准用性规范”，只是法律条文中的非规范性规定而非法律规范本身。“准用性规范”并不存在。参见李琦：《法律规范的分类研究》，载《厦门大学学报》1993年第4期。

内容和模式又都是承继了我国台湾地区“民法典”中的担保物权立法模式——将担保物权类分为抵押权、质权和留置权，且抵押权又进一步有一般抵押和最高额抵押之别，以及质权又有一般动产质权、最高额质权和权利质权之分。鉴于上述担保物权类型之间在立法次序上的先后排列，以及相互之间在权利属性上的相似性甚至一致性，我国担保物权立法文本中就有了最高额抵押权对一般抵押权的准用性规范，最高额质权对最高额抵押的准用性规范，以及权利质权对动产质权的准用性规范等。①

研究我国担保物权法制中的准用性规范，可以帮助我们认清我国担保物权法制的结构体系特点，探知现有担保物权立法中存在的不足，并以此为基础在立法层面做好法制完善工作，在司法层面做好法律解释工作。

一、我国担保物权法制中的准用性规范类型及本文的研究范围

综合我国大陆《担保法》以及《物权法》担保物权编中的准用性规范，按照其在立法文本中出现的先后为序，大致有如下一些类型：一是关于“反担保”的准用性规范，即《担保法》第 4 条第 2 款关于“反担保适用本法担保的规定”，以及《物权法》第 171 条第 2 款关于“反担保适用本法和其他法律的规定”；二是关于“法律适用”的准用性规范，即《物权法》第 178 条规定的“担保法与本法的规定不一致的，适用本法”；三是关于“最高额抵押”的准用性规范，即《担保法》第 62 条规定的“最高额抵押除适用本节规定外，适用本章其他规定”，以及《物权法》第 207 条规定的“最高额抵押权除适用本节规定外，适用本章第一节一般抵押权的规定”；四是关于“最高额质权”的准用性规范，即《物权法》第 222 条第 2 款规定的“最高

① 我国台湾地区“民法典”担保物权编原来少有准用性规范，但经修订后，改编大量启用了准用性规范，以解决改编中大量存在的担保物权类型之间法律规范的相似性和一致性问题，以节省立法成本。修订前，改编抵押权部分只有第 883 条一条准用性规范，修订后，改编抵押权部分增加了 862 – Ⅲ、886 – Ⅲ、875 –2、881 – Ⅳ、881 –10 – Ⅱ、881 –15 等准用性规范；在质权部分，修订前，改编质权部分只有第 895 条、第 901 条两条准用性规范，修订后，质权部分增加了 889 – Ⅳ、889 –1 – Ⅲ、909 – Ⅲ等准用性规范。准用性规范在台湾地区“民法典中的大量增加，一方面是因为担保物权类型的增加所致，如最高额抵押权在该“法”中的增加；另一方面是立法者切实注意到了不同类型担保物权之间的相似性以及一致性，故而加强了立法完善工作。

额质权除适用本节有关规定外，参照本法第十六章第二节最高额抵押权的规定”；五是关于“权利质权”的准用性规范，即《担保法》第81条规定的“权利质押除适用本节规定外，适用本章第一节的规定”，以及《物权法》第229条规定的“权利质权除适用本节规定外，适用本章第一节动产质权的规定”；六是关于“有限责任公司的股份出质”的准用性规范，即《担保法》第78条第3款规定的“以有限责任公司的股份出质的，适用公司法股份转让的有关规定”；七是关于“留置”的准用性规范，即《担保法》第84条第2款规定的“法律规定可以留置的其他合同，适用前款规定”。

担保物权法制的上述全部七类准用性规范，并非本文要一一细数研究的对象。如其中的“反担保”准用性规范，系因学理上将“反担保”作为一类不同于其他担保物权类型的新类型担保物权对待，而产生的法律准用问题。而其实质，所谓的“反担保”，仅是一个相对于原担保而言的另一个担保，而绝非是一类不同于其他担保物权的新类种担保物权。所以，在立法中将“反担保”作为新类种担保物权对待并规定其法律准用问题，实属多此一举。[①] 再如，其中的“法律适用”准用性规范，系因《物权法》中的担保物权编与《担保法》的关系是并行适用关系，尽管在体系以及内容方面两者基本一致，但总是有许多规定不一致、内容不一样的规范。依据法律适用之“新法优于旧法”的原则，在处理两法之间差异化的问题上，《物权法》作为新法需要对此作出明确的规定。但严格说来，此处之规定，不属于“准用性规范”，仅仅是新法优于旧法的法律适用问题。又如，其中的“有限责任公司的股份出质”的准用性规范，出现于《担保法》中的这一准用性规范，在《物权法》中并没有再现，其对“公司法股份转让的有关规定”的法律准用，是要解决有限责任公司股份转让涉及人合性问题。尽管其在《物权法》没有再现，但根据立法适用的规则，《担保法》中的这一规定现在仍有法律效力。还如，其中的“留置”准用性规范，这一出现在《担保法》中的规定，在

① 虽然反担保在民事交易实践中体现出了明显的实用价值，但是罗马法系、近现代大陆法系及英美法系各个国家立法中有关反担保的明文规定并不多见，只有少数几个国家如中国大陆、瑞士、埃塞俄比亚等极少数国家在立法上对反担保作出了明文规定。参见马海峰：《反担保制度研究》，山东大学2013年硕士学位论文。

《物权法》中也没有再现，原因就在于《物权法》中的留置权的适用范围的扩大。① 所以，对这一准用性规范也同样没有继续探讨的意义。

与上述几种情况的准用性规范不同，《担保法》以及《物权法》中上述准用性规范之外的其他几种准用性规范，如“最高额抵押”的准用性规范、“最高额质权”的准用性规范和“权利质权”的准用性规范等，却有着共同的产生原因——都是基于“被准用”和“得准用”规范对象的相似性或者一致性而被立法所设置；② 共同的准用范围——“被准用”的法律规范都是《担保法》或者《物权法》内部的法律规范，且在两部法律中大多皆有规定；③ 共同的准用性规范研究，并非对其中所有的准用性规范进行研究，而是仅研究其中的一类准用性规范的研究——担保物权类型性准用性规范研究。

二、我国担保物权法制中准用性规范的立法缺陷

接下来，我们仅就我国担保物法制中的准用性规范之一类——“担保物权类型性准用性规范”作为本文的研究对象，先予以阐明其立法不足，以为最终提出立法完善建议做好准备。

我国《担保法》以及《物权法》中的担保物权类型性准用性规范，缘起于我国《担保物权法》采取的多元化立法模式，且《物权法》在立法模式上对《担保法》几无变化——仍以抵押权、质权和留置权为基本担保物权类型而构架整个担保物权法律体系。在此基础上，我国上述担保物权立法又进一步把抵押权分为一般抵押权和最高额抵押权，质权又分为动产质权和权利质

① 《担保法》规定可以实施留置的范围限于“因保管合同、运输合同、加工承揽合同发生的债权”。《物权法》规定可以实施留置的范围扩展到“已经合法占有的债务人的动产”，且企业之间留置的动产与债权之间的关系不限于“与债权属于同一法律关系”。由此，我国留置权的适用范围的扩展有失过宽，形成了笔者认定的留置权的“显化”现象。参见董学立：《论我国留置权的适用范围》，载《山东大学学报》2003 年第 4 期。

② 即一般抵押权与最高额抵押之间的相似性或者一致性，最高额抵押权与最高额质权之间的相似性或者一致性，动产质权与权利质权之间的相似性或者一致性等。由此，可以得出一个结论：不同担保物权之间的相似性或者一致性，是立法设置准用性规范的法律基础。

③ 本文写作的目的是要探讨我国担保物权多元化立法模式下，各种被切分的担保物权之间的相似性或者一致性，就是这种相似性、一致性，才导致了准用性规范在担保物权法制中的大量存在，以及因此才能够被准用性规范这一“钢条”串起来的一元化担保物权立法。所以，这些准用性规范都是在本法范围内的“准用”以及“被准用”。

权。因此之故，《物权法》中的某些担保物权类型性准用性规范就直接移植了《担保法》中的某些同类型准用性规范。规范构造——各项准用规范都使用了“除适用……的规定外，适用……的规定”的准用性规范制度构造；①共同的准用事项——“被准用”制度关于担保物权的设定、公示、效力、次序、实现和消灭等各个方面，都可以被准用。② 因此，它们属于同一类型的准用性规范。我们在这里暂且定其名为“担保物权类型性准用性规范”。相对而言，上述其他的所谓准用性规范则因此可以被统称为“非担保物权类型性准用性规范”。所以，现在呈现在大家面前的，就有了《物权法》中因一般抵押权与最高额抵押两者之间相似性甚至某些方面的一致性，而在立法中规定了后者对前者的准用性规范；以及最高额抵押权与最高额质权之间的相似性甚至某些方面的一致性，而在立法中规定了后者对前者的准用性规范；还有因动产质权与权利质权之间的相似性甚至某些方面的一致性，而在立法中规定了后者对前者的准用性规范。但与前两者相比，动产质权与权利质权两者的相似性颇远，一致性就更是缺乏，但因为自《担保法》时起就已有了其间的准用性规定，以至于在《物权法》中对此准用性规定沿用了下来。③

就我国担保物权法制中担保物权类型性准用性规范的立法缺陷而言，首先，就是上文提到的因动产质权对权利质权的貌似相似，而在立法中规定的后者对前者的准用性规范问题。我国担保物权法制一直以来就有权利质权对动产质权的准用性规范，但殊不知，相比较于其他担保物权之间的准用性规

---

① 通常，准用性规范不适用这样的制度构造——其一般是直接说明适用的被准用规范而已；但担保物权法制中的准用性规范，因着规范对象的自成一体且力求独立存在，就形成了大量重复的规范，为避免过度反复赘述，才不得以适用了准用性规范。这也就是本文所说的多元化担保物权立法格局下独立存在的担保物权之间的相似性、一致性。不然，它们怎么会被立法者整合在一起并冠以“担保物权”的统摄之名称呢！

② 在多元化动产担保物权立法模式之下，各类种动产担保物权立法都需要有一个自己的完整体系，各种动产担保物权之间的相似性甚至一致性，使得每一种动产担保物权立法在担保物种类，担保物权设定、公示，担保物权的效力、次序、实现和消灭等方面具有重复性。

③ 担保物权之间的相似性及一致性，是一个相对的结论：在抵押权即不动产抵押权的法制下，动产质权与不动产抵押权之间的相似性与一致性，显然难谓比动产质权与权利质权之间的相似性以及一致性高。但在抵押权是“泛抵押权”的法制下，动产质权与动产抵押权之间的相似性以及一致性，和权利质权与权利抵押权之间的相似性以及一致性，就远高于动产质权与权利质权之间的相似性以及一致性。这也正是本文接下来将要阐述的问题之一。

范设置理由，动产质权缺乏对权利质权的母体性基础。与一般抵押权对最高额抵押权具有母体性意义，以及最高额抵押权对最高额质权具有母体性意义相比，动产质权与权利质权之间因担保物类型不同——前者为有形动产，后者为无形动产；担保物权的公示方式不同——前者为占有，后者为登记等；担保物权实现方式的不同——前者无须法院参与，后者需要法院参与等，使得动产质权制度在诸多方面较之其他类型担保物权之间，难以被权利质权制度所准用——质言之，自清末法制改革以来，我国民事立法向来是规定意定担保物权法制体系为不动产抵押权、动产质权和权利质权，与不动产抵押权相比，权利质权与动产质权之间的相似性以及一致性，起码是在法制形式上要高——立法并因此将两者同置于“质权”概念下——终究是前者为不动产担保物权，后者均为动产担保物权。这是在不同担保物上设立的两种完全不同类型的担保物权。但就是在动产质权和权利质权之间，也是因担保物的不同而有不同。所以，动产质权与权利质权的貌似相似性，仅仅是形式上的相似性，是在一定立法模式下的看似相似性。从公示方式以及公示效力的方面去观察，或许权利质权与不动产抵押权之间的相似性以及一致性也不低。所以，基于动产质权和权利质权之间的貌似相似性而拟定的准用性规范，尽管在理论上有一定理由，但在实践中有多大的有用武之地，难及所期。或许这一准用性规范的诞生，只是一种形式逻辑演绎的结局吧。①

其次，我国担保物权法制中担保物权类型性准用性规范缺陷的其他表现，就是在我国《物权法》的现有立法模式之下，因着《物权法》第180条第1款第7项“法律、行政法规未禁止抵押的其他财产”都可以抵押的规定，在文义解释以及体系解释上，可以抵押的动产亦应包括“权利”在内。如此一来，“财产”（包括有形动产和无形动产即“权利”）抵押权对于动产质权以及权利质权来说，就都具有了制度母体性。也就是说，“财产”抵押权的所有规范，除专属于不动产抵押权的一些规定以外，包括动产担保物、动产担保物权的设立、公示、效力、优先受偿次序、实现、消灭等规范在

① 从同属担保物权来看，质权与不动产抵押权之间，定有其相似性以及一致性。凭此，两者之间可以设置准用性规范。尤其在抵押权成为“泛抵押权”后，质权与动产抵押权之间，相似性以及一致性程度就更高了。

内，都是可以被动产质权和权利质权准用的。这一现象在《担保法》中也应该规定但并没有被规定——因为《担保法》的抵押物也有许多是动产担保物。原因或许在于《担保法》的立法者仅仅看到了我国台湾地区“民法典”中没有这样的准用性规范，而没有深刻思考其没有这样的准用性规范的原因，以及因此而洞悉其奥妙而因时而异，在《担保法》中因着动产担保物的加入而规定动产质权对动产抵押权的准用性规范。但结果却是如此的不尽如人意。这一结果直接地影响到了《物权法》制定，《物权法》可能因着立法者的思考懒惰把这个应予纠正的问题再次给忽视了——轻松地借着《担保法》的体系模式和具体条款拟就《物权法》担保物权编的法律规范，缺少对不变的形式之下已变的内容的思考，更缺失对变化了的内容是可能引致的法律体系效应的思考。事实上，再也没有谁比得上动产抵押权对动产质权的母体性制度价值了——它们之间的不同限于公示方式和公示的效力方面，且公示效力方面的不同缺乏应有的理由。尤其对于权利抵押权（如果学界认可有权利抵押权的话）对权利质权的准用而言，其不同就少之又少——更是仅限于公示的效力不同——本可以相同。所以，我国《物权法》中应该在动产质权和权利质权中规定对动产抵押权和权利抵押权的准用性规范。立法没有任何这些准用性规范的规定，形成了法律漏洞。

所以，尽管形式上《物权法》较之《担保法》几无变化，但《物权法》在内容上确实有了一些新变化，并且这些新变化足以引致整个担保物权体系的多方面效应。由此视角看过去，仅就《物权法》担保物权编中的准用性规范而言，其有上述两方面的不足：相比之下，把最不该准用的给予准用了，又把最该准用的没有规定予以准用，形成立法不足。

三、我国担保物权法制中准用性规范存在基础及可能的立法趋势

《担保法》颁布之前的我国担保物权立法，在担保物权分类上都有较为严格的分类标准，如以担保物之分为不动产和动产为担保物权为依据，依次将担保物权分为不动产抵押、动产质押的担保物权基本分类。但随着抵押权的制度优势的逐步被重视，可以抵押的动产的范围越来越宽泛，以至于在《物权法》中形成了“泛抵押权”现象。笔者以抵押物范围的变化为依据，

将抵押权的发展历程归结为三个阶段：一是抵押权即不动产抵押权阶段，如我国民国时期制定的“民法典”即为其例，这一“民法典”至今仍在我国台湾地区实行；二是抵押即不动产抵押与有限动产抵押权阶段，如我国《担保法》确立的抵押权即为其例；三是抵押权即不动产抵押与“泛动产”抵押权阶段，如我国《物权法》担保物权编确立的抵押权即为其例。在抵押权即为不动产抵押权时期，没有关于动产质权对不动产抵押权的准用，因为两者基于担保物的不同在学理上以及实践上，准用和被准用的可能性不是没有但不大。[①] 到了我国《担保法》时期，因为抵押权中有了最高额抵押权，所以法律文本中就出现了最高额抵押权对一般抵押权的准用。但是，尽管此时可抵押物已经扩及某些被立法列举的动产上，但立法者并没有注意到动产质权与动产抵押权的相似性、一致性，因而没有对动产质权制度对动产抵押权制度的准用作出明文规定。以至于到了《物权法》时期，仍没有注意到此等问题。

动产抵押物的逐步扩大，就将本来只能质押的动产和权利都可以纳入抵押的范围，而动产抵押与动产质押的不同，主要在于担保物权的公示方式的不同而已，在其他方面的差异则微弱甚至可以被忽略不计。而权利抵押与权利质押的不同，在我国现有担保物权法制之下，除了在公示效力方面存在理论上的不同意见之外，已经没有其他任何区别，所以很多学者都认为，权利质押其实可以被称为权利抵押。只是因着制度的历史惯性，而没有被后来的立法以整合的方式予以纠正。其他如一般抵押与最高额抵押之间，其差异在于所担保的债权的数目以及数额、担保期间之间，而这些差异并非担保物权的本质属性，所以不应构成对其进行分类的充分理由，充其量，最高额抵押权是一般抵押权的一种特殊类型而已。再如动产最高额抵押与动产最高额质押，其差异如同前述动产抵押权与动产质权之间的差异——仅限于在公示方式方面存在差异；但因分类式担保物权立法模式，使得后者对前者的准用性

① 我国台湾地区“民法典”最初的版本无最高额抵押权，也无最高额质权，在抵押权一章和质权一章无准用规范。后来，该法典增加最高额抵押权和最高质权，就修订文本，增加了最高额抵押权对一般抵押权的准用，最高额质权对最高额抵押权的准用，以及最高额质权对一般动产质权的准用。

规范设置依次出现，数量大增。而被《担保法》确立并被《物权法》沿用的所谓权利质权对动产质权的准用性规范，也全是因为在将担保物权类分为不动产抵押和动产质押，动产质押又分为动产质权和权利质权的模式下，而使得权利质权在形式上与动产质权貌似而设。

所以，在担保物权类型多元化立法体例之下，就在法律文本中出现了这样一种局面：一般抵押权与最高额抵押权之间，最高额抵押权与最高额质权（动产＋权利）之间，一般动产抵押权与动产质权之间，一般权利抵押与权利质押之间，以及动产质权与权利质权之间，等等，都有了相互之间不同程度的相似性和一致性，因此，在立法中也就出现了它们之间的后者准用前者，前者被准用于后者的“线状式”准用性法律规范。当我们把这些被准用和准用的规范链接在一起的时候，一个有趣的现象出现了——它们“从头到尾”形成了一个“准用链”，以至于最后的担保物权类型比如最高额动产质权与权利质权，也可以准用一般抵押权的规范。造成这一结果的原因在于，尽管立法将担保物权依据不同标准进行了立法分类，但既然同属于“担保物权”概念项下，就一定是具有共同的特质——担保物权客体的特定性，担保物权实现的支配性和担保物权效力的排他性等。正是这些共同的特质，表现为各种担保物权之间的相似性和一致性，远大于它们之间的差别性、区别性。在多元化担保物权立法模式下，担保物权法制中的准用性规范因之而成为一道风景线。

正是源于这样的认知，美国《统一商法典》第九编的最初起草设计远不同于其最终形成的立法文本——动产担保物权的一元化立法模式。在抵押权与质权之间，只有公示方式的不同以及基于公示方式的不同形成的不同，在一般担保物权如动产抵押、动产质权、权利质权与最高额担保物权如最高额动产抵押权、最高额动产质权、最高额权利质权之间，其差异也仅仅限于担保物权非特质的方面。这一分析的最终推导结论是：动产之上的各种类型担保物权之间，共性大于个性，差异主要限于担保物权的公示方式。由此，源起于多元化担保物权立法模式，而不得不在各处设置准用性法律规范的立法技术，应该被一元化担保物权立法模式替代。此即美国《统一商法典》第九编的立法模式：动产担保物权的适用范围、动产担保物权的设定、动产担保物权的公示（登记、占有、控制等）、动产担保物权的效力、动产担保物权的优先受偿次序、动产担保物权的实现、动产担保物权的消灭等。在这一立法模式之下，准用性规范没有了立足之处。

四、结束语

准用性规范的大量存在，是担保物权多元化立法模式的结果。在这一模式下存在的准用性规范，要么是无处不在，形成赘述；要么是应该规定，却形成漏洞。准用性规范的这些现实的以及可能的不足，在我国担保物权法制中都有表现，可谓弊端占尽。是脚痛医脚、头痛医头，予以局部式的立法完善，还是釜底抽薪、彻底改革，予以全局性的颠覆改革，是担保物权法制如何往前走必须做出的抉择。基于我国动产担保物权尚大量存在的其他不足，笔者建议对动产担保物权进行一元化立法，以实现动产担保物权法制的现代化、国际化，适应社会发展对动产物权法制的要求。

也论“后让与担保”*

摘要：“让与担保”在《物权法草案》中曾经出现过，但最终通过的《物权法》并未采纳。“后让与担保”是有学者以“我国司法实践中存在的以商品房买卖合同为借贷合同进行担保”为依据，并参照“让与担保”的发生背景和发展过程而提出的一个新型担保物权概念。正如“让与担保”不能独立存在一样，“后让与担保”也没有独立存在的个性和价值。究其实质，“后让与担保”是抵押权的一个变形。我国《物权法》担保物权编关于“未来物”上的抵押权的规定已经涵盖了这一担保物权形式。“后让与担保”与抵押制度相比没有创新内容。需要对我国现有的多元化担保物权体系结构进行一元化改造，以应对生活中不断出现的有名无实的所谓新型担保物权。

关键词：让与担保；后让与担保；抵押权；担保物权

一、引言

《中国法学》2013 年第 3 期发表了中国人民大学民商事法律科学研究中心研究员杨立新教授的文章：《后让与担保：一个正在形成的习惯法担保物权》（以下简称《后让与担保》）。该文认为：我国目前司法实践中存在的以商品房买卖合同为借贷合同进行担保的新型担保形式，是一种正在形成的习惯法上的非典型担保物权。这种新型担保物权与让与担保产生的背景和发展过程基本一致。应当确认这种习惯法上的非典型担保物权，并对其进行规范，使其能够更好地为经济发展服务。①《后让与担保》对上述概要的详细论

* 本文原标题为《也论“后让与担保”——与杨立新教授商榷》，载《中国法学》2014 年第 3 期。

① 参见杨立新：《后让与担保：一个正在形成的习惯法担保物权》，载《中国法学》2013 年第 3 期。

述分为三个部分：一、以商品房买卖合同设置的担保的真实性质；二、后让与担保概念的界定及与物权法定原则的关系；三、全面规范后让与担保用益物权的法律规则。

研读《后让与担保》，将“以商品房买卖合同为借贷合同进行担保”定性为“后让与担保”，是全文的创新点。此所谓“后让与担保”，是相对于“让与担保”而言的概念。因此，欲了解何为“后让与担保”，须先行知晓何为“让与担保”。“让与担保”书中早有定论。[①] 而所谓“后让与担保”，《后让与担保》也有交代。[②] 两相对比，亦如《后让与担保》所说，“后让与担保”与“让与担保”的区别仅在于：一个是先转移所有权，另一个是后转移所有权，同样都是担保物权，仅仅是所有权转移有先后之分而已。在其他方面，二者则基本相同。[③] 既如此，原来的“让与担保”相对于“后让与担保”，亦可以被称为“先让与担保”，它们共同的上位概念应是“让与担保”。

在物权法起草过程中，“让与担保”曾经一度被纳入《物权法草案》并作为独名专章规制，但最终通过的《物权法》并没有独立的“让与担保”一章。这一结局说明了什么？答案或许可以在以下两者中寻找：要么是经济社会生活不再需要让与担保制度，要么是让与担保制度已被其他制度包含或者替代。如果答案是后者，则《后让与担保》就失去了立论的基础，其结论也自然难以证成。

本文接下来就试着、借着并沿着《后让与担保》确立的名目题级、结构框架和逻辑次序，逐一展开论述，期冀将该问题弄个清楚。

二、以商品房买卖合同设置的担保的真实性质

所谓以商品房买卖合同设置的担保，是指经济活动实践中出现的开发商与他人进行融资时，商定的借款人（商品房买卖合同的出卖人亦即开发商）

---

① 谢在全：《民法物权论》（下册），台湾新学林出版股份有限公司2010年修订五版，第393页。

② 参见杨立新：《后让与担保：一个正在形成的习惯法担保物权》，载《中国法学》2013年第3期。

③ 参见杨立新：《后让与担保：一个正在形成的习惯法担保物权》，载《中国法学》2013年第3期。

和出借人（借款合同的出借人）订立商品房买卖合同，约定如届时不能清偿债务，即履行商品房买卖合同，交付房屋，抵偿借款。[①] 对于这一担保类型的真实性质的认定，是对其进一步研究的前提和基础。

（一）以商品房买卖合同设置的担保是债权担保还是物的担保

关于该类担保的性质，《后让与担保》遇到的第一个问题是，当事人订立的商品房买卖合同对借贷合同发生担保作用的，究竟是债权还是物权？经过一番论证后，《后让与担保》确认：“用商品房买卖合同设置的担保是物保，而不是人保，更不是债权的担保。”笔者完全同意《后让与担保》的这一结论。但在笔者看来不是问题的问题，在《后让与担保》那里之所以成了逻辑性前提问题并需要首先予以论证，其内在的原因就在于，《后让与担保》对于当事人以尚未有的房屋设置担保物权这一现象，感到有点蹊跷——合同签订时，尚无房屋，何能设置担保物权？其反证就是，如果《后让与担保》对“未来物”上的抵押权制度之原理有着清晰的认知，也许就不会对“以商品房买卖合同设置的担保”的属性究是债权担保还是物权担保，产生如此大的疑惑并颇费笔墨。[②] 当然，这与《后让与担保》的逻辑终结，即“以商品房买卖合同设置的担保是物权的担保，是一个正在形成的习惯法担保物权”——“后让与担保”这一创新性结论直接牵连。

笔者亦认为，以商品房买卖合同设置的担保是物权担保。这一担保物权的设定如同其他担保物权如抵押权的设定一样，亦严格遵循着担保物权设立的“区分原则”，先是有设立担保物权的合同，继而是区别于该担保物权设立合同的担保物权设定。而且，基于公示生效立法主义的要求，在不动产担保物权设立合同之外，还需要当事人践行不动产担保物权的设立登记，如我国《物权法》第187条规定，以正在建造的建筑物抵押的，应当办理抵押登记，抵押权自登记时设立。但与正在建造的建筑物上的抵押权显有不同的

---

① 参见杨立新：《后让与担保：一个正在形成的习惯法担保物权》，载《中国法学》2013年第3期。

② 将“以商品房买卖合同设置的担保”定性为“未来物上的抵押权”，而不是什么“后让与担保”，是笔者与杨文产生分歧的根本所在。

是，经济活动实践中发展起来的“以商品房买卖合同设置的担保”，在形式上，只是一纸合同，并没有要求对登记行为的践行。也就是说，其在形式上与不动产担保物权的设定相去甚远。所以，仅仅透过此设立形式，尚难谓其为担保物权。但《后让与担保》并没有被此形式所迷惑，其继而直接转向问题的实质方面去寻求突破。在这里，《后让与担保》找到了其是担保物权的依据：从实质上看，对借贷合同发生担保作用的是商品房买卖合同的标的物，而不是该合同的债权。其发生担保作用的链条是：行使买卖合同债权→交付买卖标的物即房屋→房屋价值抵偿债务→消灭借贷债务。因此，是房屋的所有权移转对借贷合同的债权发生担保作用——不履行债务，即用约定的房屋所有权移转以清偿债务。[①] 所以，抛开形式，探究实质，是《后让与担保》得出“以商品房买卖合同设置的担保是物权担保”的关键所在。但在笔者看来，《后让与担保》对实质问题的探究本身就处于形式层面——被概念形式所遮蔽，难以深入问题之机理，最终也不能求得“所有权让与”这一概念涵盖下的担保法律关系实质。

（二）以商品房买卖合同作为担保是物的担保中的哪种担保

1. “让与担保”的命运说明了什么

《后让与担保》认为，以商品房买卖合同作为担保，在物的担保中与让与担保比较接近，是类似于让与担保这种非典型担保物权的一种新型担保物权，将其称为“后让与担保”，是恰当的。[②] 结合《后让与担保》以及本文前述关于相对于“后让与担保”而言，“让与担保”即可谓在时间之先后标准上的“先让与担保”，它们共同的上位概念应该是“让与担保”。由此可以认为，《后让与担保》认定的该种担保的实质，就是“让与担保”，其让与时间之“在先”或者“在后”，不能改变其法律关系的本质属性。因此，既为“让与担保”，则让与担保在我国《物权法》起草过程中的命运跌宕，就足以

---

① 参见杨立新：《后让与担保：一个正在形成的习惯法担保物权》，载《中国法学》2013年第3期。

② 参见杨立新：《后让与担保：一个正在形成的习惯法担保物权》，载《中国法学》2013年第3期。

说明《后让与担保》关于"后让与担保"作为一种新型担保物权的定性的适恰与否。

从作为非典型担保的让与担保的产生背景来看，亦正如《后让与担保》所言，让与担保的产生主要缘起于以下两个方面的背景：一是经济背景。让与担保产生的经济背景，主要是为保障融资安全，担保借贷合同的债权实现。在德国，银行不接受以法定担保之外的买卖合同的方式订立担保关系。迫于此压力，对融资有迫切要求的企业只好将这种融资担保形式置于企业之间进行。由此，让与担保应运而生。二是法律背景。在德国，从18世纪到19世纪，动产担保被统一成占有质，动产抵押被视为侵害信用或交易的危险源而被禁止。但设置动产质，必须转移质物的占有，而不得采用占有改定的方式，有碍动产的利用，不适于企业的融资。[1] 合二为一，即企业对融资安全有需要，而法律没有提供相应的制度资源以资适用。缘起于此，让与担保于法典外得以借力学说和判例之助而生成。

至我国起草《物权法》之际，鉴于我国动产担保物权仍主要是以移转动产占有为生效要件的动产质的弊端，起草人认为不移转占有的让与担保具有更大的制度优势，于是在《物权法草案》中设专章规定了让与担保。[2] 但最终通过的《物权法》并没有让与担保一章。怎么解释这一现象？笔者认为"让与担保"在我国物权法起草过程中前受厚托、后遭摒弃的境遇，其实质就是"让与担保"这一概念的外延被抵押权概念的外延所涵盖导致的。[3] 因为，我国物权法关于抵押权的概念内涵与外延已远非昔比——其已经演变成了今日之所有"法律、行政法规不禁止的财产"都可以抵押的担保物被"泛化"了的抵押权。由此，让与担保被涵盖在了"抵押权"这一概念项下。也就是说，原来可以独名成章并可入"典"的让与担保制度，因为抵押权概念内涵与外延的逐步扩展并最终被"泛化"而涵盖在了抵押权概念项下。因

---

① 参见杨立新：《后让与担保：一个正在形成的习惯法担保物权》，载《中国法学》2013年第3期。

② 梁慧星：《中国物权法草案建议稿》，社会科学文献出版社2000年版，第776页。

③ 董学立：《形在而神移：论〈物权法〉担保物权编的新发展》，载梁慧星主编：《民商法论丛》第41卷，法律出版社2008年版，第160~161页。

而，如果单从形式上讲，让与担保因抵押权概念的“泛化”而被挤压出局；如果仅从内容上看，原有的让与担保制度已经被抵押权概念整体收编，内含于抵押权制度之中了。①

2. 不动产让与担保究是哪一种物的担保

上述分析解决了动产让与担保制度被我国《物权法》中动产抵押权概念所涵盖，因而仅仅是在形式上被挤压出《物权法》的原理。但至此我们尚不能解决《后让与担保》所举实例中的不动产后让与担保问题。以不动产所有权让与设置的担保，即《后让与担保》所谓“以商品房买卖合同作为担保”是物的担保中的哪一种担保呢？从法史的角度看，之所以在法典之外不曾产生过不动产让与担保，是因为不动产抵押制度向来有之。不动产抵押作为担保物权制度之王，其制度供给足以满足社会对不动产担保融资的需求。② 但对实践中发展起来的被《后让与担保》称为“后让与担保”的担保，其究是哪一种物的担保？难道其就是一种不能为现有法定担保物权所涵盖的所谓“一种正在形成的习惯法担保物权”？笔者认为非然。

之所以得出这一结论，原因在于：首先，从概念逻辑上来分析，动产让与担保本质上是动产抵押，那么，不动产让与担保在本质也就可以是不动产抵押。其次，从不动产让与担保概念的“实”来分析，虽然其“名”为不动产让与，但究其法律关系的“实”，就是借款人为担保其借款之偿还，而在自己未来可能所有的不动产上为出借人设定的担保物权。该所谓的不动产所有权让与，也绝非如通常所言的不动产所有权让与。该不动产所有权让与的目的仅在于以此所有权让与来担保借款债权的实现。③ 所以，这一不动产让与不具有目的意义而仅具有工具意义——如果其所担保债权得因清偿等原因

① 全国人大常委会法律工作委员会民法室：《物权法（草案）参考》，中国民主法制出版社2005年版，第422页。

② 德国、瑞士的司法实践和法学理论均认为，让与担保的标的物以动产为限。日本和我国台湾地区为体现和突出让与担保制度的灵活性、广泛性和综合性等特点，认为让与担保的标的物既包括动产，也包括不动产、正在形成中的财产和其他财产性权利。

③ 关于让与担保的工具性，杨文于其“对债权人的效力”部分有专门交代：债权人基于让与担保获得的是一个期待权而非既得权——期待后让与担保物权实现的条件成就时，变为既得权，依据该后让与担保物的既得权，担保权人可以向后让与担保的设定人行使该请求权，通过让与担保标的物的物权，而最终得以实现自己的债权。

而实现，则该让与之不动产所有权就失去了其得以发挥作用的条件，其须依约定返回到借款人。如果其所担保的债权到期不能清偿或者发生当事人约定的让与所有权的其他原因，则依约定债权人得以“行使商品房买卖合同交付房屋的债权，用交付的房屋所有权清偿债务，消灭债权”。而且，相对于有学者认定的“担保性所有权让与提供的是一个秘密的质权”而言，《后让与担保》也承认了“后让与担保也是一个秘密的抵押权”。再次，从不动产让与担保的实现来分析，受让不动产所有权不是债权人实现债权的最终方式。债权人受让不动产所有权之后，须按照与抵押权一样的实现方式进行，具体来讲就是：或变卖清算，或归属清算。如果后让与担保出现担保过度，即担保物的变价金额超出被担保债权的金额，则不论采用上述两种方法中的哪一种，担保权人在实行担保权时均负有清算义务，即将不动产变价冲抵债务的剩余部分返还给让与人。可见，所谓的“后让与担保”，“担保”是其目的，“让与”是享有和实现担保的手段，其与不动产抵押权之间，仅存在形式上的“名”之不同，而不存在法律内容上的“实”之差异。因此，我们坚信，后让与担保其实就是不动产抵押权。

（三）后让与担保是不动产抵押权中的哪一种不动产抵押权

接下来，我们再研究一下“后让与担保”的“后”字究竟意味着什么？《后让与担保》认为，“后”即不动产担保物的所有权在当事人签订让与合同时并没有移转，其所有权的移转要“后移”于“让与担保”实现之时才得以进行。也就是说，与一般的不动产抵押权之设立合同与抵押权设立几乎是同步不同，后让与担保的设立行为在起初仅产生合同债权，不产生不动产担保物权，须待债权不能实现时，让与人按照合同的约定履行不动产所有权移转义务，以便于担保权人通过“变价清算”或“归属清算”实现债权。所以，此“后”字，不仅要以此表明担保物所有权的让与是在担保合同债权形成之后，更是要以此表明担保物所有权的让与不是在借贷债权形成之初，而是在借贷债权实现之时，其时点大移其后。

后让与担保制度所呈现的担保物所有权移转时点后移，不是当事人以其主观意志肆意所至，而是受经济活动自身规律制约而成：房地产商以借贷资金兴建房产，以现在之观念化而未来之实物化房产所有权的让与，来担保借贷债务的清偿。所以，在借贷建房资金之时，为担保该借贷资金偿还所让与的房产还是以观念化存在的房产，其时之房产所有权转移在客观上当无法实现。而这种情况完全符合我国《物权法》第20条规定的“预告登记”制度，以及第187条规定的“正在建造的建筑物”上的不动产抵押权制度。[①] 开发商以“正在建造的建筑物”比如房屋设定抵押贷款，此时，因为该房屋尚在建造中，客观上就根本没有什么房屋。也就是说，开发商此时抵押的是观念化的房屋。以此观念化的房屋设立抵押，所能设立者也只能为合同债权，抵押权则因标的物的客观不存在而绝对无法生成。这是极为显而易见的道理。

但遗憾的是，《物权法》的起草者们对“未来物”上抵押权的设立规制却没有清晰的认知。《物权法》第187条关于“以本法第一百八十条第五项规定的正在建造的建筑物抵押的，抵押权自登记时设立”的规定，显然是没有意识到未来房屋上的抵押权即使在办理登记的时候，也是无法设立的。此时所谓登记，性质上当属“预告登记”。按照学界对预告登记性质的认定，预告登记所能被登记者，是当事人意定设立抵押合同的债权；预告登记的目的则在于使被登记抵押合同债权具有对抗第三人的效力——对后来发生的与该登记抵押合同内容相同的债权具有排他效力，以确保将来只发生被登记债权所期待的法律结果。[②] 那么，以“正在建造的建筑物抵押的”，抵押权何时设立呢？学说认为，该抵押权自观念化的未来房屋成为客观化实物即特定物的时候，自动生成且其效力溯及预告登记之时。[③] 另外，对抵押权预告登记，其另一个法律效力就是以此预告登记之时序，决定同一在建建筑物上可能存在的数个抵押权之间的优先受偿顺序。当然，与《物权法》规定的“在建建筑物”抵押权的成立时间不同，《后让与担保》关于“后让与担保”的担保

① 《物权法》第20条规定的预告登记制度也应该适用于“未来物”上的抵押权设立合同。《物权法》第187条所规定的，正是预告登记制度在担保法领域的适用。

② 参见朱岩、高圣平、陈鑫：《中国物权法评注》，北京大学出版社2007年版，第138页。

③ “特定物”是物权得以成立的客观基础，此所谓“特定”，从“时间”上说，“物”是现在的；从“空间”上说，“物”是个别的。以此，特定物与未来物、种类物以及浮动物区别开来。

物权之成立时间更要延后——其成立时间发生在担保物所有权让与之时。造成两者差异的原因来自：前者有预告登记，待“在建物”即担保物一旦特定化为现实物时，则自动生成抵押权且其效力溯及预告登记之时；后者则没有办理让与合同的登记手续，且其担保物权是否需要实现一直处于或然状态，因此，需要一直待到担保物权需要实现之时才有办理所有权让与手续的必要。分析至此，又一个相联系的问题浮出了水面：后让与担保不办理未来物上的担保物权预告登记，这一未经登记的担保物权具有何种效力？

（四）不动产担保物权与登记公示生效立法主义

依据我国现行民事立法，不动产担保物权采行的是登记生效主义。在登记生效主义立法体例下，不经登记便不会有不动产担保物权。笔者称此为“须经登记”的担保物权。上文涉及的“正在建造的建筑物”上的抵押权，虽其在设立之始办理完毕登记公示手续，但因客观上没有“特定物”的存在，此时也就因客观不能而无法产生不动产抵押权。但此等登记，亦足能解决不动产抵押权登记所需要解决的各种问题，主要包括对嗣后交易者的警示作用和对重复抵押的优先受偿排序作用。但与此相比，《后让与担保》关于“后让与担保”所涉不动产担保物权，其在合同签订之时根本未办理如“预告登记”之手续，那么，笔者关于其作为不动产抵押权的上述理解，又如何解释？

正如《后让与担保》所言，后让与担保是一个秘密的抵押权。此所谓秘密的抵押权，是指当事人之间有设定抵押权的合同，但无经办关于此抵押权设立合同的登记，其实质就是一个“未经登记”的未来物上的抵押权。后让与担保既无登记，当无登记所能产生的警示作用和排序作用。但这一结果是否就影响到了其作为担保物权的担保作用？答案是否定的。这是因为，正如后让与担保的实际运行结果所显现的那样，如果债务人不履行债务，债权人就依合同要求让与人移转担保物的所有权，以此担保物的变价或折价冲抵债务、实现债权。但因为没有办理预告登记，该担保物权当不能对抗善意的交易第三人。依此，如果让与人在设定后让与担保之后，又与他人在该未来物上设定如商品房预售、未来物抵押等其他物权并予以登记的话，则前期设定的后让与担保物权就不能对抗“已经登记”的上述物权。由此再进一步的问题就是，既然不动产物权不经公示也具有物权效力，为何法律还要规定不动产物权变动采行公示生效主义？其唯一的理由就是，法律对交易安全的过度追求。① 所以，在无碍于交易安全的前提下，法律不应该否定公示生效主义立法体例下，未经办理公示手续的物权在相对人之间以及与非善意的交易第三人之间的物权效力。但限于本文的可能研究范围，此处不予专述。②

三、“后让与担保”与物权法定原则的关系

《后让与担保》在认定了“后让与担保”是一个“既非法定担保物权，亦非目前所认可的非典型担保物权，而是一种新产生的新型非典型担保物权”之后，随即认定“通过习惯法确认后让与担保为非典型担保物权，不违反《物权法》第5条规定的物权法定原则，应当予以确认”。从《后让与担保》的行文次序以及前后逻辑关系来看，这一结论的得出顺理成章。基于同样的道理，在笔者这里，缘于上文对“后让与担保”性质上实质为“未来不动产担保物上的抵押权”的认定，其完全符合我国《物权法》确立的不动产抵押权的法定担保物权类型。故此，也就没有了在法定担保物类型之外，另行确立什么“新产生的新型非典型担保物权类型”——“后让与担保”的必要。由此，我们在这里就需要探讨物权法定原则与新型担保物权类型关系的问题，即新型担保物权类型如何与物权法定原则相互动、相衔接甚至相包容。

（一）物权为什么需要法定

物权法定系物权法构造重要基柱之一，源于罗马法。究其含义，物权法

---

① 物权公示生效主义，其不是来自事物本身的发展逻辑——这不论是从发生学的角度观察，即物权变动在登记公示制度出现之前早已有之；还是从比较法的角度观察，即并非所有的国家都采行登记公示生效主义；甚至从我国《物权法》的现实规定来看，即我国物权立法采行公式对抗主义与公示生效主义并存的立法模式。因此，登记公示生效主义立法体例仅算得上是一种立法选项，其具有可替代性——可采行登记公示对抗主义。

② 许多学者认为，相对于公示对抗主义，公示生效主义更能保障交易安全。但这一结论的得出通常是逻辑演绎的结果。在实证研究者看来，公示对抗主义不仅对交易安全无碍，而且更能实现交易效率。参见彭诚信：《我国物权变动理论的立法选择》（上、下），载《法律科学》2000年第1、2期。

定系指物权的种类与内容，以法律所规定或习惯所形成者为限，当事人不得任意创设。① 至于物权为什么需要法定，谢在全先生认为可以归纳为三个方面：一是确保物权之特性，建立物权体系；二是整理旧物权、防止封建制物权之复活；三是便于物权之公示，确保交易之安全与迅速。② 上述物权法定的三项理由，较为全面地涵盖了物权之所以法定的原委。但这三项物权法定的理由，在其相互关系上，并非地位平等的并列关系。在笔者看来，这三项物权法定的理由可分为两个方面：一是本有的理由，二是衍生的理由。也可以说，此三项物权法定理由之间的关系，有相当于“因”与“果”之间的“自在”与“他在”的关系特质。此所谓“本有的理由”即作为“因”的“自在”的理由，就是物权法定之所以在罗马法得以确立，并由继受罗马法的大陆法系多数国家所沿袭采用，当有其“本有”的理由。这个“本有”的理由，即物权之所以需要法定，当应来自物权本身的属性。物权本身的属性即物权之所以为物权而不同于其他民事权利如债权的特质。笔者认为，物权的本质属性即物权“客体上的特定性、实现上的支配性和效力上的排他性”。由此“三性”所决定，如果物权不是以法定种类和法定内容面世，则对于物权人之外的其他人的行为就直接产生不利影响：从静态的非交易关系来看，如果允许当事人自由约定物权的种类和内容，则约定性物权种类与内容的隐匿性将直接导致物权人与非物权人之间权利边界主观不清，以及基于此的行为越界而形成相互侵权；从动态的交易关系来看，如果允许当事人自由约定物权的种类和内容，则约定性物权种类与内容的隐匿性将直接导致交易第三人非经繁复之调查，无从知晓依其交易行为取得之物权为何种物权，由此诱发交易成本上升并转而抑制甚至窒息商业交易。所以，物权法定有促进社会关系稳定以及促进商品交易便捷的作用。物权法定的本有理由当涵盖上述谢在全先生所列之一、三两个方面。

至于物权需要法定的第二方面的理由，即“整理旧物权、防止封建制物权之复活”，当属衍生的物权法定理由，即作为“果”的“他在”的理由。

---

① 我国《物权法》第5条规定：物权的种类和内容，由法律规定；修订后的我国台湾地区“民法”第757条规定：“物权除依法律或习惯外，不得创设。”

② 谢在全：《民法物权法论》，中国政法大学出版社2011年版，第32～33页。

从因与果之关系的角度理解，“整理旧物权、防止封建制物权之复活”应是物权法定的一件衍生品，而绝非是其何以法定的理由。对封建时代旧物权的立法整理，使得封建时代的物权制度与身份制度相分离，成为纯粹之财产权即所谓自由之所有权，以防止封建时代之物权制度死灰复燃。① 因此，仅从所举事例的历史片段性、时空局限性来说，这一实例是不足用来阐释历史长河中绵延不断承续存在的物权法定史话的。

所以，物权法定是由物权之所以为物权的属性决定的。唯此“法”是否也包括习惯法，是行文至此的问题焦点。我国台湾地区修改后的“物权法”包括“习惯法”，我国《物权法》不包括习惯法。从法史学和比较法学的视角观察，应该包括习惯法。但这也已经不是本文论述的焦点，故不予以论述。

（二）新型担保物权应新在哪里

“后让与担保”算不算是一种新型非典型担保，是其可不可以作为僵化的物权法定原则施以缓和的对象的前提。所以，如何判定一种担保物权是一种新型非典型担保，是解决这一问题的关键。《后让与担保》所谓“后让与担保”是一种新产生的新型非典型担保物权，意指有二：一是其是一种非典型担保物权，意即法律对此种担保物权没有法定之类型且法定之内容；二是其是一种新产生的新型非典型担保物权，意即原有的非典型担保物权类型中无此一种类型。笔者认为，判定一种担保物权是不是新型的非典型担保物权，不能只看人们给它起了一个什么样新鲜别致的名称，而应着重看其新鲜别致名称背后法律关系的实质内容。以此为准，我们可以判定：后让与担保法律关系的实质内容，就是一种让与担保物权；而让与担保法律关系的实质内容，在我国现有担保物权法制环境下，就是一种抵押权。此正如前文所已经证成。由此，“后让与担保”既算不上是一种非典型担保物权，也就更算不上是一种新产生的新型的非典型担保物权。其反面例证，譬如原有的非典型担保物权如“动产让与担保”，仅就其设立的方式——不移转动产之占有而于其上设立担保物权而言，其就是法定担保物权类型中所没有的一种新型

① 谢在全：《民法物权法论》，中国政法大学出版社2011年版，第33页。

担保物权类型——其时法定动产担保物权仅有须经移转占有的动产担保物权。因此，其当是一种非典型动产担保物权。

与此相类似，在我国物权法的立法过程中，“让与担保”曾作为与抵押权、质权和留置权并列的担保物权之专章，被写进了《物权法草案》且历经数稿屡得肯认。但最终通过的《物权法》却没有让与担保一章。让与担保作为习惯法存在的非典型担保物权，借物权法立法之机入典转正为典型担保物权，岂不是最好的制度安排！但结局远非初愿，何也？是抵押权概念在我国物权法中的重新演绎，使其失去了得以独立存在法制度空间。抵押权概念的演变，在我国经历的三部曲：一是抵押权即不动产抵押权阶段，此在1929年的《中华民国民法典》中被立法确立，至今尚在我国台湾地区“民法”中实行；二是抵押权即主要是不动产抵押权另加立法个别列举的动产抵押权阶段，此在《物权法》颁布前的《中华人民共和国担保法》中被立法确立；三是抵押权即泛抵押权阶段，此所谓“泛抵押权”即我国《物权法》确立的凡是“法律、行政法规未禁止抵押的财产”都可以抵押的抵押权阶段。抵押权担保物的泛化，使得传统抵押权概念项下在法典外的动产让与担保这一非典型担保物权，失去了设专章进入法典从而成为一种法定担保物权类型的制度空间可能。因为，到了物权法起草的后半程，人们终于发现，所谓的让与担保，这一别致担保物权概念所涵盖的担保物权法律关系的实质内容，就是动产抵押权。① 所以，仅有新鲜别致的担保物权概念，没有实质有别的担保物权法律关系，是不足以被确立为一种新型担保物权类型的。既不是一种新型担保物权，当然也就无从谈起对其物权法定的缓和。

（三）物权法定何时得以缓和

谢在全先生认为，物权法定主义之适用应不得过度僵化，以免成为社会进步之绊脚石，他方面更不得将之虚化，以免造成物权法体系之解构。② 准此一观，在物权法定之缓和不可或缺的情况下，物权法定在什么样的情况才

---

① 贲寒：《动产抵押制度的再思考——兼评我国民法（草案）对动产抵押与让与担保的规定》，载《中国法学》2003年第2期。

② 谢在全：《民法物权法论》，中国政法大学出版社2011年版，第37页。

得以缓和，就是另一个问题。笔者认为，物权法定之缓和问题的逻辑展开是，当社会经济生活中出现一种所谓的新型物权之时，社会所应采取的态度，首先应是尽力将其解释成现有的法定物权类型，如本文将“后让与担保”解释成“未来物”上的不动产抵押权，即其实例；如果尽其力尚不能在法定物权中找到可资适用的对应类型，则再予甄别其是否已形成为一种习惯法上的物权类型，若是，才得以适用物权法定缓和，定其型为习惯法上的物权类型。至此，才有所谓物权法定缓和的适用。那种动辄就埋怨物权法定之僵化，以牺牲物权法定之利益，径直在法定物权类型之外寻求问题解决之道，是偷懒的做法。面对物权法颁布实施不久社会经济运行中出现的冠名以“后让与担保”的法律现象，《后让与担保》所做的不是首先试图在法定担保物权类型中寻求其实质归依，通过法律解释解决问题，以维护物权法定的严肃性、安定性，而是直接归咎于物权法定之不足，简单地将其解释成“一个正在形成的习惯法担保物权”，以至于其文除了冠以别致的“后让与担保”之名外，在其法律关系的实质方面，一点也看不出这一别致名称背后的担保物权法律关系与不动产抵押权有什么实质不同。① 此举不足倡效。

物权之所以法定，其理由已如上述所言。盖法律乃人定之制，法定物权也是人们斟时景酌域情，对社会发展进程中累积俗成的物权类型加以筛选的结果。质言之，法定物权类型，既不是从来就有的，更不是一成不变的。法定物权类型的变化方式有两种：一种是以新的立法确立新的法定物权类型，以之替代旧有的法定物权类型。这种方式严格贯彻了物权法定原则，确保了物权法定原则的意旨实现。譬如，我国《物权法》关于抵押权的类型强制和

---

① 《后让与担保》在该部分对“后让与担保”独具的特点进行了揭示，以期使后让与担保与其他担保物权的不同更加清晰、明确：一是“后让与担保是通过不动产转让合同设立的担保物权”。但紧随其后，《后让与担保》又言“它与抵押合同、质权合同所有权保留合同以及让与担保合同是一样的”。这就直接否定了自己的理论预设。二是“设定后让与担保的不动产转让合同是担保主合同债权的从合同”。但其对此主合同与对此从合同相互关系的论述，并没有向我们传递出任何不同于其他担保物权的不同。三是“后让与担保的当事人是主合同的债权人以及债务人或者第三人”。同样，我们也看不出在法律关系的主体方面，后让与担保与其他担保物权有何不同。四是“后让与担保的性质是新型的非典型担保物权”。《后让与担保》认为其新就新在担保物所有权让与的时间在“后”。但这与一般让与担保的不同，并不能改变其属性。综上四者，我们实在看不出“后让与担保”与其他担保物权有何不同。

类型固定对原有抵押权类型的改造。这一改造大大扩展了抵押权概念的外延，使得原本不属于抵押权概念外延的非典型担保物权如动产甚至不动产让与担保也囊括在了抵押权概念项下。相比于原有的“有限抵押物”抵押权类型，我国物权法确立的“泛抵押物”抵押权类型大大扩展了其调整范围，提升了其调整能力。“泛化”抵押权以扩大原有法定抵押权外延的方式，实现了让与担保这一非典型担保物权的法典化亦即法定化。这一做法不仅极大地节约了立法资源，而且也附带降低了同一属性法律规范之间的遗漏、不一致、冲突等。当然，以立法方式确立新的法定物权类型，也有其弊端：相比于对习惯法担保物权的承认，立法对非典型担保物权的法典化承认，节奏时点相对滞后。

另一种是以习惯法确立新的法定担保物权类型。谢在全先生还认为：“物权法定主义之意旨应仅在限制当事人创设物权，尚无禁止经由习惯法形成新物权之理。”由此，法定物权类型变化的另一种方式，即经由习惯法形成新物权。经由习惯法形成新物权，须待社会上出现新物权且该种新物权没有违反物权法定主义的上述三项存立宗旨，以及有适当的公示方法以确保交易安全，且社会经济生活确有其实益与需要时，当可以透过物权法定缓和之运作，加以接受。习惯法上物权之能否存在，亦应以此为限度，并非得因此而任意翱翔。[①] 在台湾地区“民法”第1条规定有“民事，法律所未规定者，依习惯，无习惯者，依法理”的总则规定之前提下，2009年台湾地区“民法”修订，于第757条增列“习惯”为物权之法源。这一修订既有其民法总则之原则依据，也系照顾到社会发展对物权法定僵化之缓和的需求。习惯法物权的承认，能够在通过立法确立新的物权类型之前，以对习惯法物权的承认，使物权法定主义的僵化性格得到及时的软化。较之通过立法确立新的物权类型，习惯法物权的法律承认具有更大的及时性、灵活性和适应性。

四、我国未来担保物权体系设计

《后让与担保》在其第三部分，用了占全文近一半有余的笔墨叙述了全

① 谢在全：《民法物权法论》，中国政法大学出版社2011年版，第37页。

面规范后让与担保的法律规则。这些论述的目的在于：用《物权法》第十五章规定的担保物权的一般规定统制它，确定完善的后让与担保规则，保障这种新型的非典型担保物权的正常发展和正确使用，为融资提供保障。[①] 如果“后让与担保”真是一种“新型的非典型担保物权”的话，则作者在文章最后部分提出系统的规制规则，实属必要和重要，也是《后让与担保》逻辑终点之所盼。但如果“后让与担保”诚如笔者所认定的那样，徒有虚名而无其实的话，则与《物权法》担保物权编中的抵押权制度相比，《后让与担保》提出的规制规则就不会有实质性差异，因而也就不具有新意和实益。在反复研读《后让与担保》之后，我们发现其也真的是没有提出与我国抵押权制度有什么差样化和新鲜感的新规则。既如此，我们在这里就不能再延续前面的商议模式，做同一分标题的研究了。

按照我们关于后让与担保的研究逻辑，在此有必要借题讨论我国未来担保物权体系的设计问题。这样做的原因在于：《后让与担保》关于“后让与担保”议题的提出和论证，在笔者看来，其立论之前提就在于：我国现有的法定担保物权类型不包括所谓的“后让与担保”。这一认识与《后让与担保》对我国担保物权体系的认知密切相关。我国担保物权法制一直采行的是“多元化”体系结构。但此间，国际社会之经济、政治、文化等都发生了巨大的变化。在动产担保物权领域，以美国《统一商法典》第九编即“动产担保交易法”为蓝本的“一元化”动产担保物权立法模式，在世界范围内风靡。不仅英美法系国家，而且许多大陆法系国家，都纷纷效仿美国一元化动产担保物权立法模式，修改了或者正在重塑自己的担保物权体系。我国对美国《统一商法典》第九编的研究和介绍始于20世纪末和21世纪初，伴随对亚洲金融危机形成原因的分析和我国物权法的起草而逐步展开和深入。[②] 一些来源于第九编的重要制度如“买受人优先权”规则开始被介绍到国内并被学界认识和接受，以至于后来颁布的《物权法》于第189条第2款规定了与浮动抵

---

① 参见杨立新：《后让与担保：一个正在形成的习惯法担保物权》，载《中国法学》2013年第3期。

② 中国人民银行研究局主编：《中国动产担保担保物权与信贷市场发展》，中信出版社2006年版，第3页。

押制度相关的“买受人优先权”规则。[①] 但我国担保物权法制在体系结构上的因循守旧，使得一些基于担保物权多元化立法模式产生的不足，在固有体系结构中无以克服。因此，借鉴美国一元化动产担保物权立法理念、立法模式和立法技术，改造和完善我国传统担保物权制度体系，十分必要和紧迫。

（一）以担保物之基本分类为依据：将整个担保物权体系分为不动产担保物权和动产担保物权

把“物”区分为不动产和动产，是“物”之最基本和最重要的一种分类。但“物”的这一种分类在我国《物权法》担保物权编中的贯彻却未一以贯之。因为，我国《物权法》担保物权编的抵押物被“泛化”了。因此，最起码在担保物权领域，关于不动产和动产的分类，对担保物权体系构架的意义变得难负重任。但在整个物权法制体系内部，在不动产与动产的基本分类尢以撼动的情况下，在担保物权领域继续贯彻“物”的这一分类，可以重塑我国物权法律制度的体系一致，以及在此基础上实现动产担保物权制度的一元化。具体来说就是，我们应在担保物权领域坚持不动产和动产的基本分类，即把整个担保物权制度一分为二：不动产担保物权和动产担保物权。

在不动产上设定的担保物权，即传统的不动产抵押权。抵押权这个概念可以继续留用，但其含义仅限于在不动产上设定的担保物权。这里的不动产，主要包括土地和房屋。从时间上来说，此不动产不限于现有的不动产，亦可包括“未来物”如“正在建造中”的建筑物等。在未来不动产上设立抵押权，需要弄明白两个问题：一是未来不动产上的抵押权何时设立？二是未来不动产抵押权之登记的法律意义是什么？对于这样两个问题，我国《物权法》担保物权编的回答都是错误的。该法于第 187 条规定：“以本法第一八十条第五项规定的正在建造的建筑物抵押的，应当办理抵押登记。抵押权自登记时设立。”“正在建造的建筑物”既然不是现有物，于其上设立的抵押权当不会在设立时成立——这是事实不能。此其一。其二，在物权不能成立之

① 董学立：《浮动抵押的财产变动与效力限制》，载《法学研究》2010 年第 1 期。

下，此“登记”的法律意义是什么呢？也绝非如条文所说的“登记”是抵押权的生效要件——这是法律不能，既然事实因无“物”而无“物权”，也绝不会凭因登记而促生物权。此“登记”只不过是用来确定未来物上设立的抵押权的优先受偿顺位——按照“登记在先、权利在先”原则，确定同一未来物上先后登记的数个抵押权的优先受偿顺序。从空间上来说，不动产抵押权不限于单一的不动产担保物，还可以是集合不动产担保物。因而，可以有不动产集合抵押。不动产集合抵押与不动产单一抵押，只有担保物数量的区别，没有抵押权性质的差异。总之，不动产抵押权因采行登记生效主义，就只有“须经登记”的抵押权，因而关于其效力和优先受偿次序的规则相对简单：不存在“未经登记”的抵押权，同一不动产抵押物上的数个抵押权也只能按照“先登记原则”确立优先受偿顺位。一般说来，不动产抵押权的主要规则依次包括：不动产抵押权的定义、不动产担保物、不动产抵押权设立合同、不动产抵押权设立登记、不动产抵押权的效力与受偿次序、不动产抵押权的实现、不动产抵押权的消灭等。

动产担保物权系在动产（包括权利）上设定的担保物权。以“竖切横刨”的视角看过去，我国动产担保物权有许多不足：① 一是因“竖切”产生的不足，这主要表现在立法者会因为过分关注被立法“竖切分块”而独立存在的各种意定动产担保物权的个性而忽视其共性，如同一动产担保物上不可避免地因叠加而并存的各种动产担保物权之间的优先次序规则，以及各种动产担保物权都需要面对的公示制度尤其是统一登记公示制度等，都有被忽视的可能，甚至产生法律漏洞。② 二是因“横刨”而产生的不足，这主要表现在对各种意定动产担保物权的“横刨”所导致的制度重复，以及因制度重复所可能并发的制度之间的不一致甚而相互矛盾。③ 这两方面的体系性、结构

① “竖切”，意为对“动产担保物”这一概念“竖切分块”为动产抵押权、动产质权和权利质权；“横刨”，意为将分块并立的三类动产担保物权依次规制为该类动产担保物权的概念、担保物、设定、公示、效力、受偿次序、实现和消灭等。

② 我国《物权法》担保物权编没有规定统一的动产担保物权优先受偿次序规则和统一的动产担保物权公示制度，即其实例。

③ 以这种视角看过去，我国《物权法》担保物权编的制度重复、不一致甚或矛盾几乎在每一个层面都有。

性弊端，在我国现行动产担保物权立法中表现得十分突出。鉴于此，放眼世界动产担保物权立法模式发展进路，适时对我国动产担保物权多元化立法模式进行一元化立法改制，消除弊端，实现动产担保物权立法模式的现代化，已是我国动产担保物权法制建设的近在眼前的问题。

（二）动产担保物权分类的新依据：动产担保物权公示方式——登记、占有和控制

我国《物权法》第180条第7项关于“法律、行政法规未禁止抵押的财产”可以抵押的规定，将动产抵押物的范围扩展到了极限，即所有的动产质权质押物和所有的权利质权质押物，也都可以作为抵押物。这样一来，在动产抵押权与动产质权和权利质权之间，动产担保物的分类便失去了作为其类分依据的意义。在它们之间，我们所能看到的差异，就是动产抵押权以登记为公示方式，动产质权以占有为公示方式，权利质权以登记（个别情况下占有和控制）为公示方式。同样地，在有形动产抵押物与动产质权之间，有形动产担保物无以区分，将两者区分开来的依据是动产担保物权公示方式的不同——有形动产抵押权以登记为其公示方式，有形动产质权以占有为其公示方式。还有，在无形权利抵押权与权利质权之间，权利抵押权似以采行公示对抗主义的解释为妥，而权利质权则明确地采行了公示生效主义——尽管这一差异性结局缺乏具有说服力的法律理由。[①] 最后，在动产质权与权利质权之间，担保物的显著不同也演变成了质权公示方式的显在差异——动产质权以占有为其公示方式，权利质权以登记为其公示方式。因此，总的来看，因为抵押权的“泛化”，使得动产担保物的分类失去了动产担保物权分类依据的意义。

但是，这不是说动产担保物的分类没有意义，动产担保物的分类在一元化动产担保物权体系中仍具有基础性意义：依据动产担保物的“空间标准”，动产担保物可以被分为单一物、集合物、浮动物等；依据动产担保物的“时

---

① 我国《物权法》关于动产担保物权采行的公示立法主义存在体系不一致：动产抵押权是公示对抗主义，动产质权是公示生效主义，权利质权是公示生效主义。但如果权利可以抵押的话，则同一权利上的担保物权则因名为抵押或者质押而采取了不同的公示立法主义。

间标准”，动产担保物可以被分为现有动产担保物和未来动产担保物等；依据动产担保物的“属性标准”，动产担保物可以被分为有形动产担保物和无形动产担保物；依据动产担保物的“商业用途标准”，有形动产担保物可以被分为农产品、消费品、设备和存货。依据不同依据所作的动产担保物权分类，又直接与其设立、公示、效力、实现、次序和消灭等制度密切关联。因此，动产担保物的分类仍具有制度体系设计的基础意义。[①] 如所有的动产担保物权都可以登记方式公示，有形动产上的担保物权则可以占有方式公示，个别动产上的担保物权可以控制方式公示。[②] 而动产担保物权的公示，是确立动产担保物权效力和优先受偿次序的制度基础。在一元化动产担保物权制度体系中，只有在动产担保物权的公示这一环节，出现了公示显示的多元化——登记公示、占有公示和控制公示。所以，公示方式的不同就有资格作为动产担保物权的新的分类标准：登记公示的动产担保物权、占有公示的动产担保物权和控制公示的动产担保物权。

（三）以“经济属性”而非“主观表达”为标准：确立担保物权法的调整范围

担保物权的一元化改制，使得担保物权具有了强大的包容性。这也是我们对其进行一元化改制的动因。一元化担保物权的包容性品质，使其调整范围得以扩大——那些虽其“名”非为担保物权，而其实确是担保物权的法律现象，都会被纳入这一法律制度体系中加以调整。“让与担保”在我国物权法草案稿中的先有后无，就说明了这一问题：与抵押权有着不同名称的让与担保制度，最终可以被抵押权概念所涵盖，以至于最终丧失了独名成章的资格。与此在形式上恰恰相反，美国《统一商法典》第九编却明示要调整一种“名”为“租赁”的法律关系，而这一“名”为租赁的法律关系，其实并不是我们日常所言的租赁关系。这一别样名称所掩盖的法律关系之实质，是一

---

① Raymond T. Nimmer: Commercial Transactions: Secured Financing Cases, Materials, Problems, LexisNexis, 2014, P. 58.

② Raymond T. Nimmer: Commercial Transactions: Secured Financing Cases, Materials, Problems, LexisNexis, 2014, P. 27.

种地地道道的动产担保物权法律关系。同样，美国《统一商法典》第九编第9－202条作出了这样的明文规定：“除本法另有规定者外，担保物所有权是归属于担保权人还是归属于担保人，不影响本法之适用。”对这一规定，笔者初始颇感困惑，几经波折才得以理解：在美国“名”为“附条件买卖”的法律关系中，出售人（担保权人）保有担保物的所有权，买受人（担保人）占有出售物（担保物）却不享有其所有权；在出售人的“购买价金”担保法律关系中，出售人（担保权人）不享有担保物的所有权，买受人（担保人）享有担保物的所有权。尽管担保物的所有权之归属人截然相反，但该编对两种名称不同的法律关系均予以调整。原因同样还是在于，尽管其名称不同，但此不同名称所涵盖法律关系的实质内容却是相同的——它们都创设了动产担保物权法律关系。“后让与担保”与“让与担保”既然无本质不同，则其命运与让与担保应不出二辙——不能独立成章，须归属于抵押权制度调整。至此，我们推演出的法律问题是，当经济社会出现一种“名”为别样的担保物权法律关系时，我们如何定其名确其身？

可资借鉴的是美国《统一商法典》第九编对同样问题的解决之道。第九编文本不再迷信于当事人的主观表达，而是关注于交易的经济属性。该法提出了以“经济属性”而非“主观表达”，来核定一种意定法律关系的属性，即引导法院如何检视当事人的遣词造句，并将交易中的担保问题纳入第九编中来处理。① 如果当事人之间依合意在特定物上创设了担保债权实现的担保权益，则法院就应该拨开其虚名之雾，将该种法律关系纳入第九编加以调整。这样一来，美国《统一商法典》第九编就调整了一些在名称上看起来不属于其调整的对象。但在实质上，这些虚名掩盖下的法律关系的实质，恰是第九编应该调整的。用该法第9－109（a）（1）的规定来说，“不管交易的形式如何，只要该交易依合同在动产或者不动产附着物上创设了担保权益，就接受本法的调整”。借鉴这一法学原理来理解我国法治实践中出现的一些难题如所谓的“后让与担保”等，亦可以迎刃而解。“后让与担保”这一概念掩盖下的法律关系的实质是，当事人在未来物上依合同创设了担保债权实

① 参见董学立：《美国动产担保交易制度研究》，法律出版社2007年版，第30页。

现的担保物权。法院需要做的也是拨开“后让与担保”概念之迷雾，在现有担保物权制度体系中寻找其对应类型——未来物上的抵押权，将其纳入现有担保物权类型加以调整。受制于当事人的遣词造句，迷惑于其概念称谓，进而动辄另起炉灶——在“物权法定缓和”上做文章，这一做法不仅破坏了大陆法系之成文法的安定性，也不利于所遇难题的解决。

五、结语

“后让与担保”概念的提出和学理论证，是“让与担保”概念和制度在物权法起草过程中遭到热议和争议的延续。因为我国抵押权概念在物权法中的基因突变，“让与担保”这一曾经的非典型担保物权制度，最终未能独名成编地被物权法规制。因为“让与担保”这一名称涵盖下的法律关系实质，早已被变异了的抵押权概念所涵盖。尤其我国《物权法》担保物权编在抵押权制度中规定了“未来物”上的抵押权，这使得抵押权制度不仅关注到了眼下，而且投射到了未来。“后让与担保”与“让与担保”相比，没有实质区别。对此，《后让与担保》也明言予以肯认。让与担保与后让与担保之间的区别，与现有物上的抵押权与未来物上的抵押权之间的区别是一样的。所以，我认为，后让与担保的实质就是未来物上的抵押权。

物权法定有其僵化之弊端，故此，物权法定之缓和就有其必要。对于社会经济发展中出现的一种冠以别样名称的担保物权，究竟是不是一种新的担保物权，以及究竟要不要在物权法定之外予以缓和，需要我们保持一种谨慎、谦抑的态度：一种担保物权之所以是新的，不是因为其有了一个别样的名称，而是因为其有一种现有法定担保物权类型和内容不能涵盖的新的法律关系。所以，在这方面，美国《统一商法典》第九编确立的以“经济属性”而非“主观表达”为标准的做法，值得我们学习和借鉴。在穷尽了制度内的努力，仍不能将赋以新鲜名称的担保物权解释为法定担保物权之后，我们才可以将其定性为一种新的担保物权，继而才可以看其是否具备了被习惯法承认的条件。如果其是一种新的担保物权，且已经被习惯法所承认，此时才可以适用物权法定之缓和。那种动辄就遁避到求助物权法定缓和的做法，是不够严肃的做法。

我国《物权法》现有的多元化立法模式，有其重大弊端。除了笔者已经撰文专题表达的“竖切横刨”视角下的弊端之外，这一立法模式还是一个比较封闭的模式，其基本上是以“主观表达”而非“经济属性”来判定一种法律关系是否为法定的担保物权类型。我们需要适时对多元化动产担保物权体系进行一元化改造，以适应社会发展的需要。

也论“新类型担保的法律定位”*

摘要： 对于交易实践中已被广泛采用的“新类型担保”，司法部门面临着法律适用上的困难。如何解释我国现有担保物权制度，是对这些所谓“新类型担保”进行性质认定和法律适用的前提。对《物权法》担保物权编脱胎于《担保法》以及在何等程度上超越了《担保法》的认识，又是我们解释现有担保物权制度的基础。我国未来担保物权制度应建立统一的动产担保物权制度，以适应社会经济发展对担保物权制度的要求。

关键词： 新类型担保；抵押权泛化；统一动产

近几年来，一些中小企业在生产经营过程中，采取了以《物权法》和《担保法》未予明确规定的可以担保的财产和权益，作为清偿特定债权的方式融通资金。比如江浙等地部分商业银行开展的商铺租赁权质押、出租车经营权质押、银行理财产品质押、排污权质押等。但由于我国《物权法》《担保法》对这些新类型担保方式的效力、公示方式和权利实现等问题都没有明确规定，因此它们在司法实践中面临着不少法律适用上的困难。[①] 为此，最高人民法院民二庭曾经邀请一些法学专家、学者会商，探讨这些疑难问题的解决之道。[②] 受邀参加会议者之一，武汉大学法学院陈本寒教授于会后向最高人民法院民二庭提交了“关于新类型担保法律适用问题的建议”的咨询报告，并将该咨询报告整理后，以题为《新类型担保的法律定位》发表在《清

---

* 本文原标题为《也论“新类型担保的法律定位”——与陈本寒教授商榷》，载《法治研究》2015 年第 4 期。

① 这当然不是本文的观点。恰恰相反，本文认为《物权法》担保物权编关于可抵押财产的规定包括了这些所谓的“新型财产”。

② “关于召开新类型担保法律适用问题研讨会的函”，最高人民法院民二庭，2012 年 4 月 10 日。

华法学》杂志 2014 年第 2 期（以下简称“陈文”）。

陈本寒教授的该篇文章分五个部分：一、实践中新出现的主要担保类型；二、新类型担保客体是否均属权利质权客体的范畴；三、新类型担保的公示问题；四、新类型担保的效力问题；五、完善我国新类型担保法律适用的思考。笔者认真研读了陈本寒教授的文章，有一些不同见解，现提出来与大家一起讨论。希望借此把最高人民法院也认为是“新类型担保”的“法律适用问题”的讨论，再进一步引向深入，也期待这样的学术商讨有助于法学理论界和法律实务界在法律解释和立法完善等方面达成一致见解。

一、实践中新出现的主要担保类型

陈本寒教授认为，所谓新类型担保，是指我国以现行法律未明确列举的财产权利设定的担保。主要包括以下类型：一是以“商铺租赁权”为客体的担保，此类担保方式是指贷款银行、借款商户和商铺所有人之间，为确保借款商户按时归还银行贷款，以商铺的承租权为担保标的而达成的一种担保协议；二是以“出租车经营权”为客体的担保，此类担保方式是指出租车公司将其出租车经营权质押给银行或其他企业，以获取银行贷款或其他企业的借款，若到期不能归还贷款或借款，则贷款债权人有权将出租车经营权变价，所得款项优先用于清偿所担保的借款债权；三是以“银行理财产品”为客体的担保，此类担保方式是指公民个人或企业以其在银行所持有的理财产品为标的，为其自同一银行申请的贷款提供担保，若借款人到期不能归还银行贷款，银行将该理财产品折价变现，以清偿所借贷款；四是以“企业银行账户”为客体的担保，此类担保方式是指企业与其开户银行达成协议，该企业向开户银行贷款时，须以该企业在该银行设立的账号内往来资金做担保，若贷款届期不能清偿时，银行将直接从企业的账户中划转资金，用于清偿该银行的贷款；五是以“公用事业收费权”为客体的担保，此类担保方式是指经行政主管部门许可，从事公路管理、供水、供电、供气等涉及民生的公共事业经营企业，以其享有的公用事业收费权为标的质押给银行，以获取银行贷款，若届期不能清偿贷款时，贷款债权人有权将经营收费权变价，所得款项优先清偿所担保的贷款债权；六是以“企业排污权”为客体的担保，此类担保方式是指以企业排污权为担保标的，在颁发排污权许可证的环保部门办理质押登记，为特定债权提供担保的方式；七是“保理融资”，此类担保方式是指在赊销条件下，企业将由赊销形成的应收账款请求权有条件地转让给银行，银行为该企业提供贷款，若企业到期不归还银行贷款，银行则取得应收账款请求权的完整权利。① 可以看出，“以现行法律未明确列举的财产权利”作为担保物，是上述担保类型被界定为“新类型担保”的关键。

所谓“以现行法律未明确列举的财产权利”作为担保物，依据陈文以及最高人民法院民二庭“关于召开新类型担保法律适用问题研讨会的函”的理解，即这些担保物类型在我国《物权法》之“权利质权”一章中没有被明确列举。所以，在这里，我们需要将讨论的话题首先圈定在以下两个方面：一是这些担保类型是不是只能接受我国《物权法》之“权利质权”一章的调整？二是与“只能接受《物权法》之‘权利质权’一章的调整”相联系，这些新担保类型是不是在“权利质权”一章没有被一一明确列举？如果对第一个问题作了肯定的回答，则剩下的问题就只有对第二个问题的回答了。从《物权法》之“权利质权”一章的规定来看，该章第 223 条第（1）至（6）项一一列举了可以被出质的权利类型，这其中没有对前述所谓“新类型担保”标的的列举；我们可以据此认为，确实也已如陈文以及最高人民法院民二庭所认为的那样，我国《物权法》之“权利质权”一章没有对前文所列举的各类“新型担保物”予以明确列举；再者，该条第（7）项规定了“法律、行政法规规定可以出质的其他财产权利”②。该条款指向的是现有的法律、法规明示规定的可以出质的其他财产权利，但除了《物权法》之“权利质权”一节明文规定的可以出质的权利之外，本文关于“新类型担保”标

① 详述请参见陈本寒：《新类型担保的法律定位》，载《清华法学》2014 年第 2 期。

② “兜底条款”（Miscellaneous Provisions）作为一项立法技术，它将所有其他条款没有包括的，或者难以包括的、或者目前预测不到的，都包括在这个条款中。兜底条款是法律文本中常见的法律表述，主要是为了防止法律的不周延性，以及社会情势的变迁性。因为法律一经制定出来，因为其固定性而就具有了相对的滞后性，况且法律制定者受主观认识能力等方面的局限，也无法准确预知法律所要规范的所有可能与情形，所以就有必要通过这些兜底性条款，来尽量减少人类主观认识能力不足所带来的法律缺陷，以及为了保持法律的相对稳定性，使执法者可以依据法律的精神和原则，适应社会情势的客观需要，将一些新情况等通过这个兜底性条款来予以适用解决，而无须修改法律。

的，均没有在现有法律、法规中被明文列举规定。①

质言之，包括《物权法》《担保法》在内的我国现有法律、法规，都未明文规定“新类型担保标的物”可以作为出质标的。因此，在“新类型担保”只能接受《物权法》之“权利质权”一节调整的立论前提下，新类型担保因为没有法律、法规的明文规定而产生了法律适用上的困难。以此为问题研究之背景，上述所谓的“新类型担保”的说法是可以成立的。但如果对第一个问题的回答不是肯定而是否定的话，则第二个问题的回答就无从谈起，甚至因此而有截然不同的问题解决方案。由此，我们产生了与陈本寒教授和最高人民法院在认识上的差异。

二、新类型担保客体属于哪一类担保物权客体的范畴

陈本寒教授不认为上述新类型担保物权不属于“权利质权”一节的调整范畴。为此，他认为，要回答“新类型担保”是否属于权利质权的范畴，需要从三个方面考察：一是新类型担保客体，是否符合权利质权对其质押客体的要求；二是新类型担保的设立，是否进行了公示及公示方法是否符合权利质权的要求；三是新类型担保权利的实现方式，是否符合权利质权实现方式对变价清偿的要求。② 凡完全符合上述三个条件者的，构成权利质权；反之，欠缺其中一个条件者的，则有可能不构成权利质权，不能适用权利质权之规定。以此为判断标准，陈本寒教授判定“上述新类型担保中，有些属于权利质权的范畴，有些则否”。譬如，陈本寒教授认为，上述新型担保类型中的“商铺租赁权质押、出租车经营权质押、银行理财产品质押均属于权利质押客体的范畴，如果当事人达成了书面质押协议，并依照法定方式进行了公示，应当认定该质押成立”。对此主张，陈本寒教授从三个方面进一步予以论证：第一，从各国（地区）立法规定来看，构成权利质押的客体，条件有二，一是属于可让与的财产权利，二是与权利抵押的客体范围相区别；第二，我国《物权法》第223条第（7）项的规定，为上述权利的质押提供了法律依据；第

① 如果该条之规定也如该法第180条第（7）项那样，本文就没有什么探讨的余地了。

② 尽管陈本寒教授在文中提出了此三项“要求”，但其行文与此三项要求的关系不大。

三，允许上述权利质押符合大陆法系各国（地区）的通行做法。

但笔者认为陈本寒教授的上述三项理由都不成立：对于第一项理由，即“一是属于可让与的财产权利；二是与权利抵押的客体范围相区别，权利质押的客体只能是除不动产用益物权和准物权以外的财产权利”来说，虽说我们对“属于可让与的财产权利”这一理由没有任何异议，但对“权利质押的客体只能是除不动产用益物权和准物权以外的财产权利”的主张，却不能苟同：陈本寒教授论证“权利质押的客体只能是除不动产用益物权和准物权以外的财产权利”这一理由的论据，是“大陆法系国家通说认为，抵押权属于不动产物权，质权属于动产物权，如果以‘权利’设定担保物权，必然涉及对‘权利’属性的判定，才能作出究竟是准用‘抵押权’还是‘质权’规定的判断。用益物权和准物权在土地上成立或与土地密不可分，其上设立的权利变动也准用不动产物权变动的规则。因此，自应成为抵押权的客体，构成‘权利抵押权’。而权利质权在没有特别规定的情况下，准用动产质权的规定，因此，可用于设质的‘权利’应当具有动产属性”①。质言之，陈本寒教授认为，因为抵押权是以“不动产”为客体的担保物权，质权是以“动产”为客体的担保物权，所以，上述担保物在性质上是不属于“不动产”的新类型担保物权，即它们只能属于权利质押。

之所以说第一项理由不能成立，是因为“抵押权”即“不动产”抵押权已经不是我国《物权法》担保物权编的立法选择。从抵押权制度的历史演变来看，以抵押物的范围和类型为标准，其经历了三个发展阶段：第一个阶段，即抵押权为不动产抵押权阶段。我国台湾地区“民法典”属于这一立法体例。正因此，基于社会发展的需要，我国台湾地区才不得已，在其“民法典”之外另以特别民法的形式颁布了“动产担保交易法”，以解抵押权即不动产抵押权之立法局限。第二个阶段，抵押权即不动产抵押权与有限范围动

① 笔者认为：我国担保物权法中的“准用性规范”主要缘起于担保物权法制的多元化结构体系，反映了多元化担保物权法制下不同担保物权类型之间制度的相似性、一致性。在我国动产担保物权类型已发生显著变化的情状下，立法者并没有认识到这一变化并将“准用性规范”机制进行到底，形成了法律漏洞。“准用性规范”在担保物权法制中“线状式”存在，恰好反映了多元化动产担保物权体系的一元化可能。对此，我国立法界和司法界应保持清醒的认知，以便在法律适用和立法完善中作出适恰的反应。

产抵押权阶段。我国《担保法》即属此一立法体例，该法对可抵押财产在有限动产范围上的扩展，缓解了抵押权即不动产抵押权不济社会之需的立法不足。第三个阶段，即“泛抵押权”阶段——“法律、行政法规不禁止抵押的财产”都可以抵押。依据我国《物权法》第180条第（7）项的规定，可以判定我国《物权法》规定的抵押权即“泛抵押权”。所以，陈本寒教授关于上述几种新类型担保权属于权利质权的第一项理由，在我国民事立法关于抵押权的规定采行“泛抵押权”的立法体例之下，是不成立的。

之所以说第二项理由也不成立，是因为陈本寒教授对“我国《物权法》第223条第（7）项的规定”，即“法律、行政法规规定可以出质的其他财产权利”的解释出了问题——应该说，陈文进行了断章取义的解释。关于对此项规定的理解，亦如前文中笔者所认定的那样，依据此项规定，我们所能得出的结论是且只能是：上述几种新类型担保不属于“权利质权”一节的调整范畴。但陈本寒教授在解释该项规定的时候，只关注该项规定中的后半部分即“……可以出质的其他财产权利”之字眼，而全然没有顾及该项规定的前半部分即“法律、行政法规规定可以……”，并在此基础上与其前述“构成权利质押客体的两个条件”，即“属于可让与的财产权利”，以及“只能是除不动产用益物权和准物权以外的财产权利”相勾连，从而得出了“该条文中没有列出的财产权利，只要符合上述权利质押客体的两个条件，就应当理解为符合该法第223条第（7）项的规定”的结论。笔者认为，《物权法》第223条第（7）项所要表达的全面意思是，除了本法该条（1）至（6）项明文列举的可以出质的财产权利之外，其他“法律、行政法规规定可以出质的”的“其他财产权”，也可以出质。“法律、行政法规规定可以出质”则要求有法律、法规的明文规定。即便是“可以出质的其他财产权利”，只要《物权法》之外的其他“法律、行政法规”没有明文规定“可以出质”，则在此种类型财产权利客体上是不能设定权利质权的。所以，从《物权法》第223条第（7）项字面含义中，我们完全得不出陈本寒教授已经得出的结论——这又反过来提醒我们，是不是我们在理解这一规定的时候出了错？

之所以说第三项理由亦不能成立，其理由与前述第一项反驳理由有些相似，就是以抵押权为不动产抵押权或者不动产和有限动产抵押权为前提的逻辑推演，其得出的结论当然不能在抵押权已然是“泛抵押权”的现实立法条件下成立。陈本寒教授为论证其主张所举立法实例如《瑞士民法典》第899条之规定，“台湾民法典”第900条之规定以及《德国民法典》第1274条之规定等，都是在抵押权即不动产抵押权的立法框架内的法律规定。与此同时，这些法典在另一方面有一点却又是完全相同的，即它们都规定“可让与之债权及其他权利，均得为质权之标的”。之所以都有这样的规定，唯一的法规体系原因就是抵押权即不动产抵押权。在此立法体系下，其他可让与之债权及其他权利，就只能在体系上归属于“权利质权”章节部分调整。但我国《物权法》之担保物权体系已是显有不同，其抵押权既然已是“泛抵押权”，其权利质权的兜底条款也非陈本寒教授认定的那样，其是以“法律、行政法规规定可以”为前置定语的文义规制，对其解释显然不能如陈本寒教授所言。

至此，我们想要表达的思想是，将新类型担保置于权利质权章节加以讨论，并因此得出其属于或者不属于权利质权的结论，在我国现有担保物权法制体系下，都是不成立的。那么，最高院提出的这些新类型担保物权，在我国现有担保物权体系之下，究竟可以属于哪一种类担保物权呢？

三、动产担保物权的立法趋势及新类型担保物权的归属

对新类型担保属性的认定，需要我们放眼世界——认清动产担保物权的世界立法趋势，也需要我们摆脱历史藩篱——认清我国《物权法》担保物权编的新变化、新发展。

就动产担保物权的世界立法趋势而言，起始于美国《统一商法典》第九编即“动产担保交易法”，是现已被世界相当数量的国家和地区，以及世界性组织采纳的动产担保物权的一元化立法模式，是动产担保物权现代立法的新发展。所谓动产担保物权的一元化立法模式，就其宽泛的描述意义而言，就是相对于大陆法系将动产之上的意定担保物权在纵向上被立法“竖切分块”为动产抵押权、动产质权、权利质权，以及在此基础上进而又在横向上被立法“刨切分层”为动产担保物权的概念、设立、公示、效力、次序、实现、消灭等而言，以“一元化”的动产担保概念体系诸如“动产担保物、担保物权、担保物权人、担保人、债务人”，以及动产担保物权的“设定、公

示、效力、次序、实现”等，所形成的一整套单一的动产担保物权概念术语体系和单体的动产担保物权法制。① 相比于多元化动产担保物权立法模式，一元化动产担保物权立法模式的主要优势有三：一是将多元化立法模式下，依非单一标准分类的各种动产担保物权类型，按照功能方法予以整合——凡是在动产之上依合意设定的为担保债权实现的排他性权利，均受到该法的调整，且“动产”的范围除了被立法列举不能用于设定担保的以外，所有具有价值且可以转让的财产，都可以作为动产担保物。这样一来，本文所谓的那些“新类型担保”就纳入了一元化动产担保物权的调整范围。二是得以减少因将动产担保物权“竖切分块”而容易导致的对共性制度的忽视或遗漏，这主要表现在，相比较于多元化立法模式，一元化立法模式更加能够关注动产担保物权立法的共性问题，如同一动产担保物上不可避免的因叠加而并存的各种担保物权之间的优先次序规则，以及各种动产担保物权都需要面对的公示制度尤其是统一登记公示制度等，而这些共性问题在多元化立法模式下，却很容易被忽视，此恰如我国多元化立法模式已经显现的缺陷一样。三是可以避免因“竖切分块”而又须“横刨分层”而产生的制度之重复、不一致甚或矛盾等问题。在多元化立法模式之下，每一种动产担保物权制度都需要立法给出其定义、担保物范围、设立、公示、效力、次序、实现、消灭等。但这些规则所规制对象的个性不足、共性有余。在这种情况之下，分别规制只能造成制度间的重复、不一致甚或矛盾。笔者曾经撰文就这些制度之重复、不一致甚或矛盾进行了专门研究，发现问题确实颇多。②

也正是因为多元化动产担保物权立法模式本身所具有的结构性弊端，美国在起草《统一商法典》第九编之时，其起草人即发现了这一结构性弊端——将原初设计为多元化的动产担保物权法制，遂转而整合为一元化动产担保物权法制，由此改变了动产担保物权多元化立法的历史，开启了一元化动产担保物权的新时代。随后，世界许多国家和地区、欧盟等区域组织以及世界性组织等纷纷效仿，或颁布了自己的动产担保交易法，或推出了自己的动产担保交易示范法等。

---

① 美国《统一商法典》第九编设计为七章：总则、担保合同的效力及当事人的权利、担保物权的公示及优先顺位、第三人的权利、登记、违约、过渡规定。

② 董学立：《我国意定动产担保物权法的一元化》，载《法学研究》2014 年第 6 期。

一元化动产担保物权立法模式对我国《物权法》担保物权编不是没有影响，尽管该法在形式上与《担保法》相比几无变化——仍是以动产担保物权的多元化立法模式为基础，但其内容的些许方面，还是受到了一元化动产担保物权的立法模式和先进制度的影响。比如，在先进制度方面，我国《物权法》担保物编移植了美国《统一商法典》第九编即“动产担保交易法”中的浮动抵押制度（该制度在美国《统一商法典》中为嗣后获得担保财产制度）、买受人优先权规则等。在一元化立法方面，我国《物权法》担保物权编在内容上的悄然变化，足以使得该法在其内容和精神层面，已经将一只脚踏进了一元化动产担保物权立法模式。之所以作出这样的判断，是因为该法关于动产抵押权已经是“泛抵押权”，以及动产质权即有形动产质权，并且权利质权也是以“法律、行政法规明确规定可以质押的财产”为限。这样的规定，足以使所有动产之上的担保物权，凡是不能作为动产质权和权利质权者，都是可以置于动产抵押权范畴加以调整的。当然，如陈本寒教授一样，国内许多民法学者并没有注意到这些变化，他们仍然固守着抵押权即不动产抵押，以及动产担保物权的多元化立法思维模式。联系到本文所要讨论的问题，这些所谓的新类型担保物权，其显然不符合“移转占有”的有形动产之列，也不符合权利质权调整的范畴——尽管最高人民法院和陈本寒教授均认为其属于权利质权的范畴。但这些现行法律、行政法规没有明示规定的动产担保物上的担保物权，是完全可以置于“抵押权”概念范畴加以调整的。

在“泛抵押权”立法模式之下，动产抵押权与动产质权之间的差异只剩下动产之上担保物权的公示方式不一——动产抵押权以“登记”为其公示方式，动产质权以“占有”为其公示方式，以及基于此公示方式的不同而产生的不同，如动产担保物权的实现方式不同等。动产抵押权与权利质权之间的差异又在哪里？原先的差异——可抵押者为不动产、可质押者为动产（权利）——不存在了。在“法律、行政法规不禁止的财产”都可以抵押的法制背景下，那些“权利质权”章节没有明示可以质押的权利或者“财产”，是不是也可以被抵押？以及那些《物权法》担保物权编“权利质权”一章明示可质押的权利，是不是也可以被抵押？从《物权法》担保物权编的规定来看，答案是肯定的——那些被《物权法》明示可以质押的权利的公示方式是登记，这与抵押权的公示方式一样；那些没有被法律明示可以质押的权利，依据对现行法的扩大解释，也是可以被抵押的。正是基于这一认识，我们的结论是，凡是具有价值且可以被转让的财产，都是可以被抵押的。如果担保物是有形动产，且当事人约定以占有移转为其公示方式，则在现行法制之下，其就是动产质权；如果担保物是无形动产，且其是《物权法》明示的可质押权利，则其就是权利质权；如果其不是前两者之一，则其就是抵押权——动产抵押权或权利抵押权。由此，我国《物权法》通过对“抵押权”概念的泛化之法制改造，实现了对动产质权和权利质权的强大“吸附力”，立法者在有意或无意间向着一元化动产担保物权立法模式迈出了一大步。所以，将新类型担保物权解释为抵押权，也是以我国现有立法为解释背景而得出的结论。如果将眼光再放远一些，以一元化动产担保物权为比较法视野，则动产抵押权、动产质权以及权利质权，都是动产之上设定的动产担保物权，它们只是在公示的方式（登记、占有等）上有异而已。但公示方式的不同，并非动产担保物权的本质问题，尽管公示方式的不同受到了担保物类型的影响，也直接决定了动产担保物权的优先受偿次序等。

四、关于新类型担保物权的公示问题

最高人民法院“关于召开新类型担保法律使用问题研讨会的函”对新类型担保物权的公示问题和效力问题提出了研讨要求。陈文也对上述两个问题分别给出了较为详尽的回答。恰如对新类型担保物权属性的认定那样，不能认识到多元化动产担保物权立法模式的局限性，不能跟踪动产担保物权一元化立法模式的新发展，以及不能正确解读我国《物权法》担保物权编的新发展等，导致了对上述两个问题的回答，都带有很大的不足甚至在笔者看来是明显的错误。

关于动产担保物权的公示问题，我国多元化动产担保物权立法模式给予的回答是：动产抵押权以登记为其公示方式，动产质权以占有为其公示方式，权利质权以登记或“交付”为其公示方式；一元化动产担保物权立法模式给予的回答是：动产担保物权的公示方式一般是“登记公示、占有公示和控制公示”——所有类型动产之上的担保物权都可以登记方式公示，只有有形动产之上的担保物权可以占有方式公示，个别动产包括“投资财产、储蓄账户、电子契据和信用证权利”之上的担保物权可以或者必须以“控制”为公示方式。综合国内外动产担保物权的公示方式，登记、占有是其主要公示方式，控制是新出现的一种公示方式，仅适用于个别“动产”，其实质是对这些个别动产的抽象的“占有”。

陈本寒教授在谈及新类型担保物的公示问题时，提出了两项原则：一项是确定新类型担保公示与否的原则，另一项是新类型担保如何公示的原则。

针对第一项原则，陈本寒教授认为，应当甄别新类型担保的法律性质，对于属于物权性质的担保，应当要求公示；对于债权性质的担保，则无须公示。至于哪一种新类型担保属于债权性质的担保，陈本寒教授认为，最高法院邀请函中提到的“保理融资”性质上即属于债权性质的担保，因而无须公示。① 并为此进一步阐述，债权性质的担保之所以无须公示，是因为该担保权性质上属于债权，而债权为请求权，没有排他效力，公示对第三人来说毫无意义。陈本寒教授通过“物权性担保”和“债权性担保”两个法学概念的运用，就把“保理融资”过渡到了“债权性担保”之列。应该讲，“物权性担保”和“债权性担保”之概念，是基于我国《担保法》规定的担保类型而归纳出的学理概念，其中的“债权性担保”是指《担保法》中规定的保证和定金两种担保类型。因这一担保类型对其担保财产上设定的担保权是非排他性担保权，所以，就是债权性担保权。但陈本寒教授文中所提“保理融资”，被其认定为性质上不属于应收账款质押，而属于应收账款的让与担保。此处暂且不说“保理融资性质上属于应收账款的让与担保”是否正确，但就其是否属于担保物权而言，我国法学理论一向认定“让与担保”是担保物权，且曾经是一项非典型担保物权，且陈本寒教授本人也直言保理融资是担保物权。所以，陈本寒教授在文前认定保理融资是担保物权的情况之下，在其文后又在学理

① 保理，即保付代理的简称，又称为“代理融通”“应收账款承购”等，是在赊销条件下，企业将由赊销形成的应收账款请求权有条件地转让给银行，银行为该企业提供贷款，并负责管理、催收应收账款；债务履行期届至时，企业可以还款回购应收账款请求权，银行应将应收账款请求权返还给该企业；如果企业到期不归还银行贷款，银行则取得应收账款请求权的完整权利；如果应收账款变成呆账或坏账，实践中有两种做法：一种是有追索权的应收账款办理，另一种是物追索权的保理。

上将保理融资说成是债权性担保，系“前言不搭后语”。此其一。

其二，即使是债权，如果其具有价值且可以被让与，也是可以被作为担保物权标的物的。且此时，以债权为担保物权标的物的担保物权，亦如同以不动产或者动产为标的物的担保物权一样，同样是担保物权，也同样需要公示并以此公示实现得以对抗善意第三人的目的。在此顺便交代的是，担保物权需要公示，不等于担保物权必须公示。我国《物权法》担保物权编关于抵押权的设定大量采公示对抗主义，就是最有力的说明。因此，陈本寒教授所言“物权性担保基于物权公示原则的要求必须进行公示”的判断，是经不起理论推敲和比较法考察的。陈本寒教授以此错误判断为基点，并进而推断保理融资“本质上属于债权，不具有排他性，因此无须公示”，就是“错上加错”——将保理融资定性为债权本身就是错误，如果将以债权为担保标的物的担保物权经过公示也能产生排他效力，也予以否定，就更是错误。再进一步而言，陈本寒教授将让与担保与抵押权断然割裂开来的认知，与我国《物权法》制定过程中学界对“让与担保性质上即抵押权”的认定相左。①

关于第二项原则即“新类型担保如何公示”的问题，陈本寒教授认为，“担保物权的公示方法应当与其客体的流转方式相一致”，并以《德国民法典》第1274条、《瑞士民法典》第900条以及我国台湾地区“民法典”第902条为证，加以说明。遗憾的是，陈本寒教授在拿出过时了的多元化担保物权立法模式说事的同时，唯独没有拿出我国《物权法》担保物权编的规定加以说明。为何？恰如前文所言，尽管我国《物权法》担保物权编在形式上依然是多元化立法，但其在内容和精神等方面，已经将一只脚踏入了一元化立法的门槛。“法律、行政法规不禁止的财产”都可以抵押的规定，就已经将该法归入了一元化立法的大门。该立法的其他方面暂且不言，仅陈本寒教授的“担保物权的公示方法应当与其客体的流转方式相一致”的判断，在该法制背景之下就不再成立——所有可以“占有”为其公示方式的动产质权，同时又都是可以“登记”为其公示方式的抵押权；除了有权利凭证的权利质权可以“交付”权利凭证为

① 全国人大常委会法制工作委员会民法室主编：《物权法（草案）参考》，中国民主法制出版社2005年版，第422页。

其公示方式外，所有的权利（有凭证以及无凭证）质权都是可以“登记”为其公示方式。所以，在动产担保物权的公示方式上，我国《物权法》担保物权编已经与一元化动产担保物权立法采取了基本一致的做法——唯独没有明示确立动产担保物权的“控制”公示方式——一种对权利质权的抽象“占有”。①

基于以上分析，关于新类型担保的公示问题，宜借鉴一元化动产担保法，确立登记、占有、控制三类公示方法——所有类型的担保物权都可以登记为其公示方法、有形动产上的担保物权可以占有为其公示方法，个别类型财产上的担保物权可以或者必须以控制为其公示方法。

五、新类型担保的效力问题

陈本寒教授将新类型担保的效力问题分为两个方面：一是“依法定方式公示的新类型担保的效力”问题，二是“未依法定方式公示的新类型担保的效力”问题。

本文仅就前一个问题进行研究，因为解决了前一个问题就基本解决了后一个问题。② 关于“依法定方式公示的新类型担保的效力”问题，陈本寒教

① 陈本寒教授还以我国《物权法》第228条和中国人民银行《应收账款质押登记办法》为依据，以“各国立法在债权质押公示问题上，采用出质人通知其债务人并向质权人交付设质债权凭证的方式不同”为参照，对债权质押的公示进行了论述，认为：从登记的目的、登记的适用主体、登记的客体以及登记的弊端来看，都是值得商榷的。就“登记的目的”而言，陈本寒教授认为“我国《合同法》关于合同债权转让的限制条件中，既未规定登记的质押债权不得转让，也未规定债权受让人有查阅义务”，但他忘记了《物权法》的有关规定；就“登记的适用主体”而言，陈本寒教授认为“《登记办法》主要解决与商业银行有借贷关系的企业或个人的债券质押的公示问题”，因而适用范围过窄，但他忘记了这是中国人民银行颁布的办法；就“登记的客体”而言，陈本寒教授认为“质押的债权从本质上来说，仍然属于请求权、相对权的性质，这一性质并不因设质而改变”，但他忘记了这是以债权为标的设定的担保物权；就“登记的弊端”而言，陈本寒教授认为“登记方法必然涉及登记申请、登记审查等烦琐程序，以及登记费用收取等”，但他没有注意到登记的优点以及登记的比较法上的大量采用。

② 陈本寒教授对“未依法定方式公示的新类型担保的效力”问题分三个方面进行了研究：一是“新类型担保符合权利质权客体要求，但未进行公示的，应当认定质权不成立”；二是“未经公示的新类型担保，如果担保协议的内容和形式符合我国《民法通则》关于法律行为有效要件的规定，应当认定担保有效，但构成债权性质的担保，性质上应属于权利的让与担保，担保权利人对担保标的的变价不享有优先受偿权”；三是“让与担保属债权性质的担保，既无担保公示的要求，也无禁止‘流质’或‘流押’的规定”，所以，“法院作出的担保无效或者流质约款无效的判决，均是错误的”。笔者对陈本寒教授的上述三个观点持否定态度，读者从笔者在文中的论述即可以读得出来。

授认为有两种情形应当区别对待：一种是新类型担保虽然进行了公示，但公示方法不符合法律要求的。对此，陈本寒教授认为，应当认定权利质权不成立，当然，具有权利质权的效力也就无从谈起。其理由有二：一是认为“不同的物权有不同的公示方式方法，公示方法法定是物权法定原则的主要内容之一，不允许当事人自由创设”；二是认为“错误的公示根本起不到告知的作用，这样的公示与未公示没有任何区别”。因此，其结论是：在错误公示的情况下，应当认定权利质权不能成立。

对陈本寒教授的上述见解，有两点需要甄别：一是什么是错误的公示，二是错误公示的效果。

关于错误公示，陈本寒教授认为，“用交付权利凭证替代质押登记的，或者用权利凭证的交付替代背书质押的情形等”，就是错误公示。陈本寒教授得出这一结论的前提仍然是，新类型担保身属“权利质权”，登记或者背书是其正确的公示方式，权利证书的交付则不是其正确的公示方式。殊不知，我国的动产担保物权体系已经发生了很多的变化，尽管其在形式上仍是多元化立法模式，但在内容上以及精神上，已经是初具一元化立法模式。仅就公示方式而言，在新类型担保上设定的担保物权的公示方式就有登记、占有和控制等多种可以同时被适用——尽管有的新类型担保物权的公示方式具有个别性，如有权利凭证标的担保物权可以占有权利凭证的方式公示，个别权利上的担保物权可以控制公示，但正如前文认定的那样，所有标的物上的担保物权都是可以登记进行公示的。如此一来，同一标的物上的担保物权就可能有多种公示方式——有权利凭证的标的物上的担保物权可以同时使用占有、登记等公示方式，个别权利上的担保物权可以同时使用控制、占有和登记等公示方式。但如果一下手就把新类型担保置身于权利质权之列，并以此为前提推演其公示方式，就犯了前提性逻辑错误。了解这一点，对我们界定一些现有法制下的新类型担保物的公示方式，很有必要。

关于错误公示的效果，陈本寒教授认为，“在错误公示的情况下，应当认定权利质权不成立”。同样，将新类型担保视作权利质权，是其得出此一结论暗含的逻辑前提。这一判断还来自陈本寒教授文中的这样一段话：错误公示“与未公示没有任何区别，而公示行为又是物权变动的必备行为”。将公示行为作为物权变动的必备行为，只能是在我国《物权法》之“权利质权”法制下得出的结论。相比较于动产抵押权之采行公示对抗主义，公示不是物权变动的要件而言，这一结论定然是不周延的。所以，在逻辑上，将新类型担保视作或者归入何种担保物权类型，是确立其适用何种规则的前提：将新类型担保视为权利质权，适用公示生效主义规则；将新类型担保视为抵押权，则可适用公示对抗主义规则。尤其在法学理论上以及比较法视野里，动产担保物权公示生效主义难以找到合理根据的情况下，断言经错误公示的新类型担保物权不成立，就确实难以被接受。①

六、完善我国新类型担保法律适用的思考

新类型担保纠纷在司法实务中之所以令人困惑，绝非是因为“我国在学说理论和司法实践中缺少对让与担保制度的研究和认可”。因为，让与担保制度在我国《物权法》制定过程中的定性早有盖棺之论：让与担保本质上就是抵押权。② 而我国《物权法》担保物权编中的抵押权制度，则采取了“法律、行政法规未禁止抵押的财产”都可以抵押的宽阔胸襟。这一规定极大地扩展了抵押权制度的适用范围。这一现象，被笔者认定为是动产抵押权制度对动产让与担保制度、权利质权制度的吸收——抵押权的泛化、质权的矮化现象。③ 就是在这里，笔者与陈本寒教授开始了理论观点的分野：陈本寒教授把新类型担保视为让与担保——动产担保物权的多元化结果；笔者把新类型担保视为抵押权——动产担保物权的一元化操作。以此为分歧之始点，随后的相关各个问题的结论也就相去甚远了。

任何财产，只要具有价值且具有可让与性，都是可以作为担保物权之客

---

① 陈本寒教授在其文中还涉及“流质”条款的效力问题，认为“流质”条款无效。笔者认为尽管《物权法》关于流质问题上使用了“不得”字眼，但从其规制时间上以及利益衡量上看，应解为“可撤销”即可——担保人在债务履行期届满后，可以撤销该约款，如其不行使撤销权且依约履行，则可认为其在债务履行期届满后达成了新的“流质”约款。限于篇幅，本文对此在正文中不展开论述。

② 全国人大常委会法制工作委员会民法室编著：《物权法（草案）参考》，中国民主法制出版社2005年版，第418~423页。

③ 董学立：《形在而神移：论物权法担保物权编的新发展》，载梁慧星主编：《民商法论丛》第42卷，法律出版社2009年版，第159~184页。

体的。① 如此一来，与行政主管部门的审批权有关的公用事业收费权、企业排污权等，当然也就在一定条件下可以作为担保物权的客体。陈本寒教授关于“以公用事业收费权为客体的担保，未经行政主管部门书面同意设立的，应当认定该质押担保不成立”的观点，与时下学界关于法律行为成立与效力的基本观点相左；其关于“企业排污权不宜作为权利质押的客体”的判断，更是被时局断然击破。②

从我国《物权法》担保物权编关于动产抵押权的公示立法主义来看，以及从国外一元化动产担保物权立法采行的公示立法主义来看，动产之上设立的担保物权均采行公示对抗主义。在采行公示对抗主义的法制下，未经公示的动产担保物权也是物权性质的担保——公示要素的附加，改变的仅是该担保物权的对抗效力，而非其已经是作为物权的支配效力。

在司法实务中，最高人民法院应当通过判例或司法解释，将新类型担保统统置于抵押权制度中处理，以为最终实现担保物权的一元化、现代化做准备。将新类型担保置于“权利质权”中调整的做法，于法无据。③

---

① 写作本文的过程中，笔者电话咨询了北京航空航天大学法学院刘保玉教授。他认为，如果我国《物权法》第223条第（7）项采取与第180条第（7）项同样的规定，则问题就没有这么复杂了。笔者领会其意思是，这些新类型担保都因此可以被置于权利质权一章调整。笔者赞同该观点。

② 2014年8月6日，国务院办公厅印发《关于进一步推进排污权有偿使用和交易试点工作的指导意见》（国办发〔2014〕38号），提出到2015年底前试点地区全面完成现有排污单位排污权核定，到2017年底基本建立排污权有偿使用和交易制度，为全面推行排污权有偿使用和交易制度奠定基础。

③ 董学立：《我国意定动产担保物权法的一元化》，载《法学研究》2014年第6期。

浮动抵押的财产变动与效力限制*

内容提要：《物权法》第 181 条规定了浮动抵押制度。浮动抵押的突出特征在于抵押财产的可变性。与此相适应，《物权法》第 189 条第 2 款规定了正常经营活动中的购买人不受追及规则，即浮动抵押权不得对抗正常经营活动中已支付合理价款并取得抵押财产的购买人。但《物权法》未就与浮动抵押同样密切相关且更具实践价值的购买价金担保权的效力作出规定，对购买人不受追及规则的植入也并非周到、科学。为此，须借鉴他国经验予以补充完善，构建统一而明晰的动产担保物权受偿次序规则。

关键词：浮动抵押；购买人不受追及规则；购买价金担保权；受偿次序

我国《物权法》第 181 条规定："经当事人书面协议，企业、个体工商户、农业生产经营者可以将现有的以及将有的生产设备、原材料、半成品、产品抵押，债务人不履行到期债务或者发生当事人约定的实现抵押权的情形，债权人有权就实现抵押权时的动产优先受偿。"学界通说认为，此条乃动产浮动抵押之规定。① 《物权法》第 189 条第 2 款又规定："依照本法第 181 条规定抵押的，不得对抗正常经营活动中已支付合理价款并取得抵押财产

---

* 本文原标题为《浮动抵押的财产变动与效力限制》，载《法学研究》2010 年第 1 期。

① 参见最高人民法院物权法研究小组编著：《〈中华人民共和国物权法〉条文理解与适用》，人民法院出版社 2007 年版，第 542 页；刘智慧主编：《中国物权法释解与应用》，人民法院出版社 2007 年版，第 526 页。但是梁慧星教授认为，按照物权法第 181 条的规定设定抵押权，不论是抵押标的物的范围还是其特定性，都与浮动抵押的基本特征不同，因此该条规定的抵押制度既不是发达国家浮动抵押制度之移植，也不同于第 180 条第 2 款规定的企业财产集合抵押制度，而属于针对我国社会经济生活实际需要，参考 20 世纪 90 年代以来国际企业动产非占有型担保制度之发展趋势，所创设之一种新型抵押制度。参见梁慧星：《特别动产集合抵押》，www. civillaw. com. cn，2008 年 12 月 25 日访问。笔者认为，由于第 181 条使用了"现有的以及将有的"一词，可以认定其是浮动抵押之规定。当然，我国的浮动抵押确实与国外的浮动抵押有些许不同。

产的购买人。”可以认为本条规定了正常经营活动中的购买人不受追及规则（以下简称“购买人不受追及规则”），美国动产担保交易法称之为“依商业常规交易中的购买人”（buyers in the ordinary course of business）不受追及规则。[①] 不仅如此，与浮动抵押制度密切相关，美国动产担保交易制度中还有一项更为重要的制度，即“购买价金担保权”（Purchase Money Security Interests，简称 PMSI），人们习惯上称之为“超级优先权”（superpriority）。[②] 与购买人不受追及规则主要处理浮动抵押权对浮动抵押财产“流出物”的效力不同，购买价金担保权制度所要解决的是在浮动抵押存续期间，浮动抵押财产“流入物”上的抵押权受偿次序问题。作为法律政策考量的产物，不论是前者还是后者，都是物权优先顺序之“登记在先原则”的例外。[③] 这些例外得以产生的基础，当然是浮动抵押的特性。

我国《物权法》既已明文规定了浮动抵押，受其特性所决定，理应进一步规定与浮动抵押制度密切相关的其他制度。[④]《物权法》没有规定与浮动抵押同样密切相关且更具有实践价值的购买价金担保权的效力，并且对购买人不受追及规则的植入也并非周到、科学。上述种种情况，必将使物权法的日后适用遭遇难题。本文参酌国外先进立法，对上述诸问题加以研讨，以期对完善我国《物权法》有所裨益。

一、浮动抵押及其相关制度

（一）浮动抵押及其特征

浮动抵押是在现有和将有的部分或全部财产上设定的抵押。在抵押权行使之前，抵押人在正常经营活动中对抵押物保有处分权。浮动抵押制度起源于英国的衡平法。19 世纪 50 年代前，英国并不承认浮动抵押制度。1870 年，

① 参见美国《统一商法典》第 9－320（a）款。
② 参见美国《统一商法典》第 9－324 条。
③ 参见董学立：《美国动产担保交易制度研究》，法律出版社 2007 年版，第 156 页。
④ 当然，《物权法》第 189 条第 1 款规定了浮动抵押的登记机构、公示主义，第 196 条规定了浮动抵押财产的确定。限于研究范围设计，本文仅就其中与抵押权行使顺序有密切联系的购买人不受追及规则和购买价金担保权进行研究。

英国上诉法院在 Panama New Zealand and Australian Royal Mail Co. 一案的判决中，认为公司可以为了发行债券将公司所有的不动产、权利、所有权及利益，包括发行债券之日现有的及日后可能取得的财产，作为本金和利息的担保，同时公司享有继续在抵押财产上经营的权利。自此，浮动抵押制度在英国正式确立并在原英联邦的大多数国家得到承认。由于浮动抵押在融资方面的优势，这一制度在世界各国和地区渐续采用，如美国统一商法典第 9-204 条对“嗣后获得财产”作了规定，加拿大、日本将浮动抵押制度规定于企业担保法中，我国香港公司条例和澳门商法典中也都有关于浮动抵押的规定。①我国《物权法》亦顺应时变、移植借鉴，在第 181 条规定了浮动抵押，可谓我国担保物权立法上的一大进步。

浮动抵押具有物的担保的一般特征，如旨在担保债权的实现、抵押权人支配物的交换价值等。与常态抵押相比，浮动抵押也有其特征。首先，浮动抵押的财产是“非特定物”。这一点是浮动抵押与一般抵押的根本差异，并决定了与浮动抵押相关的制度群衍生和设计。与常态抵押相比，此所谓“非特定物”，一是指浮动抵押物的集合性。浮动抵押的财产既可以是同种类的数个物，也可以是数种物的混合。在英国，浮动抵押物是公司现有的以及将有的某一类或者全部财产。此所谓“财产”，在英国是指能够带来收益的物、权利和利益。我国《物权法》以列举方式规定了可以设定浮动抵押的财产——现有的以及将有的生产设备、原材料、半成品、产品。这样一来，未被列入的其他财产如不动产、船舶、车辆、航空器以及权利等，就不能在其上设定浮动抵押。相比之下，尽管我国可以设定浮动抵押的物的种类有限，但没有改变浮动抵押物的集合性。二是指浮动抵押物的可变性（未来性）。浮动抵押物的集合性是其可变性的基础。浮动抵押以现有的和将有的财产作为

---

① 有观点认为美国和加拿大没有规定浮动抵押。参见全国人大常委会法制工作委员会民法室编著：《物权法（草案）参考》，中国民主法制出版社 2005 年版，第 412 页。对此笔者不能苟同。就美国《统一商法典》第九编“动产担保交易法”而言，该法在担保物的分类中有“库存”这一类型，而所谓库存，是指在某人控制之下用于销售、出租或基于服务合同供给的“物品”（不包括农产品）。此所谓“物品”专指有体动产。并且该法明文规定有“嗣后获得财产”、购买价金担保权以及“依商业常规交易”购买人不受追及规则，全然是以浮动抵押为中心的制度群设计。至于加拿大《魁北克民法典》，其第 2686 条规定，“只有经营企业的人或者受托经营企业的人才可就企业财产设定浮动抵押”，明文肯定了浮动抵押。

抵押物，浮动抵押人在正常经营活动中可以自由处分浮动抵押财产，因而存在现有的财产将来不一定仍然有（“流出”）和现无的财产将来拥有（“流入”）的可能。这就有了浮动抵押物的“流入”与“流出”以及浮动抵押物的“变现”等问题。也正是浮动抵押物的可变性，使其与集合抵押的区分清晰可见。从本质上讲，区分集合抵押与浮动抵押的关键在于抵押人在正常经营过程中有无自由处分抵押财产的权利。①

其次，浮动抵押的主体受有限制。早在浮动抵押创设初期，英国就对可以设定浮动抵押的主体有严格限制，即只有公司才可以设定浮动抵押，自然人和合伙则无权设定。日本法规定只有股份有限公司有资格设定浮动抵押。北欧国家的法律也规定只有公司才可以设定浮动抵押。而美国《统一商法典》第九编和加拿大《魁北克民法典》规定只有企业才可以设定浮动抵押。我国《物权法》第181条规定的主体包括“企业、个体工商户、农业生产经营者”，其主体范围较之国外立法虽趋于宽泛，但列举式的规定正表明了浮动抵押主体范围有限的特征。

各国对浮动抵押的设定人设有限制，正是基于浮动抵押财产的可变性，浮动抵押财产在行使担保权的事由确定前一直处于流动状态，且抵押权人对浮动抵押设定后企业正常经营活动中处分的财产没有追及力。在这种情况下，浮动抵押权能否最终实现必有很大风险。有鉴于此，各国遂对浮动抵押权的设定人资格予以限制。比较而言，我国物权法浮动抵押权设定主体的范围较为宽泛的立法目的在于“以防这种限制造成企业权利能力的不平等”，但这样的主体范围规定是否失之过宽，有待日后观察。

（二）与浮动抵押密切相关的制度

由浮动抵押财产的可变性所决定，无须经过任何附加手续，“流入”浮动抵押财产的特定物将自动变为浮动抵押财产，因而浮动抵押权人对其享有抵押权；与此相对，浮动抵押人在其正常经营活动中有权出售浮动抵押财产。在前者，如果“流入”浮动抵押财产的特定物之前设定有抵押权，之后

---

① 参见关涛：《浮动抵押刍议》，载《法学论坛》2007年第3期。

又自动负担浮动抵押权，就会产生同一物上两个抵押权之间的受偿次序问题。在后者，浮动抵押财产中的某一特定物在“流出”浮动抵押财产之前负担有浮动抵押权，如果浮动抵押人在其正常经营活动中出售抵押财产，则原先存在于出售物上的浮动抵押权能否约束买受人，也会成为问题。所以，深入探讨与浮动抵押相关的抵押权的受偿次序和对抗效力问题，就成了中国《物权法》背景下不能回避的课题。

更重要的是，担保物权法当是以同一物上物权之间的优先顺序为核心而建构的法律制度。① 我国《物权法》担保物权编因延续同一动产上担保物权类型的立法切割，分为动产抵押权、动产质权、权利质权和留置权，使同一动产上不同担保物权之间的整体性问题，如数个担保物权之间的受偿次序问题以及动产抵押权的统一登记问题等，被立法忽视了，不仅没有规定统一的动产担保物权受偿次序规则，分散的几个规则也不够科学。② 担保物权受偿次序规则的不完备也使其他规则形同虚设。

二、购买价金担保权

如前所述，如果“流入”浮动抵押财产的“特定物”在其流入前设定有抵押权，在其流入后自动负担浮动抵押权，就会产生同一物上两个抵押权之间的受偿次序问题。对于这样的问题，美国《统一商法典》第九编有“购买价金担保权”制度予以回应。为便于理解，可以先看一个案例：

A 是一服装销售商，6 月 1 日，A 以现有和将有的服装设定浮动抵押，从银行 B 处获得贷款 100 万。次日，银行 B 在登记部门完成了浮动抵押权登记。11 月，A 决定再购进一批由 D 公司设计生产的价值 80 万的冬大衣。由于资金有限，A 决定再设法融资。A 再融资的渠道之一是继续向银行 B 申请贷款，或者向另一家银行 C 请求贷款，并在购进的冬大衣上给银行 C 设定一个抵押权。当然，A 还可以与冬大衣的生产厂家 D 达成协议，约定 A 拥有价值 80 万的冬

① 美国《统一商法典》第九编分为七章：总则、担保合同的效力及当事人的权利、担保物权的公示及优先受偿顺位、第三人的权利、登记、违约、过渡规定。从中不难看出，不论是担保权的设定和公示，还是登记和违约，都是围绕担保权的受偿次序展开的。

② 参见董学立：《如何理解〈物权法〉第 199 条》，载《法学论坛》2009 年第 2 期。

大衣的所有权，为了担保80万购买价金的偿还，A在购进的该批冬大衣上给D设定一个抵押权。不管是A向银行C贷款融资，还是向生产商D协商融资，从经济意义上讲，A均是通过担保权的设定获得了购买冬大衣的价金，因而这类担保权被称为“购买价金担保权”。并且，这批新购进的冬大衣一经交付给抵押人，按照浮动抵押财产的可变性，其就自动成为浮动抵押财产的一部分。由此，就产生了浮动抵押权与购买价金担保权之间的受偿次序问题。

（一）购买价金担保权之含义

依照修订前的美国《统一商法典》第九编第9－107条，担保物之出卖人为担保应得价金之全部或一部而取得或保有的担保权为购买价金担保权；此外，他人通过提供贷款或引发债务，提供资金以使债务人能够并事实上用于获得担保物之权利或使用，该他人取得的担保权亦为购买价金担保权。相比之下，修订后的美国《统一商法典》第九编第9－103（b）款对购买价金担保权的定义更为具体而复杂：如果物品是与担保权相关的购买价金担保物，则该物品之上的担保权即为购买价金担保权。在这个定义中，关键是如何理解“购买价金担保物”（purchase－moneycollateral）。对此，第9－103（a）（1）款给出了定义：所谓购买价金担保物，是指担保由其引起的“购买价金债务”的物品或软件。[①] 而第9－103（a）（2）款亦规定，所谓购买价金债务，是指债务人因购买担保物的全部或者部分而引起的价金债务，或者是债务人对提供资金以使其能够并事实上用于获得担保物的权利或使用之人所负的债务。“购买价金担保物”和“购买价金债务”的定义是购买价金担保权之定义的一部分，它们共同构成了购买价金担保权的完整意义。

许多商人，尤其是那些以信用出售和出租的商人，其业务的开展在很大程度上依赖于“库存”的大量流转。[②] 如果其供应商要求现金交易，他们就

---

① 该定义中的担保物尚包括软件，此处不展开讨论。

② 美国《统一商法典》第九编第102条之（48）项对库存有如下定义：库存是指农产品之外满足下列条件之一的有体动产：（1）被出租人所出租的动产；（2）被人持有的用于出卖、出租或者依服务合同供给的有体动产；（3）依服务合同已经供给的动产；（4）包括原材料、半成品以及经营活动中使用或者消耗的材料。

无力承受购买人和承租人以分期付款方式的支付，但这种信用销售仍可通过银行或其他机构的加入而得以维持。如果长远的营销计划需要担保融资的话，就可以把交易设计成购买价金担保交易。如果某人提供贷款“并且该贷款使债务人能够并事实上获得对担保物的权利或使用”，这种交易方式就创设了购买价金担保权。

（二）购买价金担保权之类型

从上述案例中可以看出，为了获得购买冬大衣的价金，服装店有两种融资方式：一种是在冬大衣（购买物）上给出售人设定担保权以获得出售人的贷款，① 这种担保权被称为“出售人的购买价金担保权”；另一种是在冬大衣（购买物）上给银行设定担保权以获得银行的贷款，这种担保权被称为“融资机构的购买价金担保权”。这是以购买价金担保权人的不同为分类依据的。②

1. 出售人的购买价金担保权

在出售人的购买价金担保交易中，担保物的出售人和担保物的购买人除了签订包括付款方式等内容的买卖合同外，还要另行签订一个担保协议。该担保协议规定双方当事人在担保物（即出售物）上的权利与义务：购买人拥有担保物，对担保物可以行使所有权人的权利；出售人在此担保物上拥有购买价金担保权，用以担保购买人未偿还的全部或部分购买价金债务，在购买人未按买卖合同的约定履行付款债务时，出售人可以通过主张其在担保物上的担保权来实现尚未支付的价金债权。

需要指出的是，出售人获得购买价金担保权之后，如其出现资金短缺，可以将此购买价金担保权转让给金融机构以获得贷款。此时，融资机构因受让而对出售物享有购买价金担保权，购买人因此负有向金融机构偿还购买价金的义务。在这种情形下，发生了两种购买价金担保权的转化，即出售人的购买价金担保权转化为下面要讨论的融资机构的购买价金担保权。

---

① 出售人没有提供法律意义上的贷款，仅有经济意义上的贷款。

② 在美国动产担保交易法上，以抵押物是否为库存为标准，购买价金担保权还可以分为“库存购买价金担保权”和“非库存购买价金担保权”。这一分类的意义在于两者的完善（即公示）时间以及获得该担保权的要求不同。

2. 融资机构的购买价金担保权

与出售人的购买价金担保权相比，融资机构的购买价金担保权略显复杂。在融资机构的购买价金担保交易中，涉及三方当事人，即购买人、出售人和融资机构。这种类型的购买价金担保权是指购买人与融资机构协商，约定融资机构出资替代购买人向出售人支付部分或全部购买价金，购买人则在购买物上给融资机构设定购买价金担保权。在具体的物品买卖中，同样存在两个合同，一个是购买人与出卖人之间的物品买卖合同，另一个是融资机构与购买人之间的担保权设定协议。在担保权设定协议中，规定购买人的还款义务、还款方式和融资机构在购买物上的担保权。在购买人不能按约定向融资机构履行还款义务时，融资机构可以主张其在购买物上的购买价金担保权，以此实现其信贷债权。

与出售人的购买价金担保权有异，融资机构在主张其购买价金担保权时，需要证明以下两点：一是证明融资机构的贷款使购买人能够获得对担保物的权利或使用；二是证明其贷款在事实上被用于购买担保物，即要求融资机构追踪贷款的使用。① 对于这两点的证明，有经验的融资机构不会存在问题：担保物买卖之前的银行贷款协议可以证明第一点；而贷款银行以出售人名义或以出售人与购买人联合名义开具的支票可以证明第二点，即贷款事实上被用于购买担保物。

（三）购买价金担保权之优先受偿

在浮动抵押合同中，必然有“嗣后获得财产约款”，约定抵押人嗣后获得的财产当然进入浮动抵押财产，浮动抵押权人对嗣后获得的财产享有抵押权。如果此嗣后获得的财产在流入浮动抵押财产之前已负担购买价金担保权，当债务人陷入破产或者对在先浮动抵押权人和购买价金担保权人违约时，浮动抵押权与购买价金担保权对嗣后获得财产之拍卖价金的受偿顺序如何？按照登记在先原则，浮动抵押权因其登记在先而应优先于购买价金担保

① Gerald T. Mclaughin, Purchase Money Lending Under Revised Article 9: Teaching an Old Dogma New Tricks, 35 (4) Uniform Commercial Code Law Journal 1 -45.

权而受偿。但此种适用效果定会使购买人难以从任何人那里获得任何贷款，将严重阻碍融资活动的有效开展并可能使浮动抵押人陷入经济困境。因此，应为登记在先原则设定例外，赋予后设定（登记）之购买价金担保权优先于先登记之浮动抵押权的效力。对此，《物权法》没有考虑到购买价金担保权这一经济社会之融资方式，因而也没有就购买价金担保权与浮动抵押权之间的受偿次序作出安排。

《物权法》可以参考和借鉴的是，美国《统一商法典》第九编第9－321条赋予购买价金担保权超级优先权的效力，即优先于在先设定的浮动抵押权而受偿。这一规则的适用，不仅会有力地保护购买价金担保权人的利益，也将为浮动抵押人扩展融资渠道提供便利。

（四）购买价金担保权优先受偿之意义

对于购买价金担保权的优先受偿地位，可以从以下视角进行深入观察和详细说明。

1. 从购买价金担保权人角度的观察

对于购买价金担保权人即出售人或者融资机构来说，他们之所以愿意为购买人提供购买物品的价金，就在于他们期待在该购买物上获得一个确保其贷款得到偿还的担保权。但是，按照登记在先原则，登记在先的浮动抵押权将优先于购买价金担保权，这将使出售人或者融资机构失去放贷信心。可能结果是，要么购买价金担保权人在放贷之前付出成本检索债务人的财产担保情况，要么因恐于登记在先原则的适用而不予放贷。试想，在债务人依据《物权法》第181条设定浮动抵押之后，如果《物权法》没有确保后续贷款人债权实现的制度设计，还有谁会给浮动抵押人提供后续贷款？如何在不损及相关当事人利益的基础上，缓和登记在先原则的僵化，强化对信贷人的债权保护，促进经济和社会发展，就成为摆在人们面前的法律难题。作为登记在先原则之例外的购买价金担保权优先受偿的制度供给将会解决这一制度窘境。

2. 从浮动抵押权人角度的观察

购买价金担保权人希望优先受偿，是完全可以理解的。但如果其他利害关系人如浮动抵押权人因此遭受重大损失的话，则购买价金优先受偿的制度安排也未必能够成行。然而事实上，购买价金担保权人优先受偿并不会损及在先浮动抵押权人的利益。

为了说明问题，还是先看一则案例：甲银行于5月1日借贷给A债务人10万元，并在A现有的价值10万元的商品和将有的该类商品上设定了浮动抵押权以作债权实现之担保。6月1日，A从出售人乙处购得价值2万元的该类新商品，为担保2万元购买价金的偿还，A在购得的该类新商品上给乙设定了购买价金担保权。这样，A总共拥有价值12万元的商品并承担12万元的债务。出售人乙在该类新商品上拥有购买价金担保权，这意味着出售人乙可以将债务人增加的2万元债务与增加的价值2万元的该类商品联系起来。从经济上讲，甲银行不会因为法律赋予出售人乙在该类新进商品上的购买价金担保权（虽然其产生在后）而受到损害，因为甲银行仍然拥有10万元的债权，并且这10万元的债权仍然用价值10万元的商品做担保。所以，赋予购买价金担保权人以优先受偿权并不会损害在先浮动抵押权人的利益。

其实，对于在先浮动抵押权人来说，他非但没有因购买价金担保权的设定和存续受有损害，相反，还因嗣后财产的“流入”而无偿获得了一个存在于购买物上的第二顺位抵押权；并且，在购买价金担保权所担保的债权因清偿而消灭时，浮动抵押权人进而会在购买物上得到一个第一顺位抵押权。

3. 从债务人角度的观察

登记在先原则以保护债权人为制度设计之本。但如果严格贯彻该原则，就有可能致债务人于经济困境：一方面，债务人的现有担保权人出于风险的考虑可能不会给债务人增加贷款；另一方面，其他借贷人则因为受到现有浮动抵押权的压制而拒绝提供信用。因此，在浮动抵押权存在的前提下，登记在先原则使债务人扩展融资的活动受到了极大限制。这也足以使得债务人在经济活动中受制于现有浮动抵押权人，其或者拒绝给债务人提供后续贷款，或者提出债务人难以承受的放贷条件，这些都将严重影响债务人顺利和有效地开展经营活动。所以，为了保障债务人的利益，在浮动抵押权存在的情况下，必须创设登记在先原则的例外规则——赋予登记在后的购买价金担保权优先于登记在先浮动抵押权的效力——借保护后续贷款人债权实现之名，践行保障债务人顺利开展经济活动之实。

所以，从债务人的角度观察，设置购买价金担保权的意义在于，消除浮动抵押环境下登记在先原则给债务人造成的困境。如果将这一困境放大，则登记在先原则对债务人的经营活动施加了不应有的控制，抑制了商品经济社会的市场竞争。[①] 因此，平衡登记在先原则在浮动抵押环境下造成的权利配置失衡，更好地促进财物流转，就成为创设购买价金担保权优先受偿制度的根本动因。有了购买价金担保权的优先受偿制度，债务人就得以扩展融资渠道，先期放贷人与后续放贷人之间就形成了市场竞争，债务人也因顺利取得贷款而有能力继续参与市场竞争，竞争的市场环境由此得以形成并良性运转。

三、正常经营活动中的购买人不受追及规则

与流入浮动抵押财产之特定物上的购买价金担保权相对应，流出浮动抵押财产之特定物上的购买人[②]所有权，与浮动抵押权之间也有一番“较量”。一般来说，为了保护抵押权人的利益，在抵押权设定之后，立法对抵押人处分抵押物多设有限制。[③] 但这一常规若适用于浮动抵押，尤其是适用于以“库存”为浮动抵押财产的浮动抵押，则显与经济生活之常规相违逆：依其属性，“库存”本是抵押人（债务人）在正常经营活动中得以处分的财产。所以，当债务人在正常经营活动中出售负担有浮动抵押权的“库存”时，也存在浮动抵押权能否对抗购买人的所有权的问题。

美国担保交易法律制度由此规定了依商业常规交易的购买人不受追及规

① William H. Lawrence, William H. Henning & R. Wilson Freyermuth: *Understanding Secured Transactions*, Lexis - Nexis, 2004, p. 234.

② 美国《统一商法典》中“购买人”概念远不同于现实经济生活中的一般意义，是指通过自愿交易获得对某一财产的权利的人，包括担保权人、买主和承租人。

③ 参见《物权法》第191条。尽管有不少法律作了这样的规定，但从原理上讲，抵押人处分抵押物并非就直接影响或者侵犯了抵押权人的利益。首先，抵押权是一种价值权，在抵押权登记的情况下，抵押权人可以凭在先登记对抗后续购买人以保护自己的利益；其次，抵押权人可以要求抵押人以卖得之价款提前清偿债务或者提存以保护自己的权利；再次，“未经抵押权人同意不得处分抵押物”的法律规定显得过于生硬，因为有时这一规定会严重阻碍抵押人处分抵押物以获得比较高额收益的机会。所以，两相权衡，应以允许抵押人自由处分抵押物为原则，以处分抵押物不得损害抵押权人的利益为补充；以法律不作禁止性规定为原则，以允许当事人约定为补充。

则——购买人对购买物的所有权不受在先浮动抵押权的追及。我国《物权法》第189条第2款也作了类似规定：依照第181条规定抵押的，不得对抗正常经营活动中已支付合理价款并取得抵押财产的购买人。该款赋予购买人对购买物有得对抗该物上在先浮动抵押权的权利，可以称为正常经营活动中的购买人不受追及规则。与国外相关制度相比，我国关于购买人不受追及规则的规定较为简陋，甚至有错误之处。故此，参照国外先进立法，检视我国立法并予以补漏和完善，应属必要。

（一）购买人不受追及规则的制度意义

出于对交易安全的关照，购买人作为信息有限的交易第三人，始终受到民事法律的特别呵护，善意取得制度的设立就是典范。与善意取得制度这一普适性的交易安全制度相比，购买人不受追及规则对交易安全的保护更进一步，其非但不要求购买人负担查询动产担保权属信息的义务，而且即使购买人知悉所购买动产上负担有浮动抵押权，也不受该浮动抵押权的拘束。

美国《统一商法典》第九编规定，依商业常规购买物品（不包括农产品）的购买人不受其直接出售人所设定之担保权的拘束，该担保权已经公示且购买人也知晓其已经公示的，亦同。[①] 例如，消费者A从百货商店购买了一台冰箱，即使该冰箱负担有已经公示的担保权，A自己、社会公众以及其他担保债权人都不会期待A受到已经公示之担保权的拘束，同时，也不会期待A对登记系统进行查询以确定百货商店是否在作为“库存”的冰箱上为第三人设定了担保权。

美国《统一商法典》第九编对这样的现实商业生活予以接受，因而也就有了其第9-320（a）款之规定。从该款规定之设计目的来看，其用意在于保护从经销商的“库存”中购买物品的当事人的权利。[②] 生活常识告诉人们，对于从“库存”中购买物品的购买人而言，要求其在购买之前在登记公示系

---

① 美国《统一商法典》第9-321（c）规定了承租人依商业常规的租赁权益不受在先担保权拘束的情况。为论述之方便，本文仅就购买人依商业常规的所有权交易进行研究。

② William H. Lawrence, William H. Henning & R. Wilson Freyermuth: *Understanding Secured Transactions*, Lexis - Nexis, 2004, p. 253.

统中查询购买物品上是否负担有担保权，是对市民社会商业生活的法律嘲弄。与不动产的任何形式的买卖都需要购买人查询登记不同，依商业常规交易的物品买卖无须购买人负担查询义务。很多人相信，是对交易成本的降低诉求以及动产之占有权利外观决定了这一结局。因此，美国《统一商法典》并没有要求依商业常规交易的购买人查询登记。我国《物权法》第189条第2款同样没有要求购买人在正常经营活动中负担查询义务，只要其已支付合理价款并取得抵押财产足矣。

（二）购买人不受追及规则的适用要件

购买人要不受在先浮动抵押权的拘束，需要满足众多条件。总结美国《统一商法典》第9－320（a）款与第1－201（9）款的规定，这些条件包括：（1）须是“依商业常规交易”的购买人；（2）必须给予一定形式的对价；（3）从销售该类物品的销售商那里购进（也就是“库存”的销售）；（4）须为善意，不知道其购买行为侵害了其他人的所有权或者担保权；（5）须非从从事农业经营的人那里购买农产品；[①]（6）相竞争的担保权须由购买人的出售人创设。

参酌美国《统一商法典》的上述内容，结合我国《物权法》的有关规定，可以认为购买人不受追及规则应满足以下要件：

1. 出售人的“正常经营活动”

从《物权法》第189条第2款的规定来看，“正常经营活动”是指购买人的正常经营活动还是出售人的正常经营活动，不甚明了。参酌美国《统一商法典》的规定，《物权法》规定的“正常经营活动”应是指出售人的正常经营活动。为明确起见，请看下面的案例：

假设A公司从事旧灯具的二手买卖，B银行在A公司的库存上设有已经公示的浮动抵押权。当A公司出售一旧灯具给C购买人用于装修其住房时，这一交易就是A公司的依商业常规交易即A公司的正常经营活动，因而美国

---

① 美国《统一商法典》第9－320（a）款没有对农产品的购买人提供保护，但美国联邦食品安全法案提供了平行保护。从我国《物权法》第181条的规定来看（设定浮动抵押的主体包括“农业生产经营者”），《物权法》对农产品的购买人也提供了保护。

《统一商法典》第 9－320（a）款予以适用——C 购买人对灯具的所有权不受 B 银行在其上设定的在先浮动抵押权的拘束。但如果 A 公司是从从事动画产业的 D 公司那里购进一个旧灯具，虽然 A 公司的购买行为属于“依商业常规交易”，但 D 公司出售旧灯具的行为却不属于 D 公司的“依商业常规交易”，尽管 D 公司可以一而再、再而三地出售其所有的旧灯具。所以，如果 D 公司在其旧灯具上设定了浮动抵押权，则上述第 9－320（a）款就不能适用，A 公司所购买之旧灯具仍然要受该浮动抵押权的拘束。①

所以，我国《物权法》第 189 条第 2 款中的“正常经营活动”，应当是指出售人的正常经营活动，且此“出售人”须是“从事那一种物品销售的出售人”。从与美国《统一商法典》的比较中还可以得出如下结论：《物权法》第 189 条第 2 款将出售第 181 条中的“生产设备”也列入“正常经营活动”之中，是不恰当的。《物权法》第 181 条列举了可以设定浮动抵押的物品：生产设备、原材料、半成品、产品。这一规定本身没有什么错误，但如果第 189 条第 2 款全然以此为基础，则出了大问题：因为“正常经营活动”是指“从事那一种物品销售的人的经营活动”，所以，出售“生产设备”不属于此列。美国《统一商法典》第九编将“物品”分为四类：即消费品、农产品、库存以及设备，而依商业常规交易的购买人不受追及规则是以出售人的“库存”销售为前提的。此所谓“库存”，在《物权法》规定可设定浮动抵押的财产中应当包括原材料、半成品和产品，但生产设备不应属于“库存”。当生产设备被专门用于销售时，其应属于“产品”；当生产设备被专用于生产活动时，其应属于“设备”。所以，在生产设备上设定的浮动抵押权不同于在“库存”上设定的浮动抵押权，前者不能适用正常经营活动中的购买人不受追及规则。

2. 浮动抵押权由出售人设定

事实上，出售物上的浮动抵押权并非全部由出售人设定，正常经营活动中的购买人是否可以对抗出售物上的任何浮动抵押权呢？答案是否定的。

① 本案例中，C 购买人是一个消费购买人（美国《统一商法典》第 9－320（a）款并没有将其排除在外）。如果 A 将其旧灯具卖给一个商人用于陈列或者零售，该商人也可以适用第 9－320（a）款而受到购买人不受追及规则的保护。

依照美国《统一商法典》第九编的规定，依商业常规交易的购买人不受其拘束的在先浮动抵押权须由出售人设定。在上例中，假设D动画公司在其所有动产包括旧灯具上为B银行设定了浮动抵押权，用以担保价值90万美元的贷款。如果D动画公司将其所有的旧灯具卖给A灯具经销商，这当然不属于D动画公司依商业常规之交易，因而B银行的浮动抵押权及于该旧灯具。A灯具经销商在对旧灯具的上述浮动抵押权一无所知的情况下，又将该旧灯具卖给C公司，那么C公司是否可以对抗B银行的在先浮动抵押权？答案也是否定的。尽管C公司是依商业常规交易中的购买人，但其仅仅可以不受他的出售人即A灯具经销商所设定的浮动抵押权的拘束。对于其前手即D动画公司设定的浮动抵押权，C公司仍应受其拘束。

美国《统一商法典》的上述规定或许难以理解，但其第九编的言辞和用意是十分明确的。或许立法者的意图在于：在当事人双方均无过失的时候，最终的损失应由在交易中与有过错的当事人有密切联系的一方承担。① 在本案中，C公司从A灯具经销商那里购买旧灯具的情况是，C公司与B银行均无过失，C公司可以因A灯具经销商违反权利瑕疵担保义务而对其提起诉讼，A灯具经销商也可以同样的诉因对D动画公司提起诉讼。如果A灯具经销商无力赔偿或者不能赔偿而D动画公司有赔偿能力的话，损失或许就由D来承担。总之，银行B的担保权不应受到减损。

将《物权法》第181条与第189条第2款联系起来看，《物权法》对正常经营活动中的购买人不受其拘束的浮动抵押权的设定人，虽法无明文，但也需作与美国《统一商法典》相同的理解，即购买人不受拘束的浮动抵押权须由出售人而不是其他人设定。

3. 购买人的善意

基于在正常经营活动中购买行为的特性，《物权法》第189条第2款如同美国《统一商法典》第9－320（a）款一样，并没有对购买人的“善意”提出任何要求，这可能使人得出如下结论，即“善意”并非正常经营活动中

---

① James J. White and Robert S. Summers: Uniform Commercial Code, 5th ed., Vol. 4, pp. 311－317.

的买受人不受浮动抵押权拘束的要件。

值得注意的是，美国这《统一商法典》第1－201（9）款所要求的“不知道购买行为侵犯了第三人对物的权利”与其第9－320（a）款所规定的“即使购买人知道该已经公示的担保权的存在，他也不受由其出售人所设定的担保权的拘束”之间，似乎存有矛盾。但认真思考之后，可以明了其中的玄机。许多担保协议不允许在未经担保权人书面同意的情况下处分担保物。如果购买人知晓购买行为违反了担保协议中的“不得处分条款”，就是知晓购买行为侵犯了第三人对物的权利。但是，仅仅知道物品之上设有担保权，却并不能表明购买人知晓购买行为侵犯了第三人对物的权利。原因在于，依商业常规交易的物品实际上属于“库存”。一般说来，担保权人（供货商）在“库存”上虽有浮动抵押权，但并不反对债务人（销售商）对“库存”进行销售。也就是说，尽管担保权人在“库存”上有浮动抵押权，但并非一定设有“不得处分条款”。仅仅知晓担保权人在所购物品（库存）上有浮动抵押权而不知晓其设有“不得处分条款”的，不构成依商业常规交易之购买人的“恶意”。

如此，“善意”这一通常的安全交易要素就被“依商业常规交易”这一特殊交易类型搁置了，虽没有被彻底抛弃，但通常不会列入考虑范围。我国《物权法》第189条第2款也是这样规定的，只要在出售人的正常经营活动中“支付了合理价款并取得抵押财产”，购买人就足以对抗出售人在先设定的浮动抵押权。也就是说，对于库存的销售，购买人的主观善意要件被“库存”这一担保物的客观物质属性所替代。但对于“非库存”，如生产设备上的浮动抵押权，因销售这种担保物不属于出售人的正常经营活动，所以只有在购买人对抵押权人的销售限制不知情的情况下，方可依善意取得制度之保护而不受在先浮动抵押权的追及。因此，《物权法》的未来适用应当明确区分“购买人明知浮动抵押权的存在”与“购买人明知购买行为会损及浮动抵押权”两者。购买人明知浮动抵押权的存在并不一定会损害该浮动抵押权，因而其没有主观上的可责难性；而购买人明知购买行为会损及浮动抵押权时，则会因其主观上的恶意而不受保护——在先浮动抵押权的效力及于购买人的购买物。

4. 支付合理价款并取得抵押财产

如果交易在正常经营活动中发生，则购买人须支付合理价款。对于合理价款的界定，笔者认为应以接近市场价格为准。如果支付的对价在常人看来与市场价格相距甚远，就不能成为“合理价格”，购买人也就不能成为正常经营活动中的购买人。由于正常经营活动中的“库存”销售都属于商业经营活动，其可参照的价格标准相对固定和清晰，相对于那些“非库存”物品的销售而言，其“合理价格”的认定要容易得多。

除了支付合理价款外，购买人还须取得抵押财产，方能不受在先浮动抵押权的拘束。值得注意的是，《物权法》第189条第2款的“取得抵押财产”之要求，远没有其第106条第3项之“应当登记的已经登记”以及“不需要登记的已经交付给受让人”的用语那样清晰和明确。在笔者看来，这并非是立法上的疏漏，而是由法律所处理问题的不同所决定：即使没有办理登记或者受领交付，甚至即使受让动产还在出售人手里，只要所受让的抵押物已经特定或可得确定，就可以认定满足了“取得抵押财产”要件。这样认定“取得抵押财产”要件，是因为浮动抵押权人与善意取得制度中的原所有权人不同，后者以恢复所有权为己任，前者则以获得可支配对价为目的。只要合理对价已经支付，并且受让物已经特定或者可得确定，受让物在何人手中就不再重要。所以，所谓正常经营活动中的购买人“取得抵押财产”，在解释上应该是宽泛的，仅受到上述合理价金支付与否以及受让物特定或确认与否的影响。①

四、结语

我国《物权法》规定了浮动抵押以及与浮动抵押密切相关的购买人不受追及规则。但从比较法来看，《物权法》对浮动抵押的规定失于简陋，没有规定与浮动抵押密切相关的购买价金担保权制度，对正常经营活动中购买人不受追及规则的规定也失于简陋和错误。设有浮动抵押权的财产就像“一湾

① 法律实践中的情况往往是这样的：浮动抵押常常与账户监管联系在一起，贷款银行通过监管浮动抵押人的账户保护自己担保债权的实现。所以，贷款银行对浮动抵押人在正常经营活动中的销售行为不予干涉，购买人不受追及规则由此才得以实施。

活的湖水”有新水之“流入”，也有原水之“流出”。从应然的角度看，《物权法》既然规定了浮动抵押，就应当全面、科学地规定与浮动抵押密切相关的其他制度，主要包括与新水之“流入”相关的购买价金担保权制度和与原水之“流出”相关的购买人不受追及规则。

除了购买价金担保权制度和购买人不受追及规则两者之外，尚有其他与浮动抵押相关的一些制度需要认真对待。首先，浮动抵押制度主要适用于动产担保领域，所以尚需建立动产担保权的统一登记制度、动产担保物的科学分类制度等。其次，浮动抵押及其相关制度以动产担保物权之间的优先受偿次序为中心，本文所研究的在本质上是动产担保物权之间的受偿次序问题。我国《物权法》在这一方面存在重大缺陷，不仅缺乏与浮动抵押相关的担保物权受偿次序规则，而且整个担保物权编也同样缺少统一而明晰的担保物权受偿次序规则。最后，浮动抵押制度还涉及法律借鉴问题，笔者认为我国物权之立法及其完善应该大胆借鉴和吸收以美国《统一商法典》第九编为蓝本的国外“统一动产担保交易”法律制度。

论“正常经营活动中”的买受人规则*

摘要：《物权法》第107条规定了“通过拍卖或者向具有经营资格的经营者”购得遗失物的“受让人”规则；同法第189条第2款规定了“正常经营活动中”的“买受人”保护规则。① 两条文虽用语不同、保护力度有异，但其处理问题的法律形式相同。正确理解同一法律形式下的法律保护之不同，对于《物权法》的正确实施十分重要。

关键词：依商业常规；购买人（受让人）；优先权

一、问题的提出

《中华人民共和国物权法》（以下简称《物权法》）在其第2编所有权之第9章“所有权取得的特别规定”中，对善意取得制度作了较为详尽的规定：以“物”为标准，在将“物”分为“占有委托物”和“占有脱离物”的基础上，善意取得制度被区分为对“占有委托物”的善意取得和对“占有脱离物”的善意取得；② 以“处分人”为标准，在将“处分人”区分为“民事处分人”和“商事处分人”的基础上，“占有脱离物”的善意取得又被细分成了经“民事处分”的占有脱离物善意取得和经“商事处分”的占有脱离物善意取得。③ 其中，此所谓经“商事处分”的占有脱离物善意取得，即该

* 本文原标题为《论“正常经营活动中”的买受人规则》，载《法学论坛》2010年第4期。

① 注意，《物权法》在前者使用的是“受让人”一词，在后者使用的是“买受人”一词。语词上的不同有什么用意和区别吗？好像都没有。若如此，就只能归咎于立法者的疏忽。

② “占有委托物”和“占有脱离物”都是学理上的分类，我国《物权法》并没有直接使用这些概念，但《物权法》对“遗失物”的善意取得作了特别规定，遗失物在民法理论上即属于“占有脱离物”。所以，物权法在实质上是区分了两者。

③ 这是基于本文的研究作的分类。《物权法》中也没有使用这些分类概念，传统民法理论也没有这一分类，但这一分类显然具有重要意义。

法第107条后段但书部分所规定的“但受让人通过拍卖或者向具有经营资格的经营者购得该遗失物的，权利人请求返还原物时应当支付受让人所付的费用”。[①] 由上述法律规定可知，经“商事处分”的占有脱离物善意取得制度迥然不同于其他类型的善意取得制度。与此同时，《物权法》在第4编担保物权之第16章抵押权中，对浮动抵押制度作了零散的规定：[②] 该法在第181条规定了浮动抵押的基础上，于第189条第2款规定了“依照本法第181条规定抵押的，不得对抗正常经营活动中已支付合理价款并取得抵押财产的买受人”。依文义，我们称这一条款为“正常经营活动中”的买受人保护规则。

从以上实证法的分析来看，分属于《物权法》不同编、章的上述两个条款，前者使用了“具有经营资格”一词，后者使用了“正常经营活动中”一语；同时，两条文在利益保护之政策选择上大有不同：《物权法》对“正常经营活动中”的买受人给予的保护，其力度岂止不同于常态的善意取得制度，也迥乎于经“商事处分”的善意取得，而且这一规则没有对购买人的“善意”提出要求。

基于此，我们就有了如下疑问：上述不同称谓下的法律交易形式有没有不同？如果法律交易形式相同的话，为何交易第三人所受法律保护不同？为何前者以第三人的善意为必要条件，后者却没有对第三人的善意提出要求？所谓的“正常经营活动”究竟是指出售人还是第三人的“正常经营活动”？与第三人所有权相对抗的在先权利在前者与后者间又有何不同？对上述诸等问题，需要在比较法的基础上，逐一予以回答。唯如此，才可以帮助我们正确理解《物权法》在上述两条文上的立法旨趣。

二、什么是“正常经营活动”

善意取得制度向有类似于“正常经营活动中”之规定，如我国台湾“民

① 为行文方便，笔者在下文的论述中不再提及“通过拍卖”的遗失物受让，但“通过拍卖”的遗失物受让与“向具有经营资格的经营者”的遗失物受让都是下文定型的“正常经营活动中”的买受人规则。

② 浮动抵押之零散的规定，即笔者认定的《物权法》没有规定与浮动抵押密切相关的“购买价金担保权”制度和规定了有缺陷的“正常经营活动中”的买受人优先受偿权制度等。参见董学立：《形在而神移：论〈物权法〉担保物权编的新发展》，载《法令月刊》2008年第6期。

法典”第950条规定：“盗赃或遗失物，如占有人由拍卖或公共市场或由贩卖与其同种之物之商人，以善意取得者，非偿还其支出之价金，不得回复其物。”其中的所谓“公共市场”以及“贩卖与其同种之物之商人”，系指以贩卖与盗赃物或遗失物同种之商品为业之人而言。此一情形下的交易，占有公信力极强，且交易便捷之要求亦高，买受人对买卖标的物之来源，通常均不加以调查，故对于交易之安全，有特别加以保护之必要。我国《物权法》中的善意取得制度在言辞上使用了“具有经营资格的经营者”一语，对此“具有经营资格的经营者”如何理解？我们可以从以下两个方面入手：一是就主体资格而言，其须是商人即具有经营资格的“经营者”；二是就业务范围而言，其从事的须是与遗失物同种类物品之买卖业务。合二者为一，我们认为，所谓的“具有经营资格的经营者”就是指“贩卖与其同种之商品为业之商人”，此与上述台湾民法的有关规定应属无异。

《物权法》第189条第2款之“正常经营活动中”一语，应是译自美国《统一商法典》之“in the ordinary course of business”，笔者在先前的研究中称其为“依商业常规之交易”。这一术语目前在各国“动产担保交易法”中予以通用。如何理解《物权法》中使用了“具有经营资格的经营者”与“正常经营活动中”两个词语，即两者之所指是否有什么不同？笔者认为，两者之所指没有不同，它们都是指“从事与交易物（遗失物）同种类物品买卖的商人的活动”。《物权法》之所以对同一法律现象使用了不同的法律语言，显属于立法者没有将两个本属同类的现象联系起来并作同质化技术处理。① 从法律制度的来源看，善意取得制度源远流长，通说认为起源于日耳曼法的“以手护手”原则，且其在我国民事法律制度中也有着相当的历史；但浮动抵押制度之源起远没有善意取得制度来得早，通说认为起源于18世纪的英国法，其在我国民事立法中的存在也是始自《物权法》的制定。缘于两者所处制度环境之不同，传来移植的时间之迟早，以及立法者在起草《物权法》时的急躁心情、怠惰心态以及对国外新法了解不足等，导致了对本是

① 不动产的公示公信规则与动产的善意取得制度本也属于同类法律现象，但它们在近代大陆法系各国立法中常被安排在不同的篇章中并予以不同的称谓。这一同类法律现象直到我国《物权法》的制定，才得以合二为一，在立法中作了一体化处理。

同质的法律形式给出了不同的称谓，这就致使人们在理解《物权法》的上述两个条文时，极易产生分歧：不同的称谓是否界定了不同的法律形式？当然，这一现状也极不利于法学理论的发展和立法技术的进步。为了研究之便利，为了与国际接轨，也为了日后法律之日臻完善，我们在此首倡将两者合并统称为“正常经营活动中”买受人规则，以期使“正常经营活动中”成为一个特有的法律术语、一类固定的法律交易形式。

那么，接下来的问题就是，所谓“正常经营活动中”是指谁的“正常经营活动中”——是指出售人的“正常经营活动中”还是指购买人的“正常经营活动中”？《物权法》关于善意取得的规定对究竟是谁的“正常经营活动中”是明确的，即出售人的“正常经营活动中”。但这一点在浮动抵押的规定中却又是相当含混不清的，所以有予以澄清的必要。① 我们认为，浮动抵押中的“正常经营活动中”，同样也是指出售人的“正常经营活动中”，即出售人是“以出售该种物品为常业之人”。② 为了便于理解，我们举下例说明：假如A公司从事的是旧灯具二手买卖，B银行在A的库存上设有已经公示之浮动抵押权。当A公司出售一旧灯具给购买人C用于装修其住房时，这一交易就是A公司的“依商业常规”的交易。因此，《物权法》第189条第2款予以适用——C购买人对灯具的所有权不受A在其上创设的先期浮动抵押权的拘束；但如果A公司是从从事动画产业的D公司那里购进一个旧灯具，则《物权法》的上述条款就不能予以适用，原因在于虽然A公司的购买行为属于其“依商业常规”的交易，但D公司出售旧灯具的行为却不属于D公司的“依商业常规”的交易——尽管D公司可以一而再地出售其所有的旧灯具。所以，如果D公司在其旧灯具上设有抵押权，则A公司对所购买之旧灯具的所有权就不能对抗D公司在其上设定的浮动抵押权。所以，我国《物权法》第189条第2款中的“正常经营活动中”，应当是指“出售人”的“正常经营活动

① 国内学界对此显然没有给予足够的注意——或者没有解释，或者解释有误，或者解释反了。参见朱岩、高圣平、陈鑫：《中国物权法评注》，北京大学出版社2007年版，第670页。

② 从《物权法》的规定来看，可以设定浮动抵押的主体包括企业、个体工商户和农业生产经营者，其中的农业生产经营者算不算是商人，值得探讨。从国外浮动抵押的规定来看，可以设定浮动抵押的是或者只能是公司等。

中”，即此出售人是“以出售该种物品为常业之人”。① 正是基于这一界定，我们认为，《物权法》第189条第2款将《物权法》第181条中的“生产设备”也列入“正常经营活动中”，是不恰当的。②

正是基于此，我们认为，《物权法》第107条后段但书部分与《物权法》第189条第2款，具有了相同的法律形式，应当适用统一的法律术语，即“正常经营活动中”。

三、“正常经营活动中”的当事人权利

（一）买受人权利与在先权利

所谓的“在先权利”，即善意取得制度中的“原所有权”和浮动抵押制度中的“浮动抵押权”。虽同为“正常经营活动中”，但此“在先权利”在对抗买受人权利的效力上却大有不同，也就是说，尽管两条款具有了同一的法律形式，但其所涉权利义务关系却大有不同。

1. 买受人所有权与原所有权之间的对抗。依据《物权法》第107条的规定，买受人所有权可以有条件地对抗原所有权，此即原所有权人请求返还原物时应当支付受让人所付的费用。如果拒不支付费用，受让人可以对遗失物

---

① 在这里，我们的论证参考了美国《统一商法典》的有关规定。

② 《物权法》第181条列举了可以设定浮动抵押的物品：生产设备、原材料、半成品、产品。这一规定本身没有什么错误，但如果把这一规定与以这一规定为基础的第189条第2款结合起来看，就出了大问题：因为“正常经营活动”是指“以出售该种物品为常业之人”，所以，可设浮动抵押财产中的“生产设备”显然不属于此列。美国《统一商法典》第九编将“物品”分为四类：即消费品、农产品、库存以及设备，而“依商业常规购买人”的优先权规则是以出售人的“库存”销售为前提的制度。此所谓“库存”，在《物权法》可设定浮动抵押财产中应当包括其中的“原材料、半成品和产品”，而其中的“生产设备”不应属于库存——当“生产设备”被专门用于销售时，其应被列属于“产品”；当“生产设备”被专用于生产活动时，其应被列属于“设备”。所以，设定在“生产设备”上的浮动抵押权非同设定在“库存”上的浮动抵押权，前者不能适用“正常经营活动中”的买受人规则。由此我们可以说，《物权法》对国外“依商业常规之购买人”优先权制度没有拿捏准。值得再予交代的是，美国《统一商法典》第九编以担保物的分类为立法基础——担保物的分类直接关涉到担保权的设定、担保权的公示方式、担保权的类型、担保权的优先受偿次序等。

行使留置权。[1] 但这样的“拉锯战”只能维持在原所有权人“自知道或者应当知道受让人之日起二年内”。时间改变权属，2 年之后，原所有权就失去了对抗买受人所有权的效力。唯于此，需要进一步讨论的是，在 2 年可以请求返还之期限内，遗失物归属何人所有？对于 2 年可以请求返还之期限内遗失物归属何人所有的问题，学界有三种学说即原权利人归属说、购买人归属说和折中说。唯通说采购买人归属说。该说认为，遗失物所有权在 2 年之得以回复期间内归购买人所有。这样理解全在于购买人符合《物权法》第 106 条关于善意取得制度之构成要件，于办理完毕不动产移转登记或者动产交付后即时取得遗失物所有权。但因《物权法》第 107 条之限制，使已丧失之所有权回复为原所有权人所有而已。这样理解完全贯彻了善意取得制度保护交易安全之立法意旨，使善意取得人在 2 年可得回复所有权之期间内仍受物权之保护。

2. 购买人所有权与浮动抵押权之间的对抗。依据《物权法》第 189 条第 2 款，购买人在支付合理价款后并取得抵押财产时，可以对抗依据 181 条设定在该物上的浮动抵押权。并且，依据该条之解释并参酌国外立法，即使购买人知道或者应当知道该物上已设有浮动抵押权，其也不受该浮动抵押权的拘束。相对于经“商事处分”的善意取得而言，这一规定极大地保护了浮动抵押财产购买人的权利。可见，虽同为“正常经营活动中”的交易，在符合诸多条件并取得购买物所有权之后，该所有权对在先权利的对抗力却有着很大的差异——不能或附条件对抗原所有权和可得对抗浮动抵押权。那么，买受人所有权与在先权利之间的对抗效力是由什么决定呢？从比较法的角度来看，由谁创设了该权利以及该权利存续的目的，决定了其效力层级。

（二）在先权利须由何人创设

买受人所有权为何不能或附条件地对抗原所有权却能够对抗浮动抵押权？原因在于相同形式掩盖下的权利创设和利益诉求不同。

---

① 《物权法》第 107 条规定了“权利人请求返还原物时应当支付受让人所付的费用”。依反对解释，在权利人支付受让人所付的费用之前，受让人对遗失物有留置权。

1. 由谁“创设”了在先权利，是一个十分重要的问题。善意取得制度中的原所有权自不待言。在此，我们重点讨论浮动抵押权的创设。在浮动抵押制度中，买受人所有权得以对抗的浮动抵押权须由浮动抵押人创设。但事实上，浮动抵押权并非全都由出售人创设。对此问题，我们可以参酌美国《统一商法典》第九编规定的“依商业常规之购买人”规则——“依商业常规之购买人”不受拘束的先期浮动抵押权须由出售人创设。我们对美国《统一商法典》的上述规定或许难以理解，但其第九编的言辞和用意是十分明确的。或许立法者的意图在于：在当事人双方均无过失的时候，最终的损失应由在交易中与有过错的当事人有密切联系的一方承担。

将《物权法》第181条与189条第2款联系起来看，我国《物权法》对“正常经营活动中的”购买人不受拘束的抵押权的设定人，虽无明确的规定，但也需作与美国《统一商法典》的上述规定相同的理解——购买人不受拘束的浮动抵押权须由出售人而不是其他任何人创设。与此相反，经“商事处分”善意取得制度中的原所有权既非由出售人创设，购买人当受其拘束。当然，以“创设”的视角分析问题似有牵强，但权利之创设与利益之诉求密切关联。

2. 就当事人的利益诉求而言，浮动抵押权人所追求的是债权的实现，只要法律制度设计满足其债权实现诉求，至于抵押物流向哪里，不应在其关注之列；而原所有权人所坚持的很可能就是所有权的回复。因此，法律在尊重现实生活经验的基础上，考量两者的利益诉求之不同而给出了不同的救济处方：前者在设定浮动抵押权时，可对抵押人的处分权施加限制——须经抵押权人同意方可处分或者不经同意也可处分两种情况。若对抵押人的处分权不加限制，抵押权人亦可以通过在抵押人的账目上设定抵押权来保障债权的实现；① 后者则尽可能地以回复原所有权为基准，如“自知道或者应当知道受让人之日起二年内向受让人请求返还原物”，以及“但受让人通过拍卖或者向具有经营资格的经营者购得该遗失物的，权利人请求返还原物时应当支付

① 参见程啸：《物权法对抵押权制度的六个重大改进》，载中国民商法律网，2009年5月18日访问。

受让人所付的费用”等。只是在万不得已的情况下法律才放弃对原所有权的保护，如《物权法》第106条规定的善意取得制度的三项要件。

四、“正常经营活动中”购买人的善意

购买人的“善意”当然是其获得对抗在先权利的要件。但是，《物权法》第189条第2款却根本就没有提及“善意”条件——即使买受人知道或应当知道此浮动抵押权，其所有权也不受先期浮动抵押权的拘束。从法律的规定来看，也确实如此。那么，“善意”在“正常经营活动中”就真的失去了考量的意义吗？答案则是否定的。

《物权法》第189条第2款如同美国《统一商法典》第9－320（a）款一样，确实并没有对购买人的“善意”提出任何要求，这就会诱使人们倾向于认为“善意”不是购买人享有不受追及优先权的要件。与此相比，美国《统一商法典》却对“善意”有着灵动的要求：美国《统一商法典》第1－201（9）所要求的“不知道买卖行为侵犯了第三人对物的权利（一如前述）”与美国《统一商法典》第9－320（a）所规定的“即使购买人知道该已经公示担保权的存在，其也不受由购买人的出售人所创设的担保权的拘束”之间，似乎存有矛盾。对该“矛盾”经由认真思考之后，可以明了其中的玄机：许多担保协议不允许在未经担保权人之书面同意的情况下处分担保物。如果购买人知晓买卖行为违反了“不得处分条款”，则其就是知晓买卖行为侵犯了第三人对物的权利。但是，仅仅知道物品之上负载有担保权，却并不能由此就表明购买人“知晓”买卖行为侵犯了第三人对物的权利。原因在于：“正常经营活动中”交易下的物品实际上属于“库存”，一般说来，担保权人（供货商）在“库存”上虽设有浮动抵押权，但其并不反对债务人（销售商）对“库存”进行销售。也就是说，尽管担保权人在“库存”上设有浮动抵押权，但其并非一定设有“不得处分条款”。仅仅知晓担保权人在所购物品（库存）上设有浮动抵押权而不知晓其设有“不得处分条款”，不构成“正常经营活动中”的“恶意”。

既如此，“善意”这一通常的交易安全制度要素，就被“正常经营活动中”这一特殊交易类型搁置了——虽其没有被彻底抛弃，但通常不会列入考

量范围。我国《物权法》第189条第2款也是这样规定的——只要在出售人的“正常经营活动中”“支付了合理价款并取得抵押财产”，购买人就足以对抗出售人先期设定的浮动抵押权。这与传统的善意取得制度大相径庭、大异其趣并为大陆法系学者所感叹不已。①

五、结束语

《物权法》第107条但书部分与第189条第2款关于购买人所有权保护的不同，并非是缘自作为出售人的资格和业务的不同，其实，他们在主体资格和业务范围上是完全相同的。既如此，物权立法理应参酌国外立法将这一交易方式统称为“正常经营活动中”的交易，以显示这一交易所具有的强烈的商业气息以及法律对此所作的应对。《物权法》在此问题上的怠惰，极易诱使人们作出错误的理解和判断。我们现在应该清楚，立法对购买人所有权保护的不同，不仅是来自交易本身，也是来自交易物品本身的特性，如是“遗失物”还是“非遗失物”；以及来自所要对抗的权利由谁创设，如是由出售人创设还是由非出售人创设等，已如上述。当然，任何社会中的法律永远不会放弃对交易第三人的“善意”要求——要么是以主观化形式提出，要么是以客观化方式呈现。总之，所谓的不以“善意”为要件，只能是一定视角下的一种理解而已。

① 笔者2005年首次访问台湾东吴大学法学院，也是在那里初次接触到了美国《统一商法典》第九编。其间，台湾正在修改其物权法，在与台湾学者的交流中，他们谈论最多也感到最为惊讶的，就是第九编中的“依商业常规之购买人”之主观善、恶意要件。原因可能就在于这一制度与大陆法系惯用的善意取得制度在主观要件方面有着不小的差异。

论“担保物所有权之归属无关紧要”*

摘要：依据功能，所有权可以分为归属意义上的所有权和工具意义上的所有权。归属意义上的所有权即以“占有、使用、收益和处分”为目的的所有权；工具意义上的所有权即如“让与担保、所有权保留”等担保物权类型中的所有权。所谓“担保物所有权之归属无关紧要”中的“所有权”当属后者，对这类所有权的理解，对于把握一元化动产担保物权的立法理念和完善我国现有动产担保物权立法具有重要意义。

关键词：归属所有权；工具所有权；一元化立法

美国《统一商法典》第九编第 9－202 条规定：“除关于寄售或者应收账款、担保债权凭证、付款无体财产权或者本票的买卖另有规定外，无论担保物权的所有权归属于担保物权人还是归属于债务人，本编关于权利和义务的规定均予适用。”有关该条的小标题则概称其为“担保物所有权之归属无关紧要”。初识该条款，遂陷入不解之困顿：在大陆法系民法理论和民事立法中，所有权对于所有人至关重要，其理论意义暂且不议，仅就其法律规范意义而言，不论是归属意义上的所有权还是工具意义上的所有权，都是一样的：对于归属意义上的所有权而言，所有权人可以占有、使用、收益和处分该所有物；对于工具意义上的所有权而言，在债务人不履行债务或者发生当事人约定的情形之时，所有权人可以对所有物予以处分——拍卖、变卖或者折价并以其换得价金抵充债务。面对美国《统一商法典》第九编的该条规定，尤其是其小标题所明文直言的“担保物所有权之归属无关紧要”，着实让习惯了大陆法系担保法理论的我们有点头脑发蒙。随着对该法典第九编的

* 本文原标题为《论“担保物所有权之归属无关紧要”》，载《法治研究》2014 年第 1 期。

渐进学习和深入理解，初能把握此标题的由来和原因。与此同时，对其把握也有助于理解我国《物权法》制定过程中关于担保物类型体系设计的纷争和主张，同时也有助于未来我国《物权法》担保物权编之立法完善。因此，对“担保物所有权之归属无关紧要”的研究颇具意义。

一、“担保物所有权之归属无关紧要”之由来

所谓“担保物所有权之归属无关紧要”之所有权，非指归属意义上的所有权，而是专指工具意义上的所有权，如作为大陆法系非典型担保物权制度的“让与担保、所有权保留”中的所谓所有权。在《统一商法典》公布之前，美国动产担保物权制度类型多样、构造各异：动产质权、动产抵押权、附条件买卖、信托收据、行纪人留置权、应收账款让与等。① 加之动产担保法之立法权主要属于各州，这导致了美国各州间担保法制不相协调甚而相互冲突，严重阻碍了经济的发展。在这种情况之下，几经周折，于1945年1月1日，最终促成了包括“动产担保交易法”在内的美国《统一商法典》的草拟。② 其中的“动产担保交易法”由著名法学家格兰特·吉尔摩教授任主要起草人。

起草之初，起草人认识到将一种担保类型和另一种担保类型区别开来的形式上的不同应该摒弃，取而代之的应该是动产上的担保权益这一简单的概念——所有类型的动产，不管是用于使用还是用于出售，都应该可以用作担保。③ 然而他们最初的设计方案是，鉴于不同类型的融资交易如此多样化，因此每一种类型都应当单独立法——《统一商法典》担保交易编与立法前各种担保立法的不同在于，这是依据“功能”而不是依据“形式”，对各种担保类型进行必要的区别。④ 也就是说，为每一种主要的融资类型制定一部法

① 台湾地区中兴大学法律研究所注译：《美国统一商法典及其译注》（下册），台湾地区银行经济研究室1979年版，第739页。

② 高圣平译：《美国〈统一商法典〉及其正式评述》，中国人民大学出版社2006年版，第2页。

③ Grant Gilmore：*security interests in personal property*，volume 1，little brown andcompany，1965，third reprinting2004，P. 290.

④ Grant Gilmore：*security interests in personal property*，volume 1，little brown andcompany，1965，third reprinting2004，P. 290.

律来代替先前的各种类型的担保立法。毫无疑问，起草人接受了占有型担保与非占有型担保的立法传统区别。根据这种分析，起草人开始制定六部相互联系但本质上独立的法律——一部是关于质押的规定，五部是关于非占有型融资的规定——这构成了最初的草案。①

随着起草工作的逐步进展，起草人发现：这些个别融资交易间共同之处超过了相异之点：形态各异的担保类型体系之下掩盖的一致性逐渐清晰：第一个也是最有力地表明人们认识到所有的动产担保交易在本质上相似的证据，是附条件买卖与动产抵押的法定的融合——两者本为不同的立法下两种独立的担保类型，现在却合并为同一种类型，而且在很多实际场合下不作区分。② 得克萨斯州的立法就规定："所有为担保动产的购买价金的偿付而进行的所有权保留都应被判定为动产抵押。"肯塔基州也同样将附条件买卖完全视为动产抵押。③ 正是基于这些逐渐明晰起来的认识以及已有的立法实践，起草人于是决定起草一部统一的动产担保法典以涵盖所有的动产担保交易形态。最终形成的美国《统一商法典》第九编即"统一动产担保交易法"，以动产担保物、担保权、担保权设立、担保权公示、担保权次序、担保权实现等为核心概念，铸造了精灵般的一元化的担保物体系。④

在该一元化担保物权体系下，先前的担保物权类型如附条件买卖、信托收据、应收账款让与等以担保物"所有权"转移为制度构造的担保物权类型消失了。换言之，无论担保物之所有权系由担保权人保留，或者由债务人取得，或者将其转让与担保权人，抑或者担保权人设定质押以担保其买卖价金，凡因此而生之担保权益，均无不同。⑤ 因此之故，"担保物所有权之归属

---

① 此即1949年5月的《法典担保交易编草案》，包括八个部分：1. 简称和一般规定；2. 质押；3. 存货和应收账款融资；4. 设备融资；5. 农业融资；6. 消费品融资；7. 成批交易；8. 机动车担保。但最终的版本将第七部分"成批交易的规定"分离出去并最终成为法典的第六编；第八部分关于机动车担保的规定从法典中删除。

② Grant Gilmore：*security interests in personal property*，volume 1，little brown andcompany，1965，third reprinting2004，P. 290.

③ 高圣平译：《美国〈统一商法典〉及其正式评述》，中国人民大学出版社2006年版，第2页。

④ 董学立：《美国动产担保交易制度研究》，法律出版社2007年版，第19页。

⑤ 台湾地区中兴大学法律研究所注译：《美国统一商法典及其译注》（下册），台湾地区银行经济研究室1979年版，第793页。

于谁”就变得无关紧要起来。当然，重要的是，当事人之间有没有设定担保债权实现的担保权益。只要当事人之间以真意创设了担保权益，而不管其适用的文字彰显了何种关系，该法即予以适用。① 总之，担保物所有权之归属于谁，在一元化立法理念和立法体系下，就无关紧要了。此即“担保物所有权之归属无关紧要”之由来。②

二、“担保物所有权之归属无关紧要”与“让与担保”的取舍

在我国《物权法》的起草过程中，关于担保物权制度体系设计中要不要设专章规定“让与担保”制度，在不同阶段有不同主张：在专家起草阶段，梁慧星教授主张应设专章规定学理上被称为“非典型担保物权”的“让与担保”制度，王利明教授的主张则相反；全国人大法工委民法室在专家草案基础上形成的官方草案即《中华人民共和国物权法（征求意见稿）》，以及全国人大常委会法制工作委员会最后公布的《中华人民共和国民法（草案）》，该草案内含《物权法草案》（史称第一次审议稿），均采纳了梁慧星教授的主张。因此可以得出结论：在此一阶段，《物权法》担保物权编设专章规定“让与担保”制度的主张，不论是在“民间”还是在“官方”，都曾占据主导地位。但自第二次审议稿开始，《物权法（草案）》就删除了“让与担保”制度，此间关于担保物权的体系设计究竟要不要规定“让与担保”，在专家学者和权力部门中始终存在着重大分歧。但最终“删除”让与担保的结果，有力地佐证了在担保物权编中不设“让与担保”制度的主张，显呈后来居上。而且已如大家所知，最终通过的《物权法》也没有设专章规定“让与担

---

① 如美国《统一商法典》第九编也调整“租赁关系”，因为立法者认为，有些法律关系，虽其名为租赁权，但其实为担保物权。

② “担保物所有权之归属无关紧要”还集中表现在租赁关系之中：真实的租赁关系是物之使用权的买取——出租人支付租赁费，租赁物所有权始终归出租人所有；而有些租赁关系虽其关系之始，租赁物所有权在出租人手中，但合同却约定在出租人付清最后一笔租赁费时，出租人有移转租赁物所有权给承租人的义务。所以，第九编也将这种租赁关系涵盖在了自己的调整范围之内——以出租名义使得出租人所享有的所有权，实质为担保权益。在启用了担保权益概念之后，所有权是先保留在出租人手中，还是在租赁之始就即刻转移到承租人手中，第九编不予关注，其仅仅关注是否租赁关系当事人之间有设定担保权益的真实意思表示。若有，则适用改编。

保”制度。那么，我国《物权法》为何没有接受设专章规定让与担保制度的主张呢？

从法史角度观察，让与担保制度经历了一个“从有到无”、又“从无到有”的过程。这一演变历程，起因于物权法定原则：历史上曾经十分活跃的动产让与担保制度，因物权法定原则对物权种类和物权内容的限制而被隔离在了民法典之外——法定之不动产抵押、动产质权之设，导致了在担保物权制度体系设计中缺失一项制度——不移转动产之占有而于其上创设的动产担保物权；[①] 同样是因为物权法定原则之故，当社会经济生活对一项不移转动产占有而于其上设定担保物权的需要达到一定程度时，借助于学说理论和判例实践的推动，突破物权法定桎梏就成了指日可待之事。于是乎，欧陆一些国家和东亚之日本就于其民法典之外衍生出了所谓的非典型动产担保、让与担保、所有权保留等动产担保物权类型。正是看到了在法典之外发展起来的让与担保等非典型动产担保制度所具有的制度优势，我国一些学者和立法机构才试图在物权法立法之际，将让与担保专设一章规定于《物权法》担保物权编，以适应社会新发展和实现法制新进步。

《物权法》担保物权编最终没有规定让与担保的直接原因，笔者认为完全在于我国物权立法所确立的“抵押权的泛化”现象。[②] 此所谓抵押权的泛化，是指《物权法》所确立的可抵押财产的范围趋于宽泛，以至最终形成了“法律、行政法规未禁止抵押的财产”均可抵押的局面。[③] 详而言之，让与担保制度最终被抛弃的原因在于：《物权法》所确立的“抵押权”概念之内涵与外延已今非昔比——不仅包括不动产抵押，而且确立了所有可让与的动产均可以抵押——这彻底改变了“抵押”意即不动产抵押或个别动产抵押的立法传统。由此一来，先前在法典之外存在的，以担保物之所有权移转为其构

① 尽管我国担保物法规定了个别动产可以抵押，但并没有规定所有可让与的动产都可以抵押。由此造成很多动产不能抵押的结果。

② 董学立：《形在而神移——论〈物权法〉担保物权编的新发展》，载梁慧星主编：《民商法论丛》第41卷，法律出版社2008年版，第172~175页。

③ 《物权法》第180条第7项规定：法律、行政法规未禁止抵押的其他财产可以抵押。关于这一规定引发的《物权法》担保物权编的体系效应，参见董学立：《形在而神移——论〈物权法〉担保物权编的新发展》，载梁慧星主编：《民商法论丛》第41卷，法律出版社2008年版，第172~175页。

造的非典型动产担保如让与担保、所有权保留等，就失去了独立存在并进而得以设专章进入《物权法》担保物权编的理由——这些名称各异的动产担保物权类型，已经被我国《物权法》确立的泛抵押权概念所涵盖。法律制度的发展模式交织着经验演进与理性构建，让与担保从有到无以及又从无到有的历程，交织着经验演进和理性结构。对此，格兰特·吉尔摩教授就认为：在法律制度的成长中，一些根本性的新元素引入一个相对稳定的情形中后，会导致法律制度体系从简单到复杂，然后随着新元素的被吸收，再导致法律制度体系从复杂到简单的类似于钟摆摆动的运动。在动产担保法领域，这个新元素就是希望所有类型的动产都可以成为担保物的需求。① 抵押权概念泛化在我国的立法表达，正是这一认识的又一恰好体现。抵押权概念外延的扩张足以涵盖“让与担保”概念所涵摄的动产担保制度。概念与形式的不同并没有遮挡住立法者睿智的目光，他们还是清晰地捕捉到了让与担保制度构造中的所有权让与，究其实质就是一项动产担保物权设定。② 既如此，将视角游离于所有权而集中于担保权，“担保物所有权之归属无关紧要”这一句来源于美国《统一商法典》第九编的规范概语，在我国《物权法》担保物权编的起草过程中也有一定程度的表达。只是自其始至其末，我们对这一问题没有进行足够的英美法比较研究罢了。③ 而且，也正是因为缺少对国外一元化动产担保物权立法的研究，我国《物权法》担保物权编在动产担保制度整合上，相对来说，限于浅尝辄止罢了。

三、“担保物所有权之归属无关紧要”与我国担保物权立法完善

“担保物所有权之归属无关紧要”话语背后之实质，就是以一元化的担

---

① Grant Gilmore：*security interests in personal property*，volume 1，little brown andcompany，1965，third reprinting2004，P. 288.

② 法典逻辑体系构建中的一些概念，如“物权、担保物权”属于“有名无实”的法律概念；“抵押权、质权”属于“有名有实”的法律概念。“有名无实”的法律概念起到了法制体系架构的作用；“有名有实”的法律概念起到权利类型划分的作用。由此我们可以得出如下结论：在法典规定了系统、完整的抵押权和质权制度之后，尤其是建立了“泛抵押”制度之后，让与担保之“名”所指示的“实”，大都涵盖在抵押权或者质权名下，因而让与担保制度就丧失了独立成编的基础。

③ 全国人大常委会法制工作委员会民法室编著：《物权法（草案）参考》，中国民主法制出版社2005年版，第418～423页。

保概念体系替代先前形式不同、构造各异的动产担保物权类型，以及在此基础上多元的动产担保概念。具体到本文所研究的问题而言，就是以“担保权”概念替代动产抵押权、质权、让与担保或所有权保留之“所有权”等。这一立法理念抛开了担保形式之差异而将注意力集中到了问题之实质上，即当事人有无为担保债权实现而设定动产担保权益，而非纠结于其在设定担保权益时所使用的概念之形式。由抵押权的泛化导致的让与担保制度在我国物权法立法过程中的命运跌宕以至最终被抛弃，恰好也说明法制进步与完善过程中的经验演进与理性构建之相互作用、相互促进以及不可替代。但缘于物权法立法之际，我国法学界对动产担保物权一元化立法的了解不够深入，导致了我国动产担保物权立法表现出了经验演进有余而理性构建不足：尽管让与担保制度涵盖在了抵押权概念之内，但动产担保物权体系还是沿用了传统的切分式之多元化构造——动产担保物权被切分为动产抵押权、动产质权、权利质权。这一立法模式的不足有很多，但主要表现在法律规范的重复规定和统一制度的立法缺失。所谓法律规范的重复规定，是指有关动产担保权之设定、公示、效力、实现等方面的法律规范会在动产抵押权、动产质权、权利质权等章节中重复出现，造成法律规范的重复累赘并有可能因此导致规范之间的前后矛盾；① 所谓统一制度的立法缺失，是指因切分式立法更加容易诱致过分关注细节和局部，而忽视了全局性、关键性制度的设计，如我国《物权法》担保物权编就因切分式立法模式而忽视了统一动产担保物权登记制度和统一动产担保物权优先次序规则的制定，从而极大地折损了该法的实际实施效果。②

鉴于切分式之多元化动产担保物权立法模式的上述弊端，我国未来动产担保物权制度修改、完善的一条可行之路，就是构建一元化的动产担保物权制度。首先，要重塑以不动产、动产分类为基础的动产担保物权制度体系，

① 《物权法》第 185 条与第 210 条之间、第 186 条与第 211 条之间、第 194 条与第 218 条之间、第 198 条与第 221 条之间的重复性规定；第 188 条、第 189 条与第 212 条之间以及第 180 条第 7 项与第 209 条之间的矛盾性规定等。

② 《物权法》第 10 条规定了统一不动产物权登记制度（其中应当包括不动产抵押权登记），与此同时，该法虽然规定了动产担保物权的登记对抗主义，但该法并没有进而直接或间接规定动产担保物权统一登记制度，这致使动产抵押制度的实施遇到缺失登记制度的障碍；再者，该法也没有规制动产担保物权统一优先次序受偿规则，相关规则散落在动产抵押权、动产质权和动产留置权中，且这些散落的制度存在着如缺失购买加紧担保权的规定等漏洞。

并以此为一元化动产担保物权制度的构建创造制度基础：随着动产之上得设定抵押权的法律承认且数量陡增，以不动产、动产分类为基础的担保物权制度体系，有被担保物权的公示方式分类取代的趋势。在不动产上设定的担保物权即不动产抵押权，其设定以登记为生效要件并为唯一公示方式，不动产重复抵押形成的数个抵押权之间的优先受偿次序，以登记时间为序即先登记的抵押权优先于后登记的抵押权，同时登记的按债权比例清偿。所以，不动产抵押权之间的优先次序规则比较简单。[①] 而动产上的担保物权，因其公示方式既可以登记方式，也可以占有（控制）方式；既有采登记对抗主义如抵押权，又有采登记生效主义如权利质权；[②] 既有意定约成如抵押权，又有法定生成如留置权；既有法技术次序定位如依公示时间为序，又有法政策次序安排如“购买人优先权”和“购买价金超级优先权”等。因此，相比于不动产抵押权的优先受偿次序规则而言，动产担保物权的优先受偿次序规则要复杂得多。只有在一元化概念和理念的统领之下，十分复杂的动产担保物权优先受偿次序关系规则才可以做到集约高效、化繁为简。

长远来看，一元化动产担保物权立法确有必要；短期来看，对我国多元化动产担保物权制度的不足之处进行弥补完善，当属立竿见影、切实可行之计。其中当属要者，对我国现有动产担保物权立法两项统一制度缺失的立法完善，则迫在眉睫：一是动产担保物权统一登记制度的立法完善。创设动产担保物权的统一登记制度是由担保物权公示所承担的法律意义决定的。《物权法》确立了不动产物权统一登记制度，同时物权法担保物权编确立了动产抵押权登记对抗主义、权利质权登记生效主义，但缘于切分式立法模式的遮蔽，立法者未能将其注意力投射到动产担保物权统一登记制度的设计上来。《物权法》颁布后，为回应该法的相关规定，中国人民银行于2007年9月30日发布了《应收账款登记办法》；国家工商总局于2007年10月12日颁布了

① 在不动产抵押权采登记生效主义的法制下，只有“须经登记”的不动产抵押权，而无“未经登记”的不动产抵押权。所以，不动产抵押权之间的优先受偿规则相对简单——登记在先者权利在先，顺序相同者按照债权比例清偿。

② 在动产抵押权采登记对抗主义的法制下，既有“未经登记”的抵押权，也有“已经登记”的抵押权，因而其优先受偿次序关系较为复杂。

《动产抵押登记办法》，该法第2条规定："企业、个体工商户、农业生产经营者以现有的以及将有的生产设备、原材料、半成品、产品抵押的，应当向抵押人住所地的县级工商行政管理部门办理登记，未经登记，不得对抗善意第三人。"可见，该《办法》虽名其曰"动产"抵押登记办法，但其仅限于《物权法》相关条款规定的十分有限的动产抵押权的登记，并非是所有可抵押"财产"上设定的抵押权的登记。据有关文献统计，目前，我国可办理动产担保物权登记的机构达9个之多，登记部门的混乱造成多头登记和登记无门情况同时存在，这一现状极大地降低了动产担保物权登记的应有效率，并严重影响到了交易安全。① 我国未来动产担保物权统一登记制度，应当在"法律依据统一、登记机构统一、登记效力统一、登记程序统一"等方面作出明确的规定，以弥补《物权法》担保物权编关于动产担保物权登记制度的分散、模糊甚至缺漏等不足。

二是动产担保物权统一优先受偿次序规则的立法完善。动产担保物权的优先受偿次序，是担保物权法制的制度核心，其他关于动产担保物权的设定、公示以及实现等，都是围绕着动产担保物权在叠加之后的相竞权利群中的优先受偿次序来运作的——或最终为其服务，或以其为实施条件。但同样缘于动产担保物权切分式立法模式，我国《物权法》担保物权编缺失动产担保物权统一优先受偿次序规则，且已有的零散规则也存在重大缺陷和漏洞。在抵押权一章，关于抵押权优先受偿次序的规则有第199条、第189条第2款、第191条第2款；② 在质权一章，缘于动产质权以占有为生效条件，不会发生动产之上两个质权的可能，故而该章没有关于质权间效力次序的条款。但同样缘于切分式立法，立法者也忽视了对可能产生效力冲突的抵押权和质权的关系调整；③ 在留置权一章，第239条规定了"同一动产上已设立

① 中国人民银行研究局、世界银行集团外国投资咨询服务局、国际金融公司中国项目开发中心：《中国动产担保物权与信贷市场发展》，中信出版社2006年版，第9~10页。

② 从条文的位置和次序来看，立法者或许并不认为第189条第2款、第191条第2款属于关于抵押权效力次序的条款。但笔者认为，这两个条款涉及了抵押权与所有权的对抗力问题，其实质是关于权利间效力次序的规定。

③ 《最高人民法院关于适用〈中华人民共和国担保法〉若干问题的解释》第79条规定："同一财产法定登记的抵押权与质权并存时，抵押权人优先于质权人受偿。"

抵押权或者质权，该动产又被留置的，留置权人优先受偿”①。既然本为一体的社会经济生活不会因法律制度的切分而被割裂，那么有关抵押权、质权、留置权之间的冲突和次序确定规则，应有统一且明晰的法律规定。在我国现有的切分式立法中，统一的动产担保物权优先次序规则应置于《物权法》第十五章即关于担保物权的“一般规定”中，但《物权法》担保物权编的现有规定却相去甚远，已如上述。与此同时，该法规定了浮动抵押权制度并规定了与该制度密切联系的“购买人优先权规则”，但该法却没有规定与浮动抵押制度同样密切的“购买价金担保权制度”，且对购买人优先权的规定也失于含混不清。② 参酌国外相关立法，笔者认为我国未来动产担保物权统一优先次序规则的确立原则，一是公示在先原则，即先登记的优先于后登记的，先登记的优先于后占有的，先占有的优先于后登记的；二是占有（控制）优先原则，对特别动产如流通票据或提单和仓单等的占有，被赋予优先于仅仅通过登记而成立的担保权的优先权，即使登记发生在先；三是公示在先原则之例外，如正常经营活动中的“购买人优先权”“购买价金优先权”等；四是法定担保权的优先权，如留置权优先于质权和抵押权。

四、结束语

以移转动产所有权的方式设定担保物权，曾是一项古老而活跃的动产担保物权形式。随着近代民法法典化，这一动产担保物权形式在物权法定原则的剥离下被立法废弃。随着社会经济的发展，产生了这样一种需要，即需要在动产上创设一项不移转动产占有的动产担保物权制度，这一需要使得以所有权移转为内容的古老动产担保制度如让与担保和所有权保留等得以复燃，并在法典之外以非典型担保的方式存在。中国物权立法以扩大可抵押物外延的方式，将存在于法典之外的让与担保制度涵盖在了动产抵押制度中，解决了一般动产上不能创设非移转占有的动产担保物权的窘状。美国《统一商法典》第九编即“动产担保交易法”创立了一元化动产担保物权概念体系，将

---

① 在《物权法》对留置权适用范围放大的背景下，留置权优先于抵押权和质权的合理性值得怀疑。

② 董学立：《浮动抵押中的财产变动及其效力限制》，载《法学研究》2010 年第 1 期。

先前存在的形式多样、构造各异的动产担保制度予以一元化整合。在这一背景下，该法第202条标出了“担保物所有权之归属无关紧要”的概语。相比而言，我国动产担保物权的立法远没有美国动产担保物权立法先进，切分式多元化立法的弊端突兀地表现在对动产担保物权统一登记制度和动产担保物权统一优先次序规则的忽视上。对美国《统一商法典》第九编第202条关于“担保物所有权之归属无关紧要”的理解，对于准确解读我国《物权法》担保物权编的现有体系，对于弥补我国《物权法》担保物权编的不足，都是大有助益的。

如何理解《物权法》第 199 条*

摘要：《物权法》关于抵押权的设立采取了二元化的立法模式。在登记生效主义立法模式下，只有“须经登记”的抵押权；在登记对抗主义立法模式下，则有“经登记”的抵押权和“未经登记”的抵押权。如何确立“须经登记”的抵押权、“经登记”的抵押权和“未经登记”的抵押权之间的优先受偿顺位规则，《物权法》第 199 条在修正和继承其前身中非但没有趋于精致，而且失之错误。对其不足，应在说理的基础上适时予以修正。

关键词：抵押权；登记立法主义；优先受偿顺位

《中华人民共和国物权法》（以下简称《物权法》）第 199 条对同一财产上两个以上抵押权的优先受偿顺序作了规定：（一）抵押权已登记的，按照登记的先后顺序清偿；顺序相同的，按照债权比例清偿；（二）抵押权已登记的先于未登记的受偿；（三）抵押权未登记的，按照债权比例清偿。显然，《物权法》的该条规定源于《中华人民共和国担保法》（以下简称《担保法》）第 54 条。① 相对于《担保法》第 54 条关于抵押权优先受偿次序的规定，作为后发者的《物权法》显然有进步：如《物权法》将《担保法》第 54 条中的“担保合同以登记生效的”这一未经“区分”的说法予以彻底纠正；将《担保法》54 条中的“抵押物登记”纠正为“抵押权登记”等。但

---

* 本文原标题为《如何理解〈物权法〉第 199 条》，载《法学论坛》2009 年第 2 期。

① 《中华人民共和国担保法》第 54 条规定：“同一财产向两个以上债权人抵押的，拍卖、变卖抵押物所得的价款按照以下规定清偿：（一）抵押合同以登记生效的，按照抵押物登记的先后顺序清偿；顺序相同的，按照债权比例清偿；（二）抵押合同自签订之日起生效的，该抵押物已登记的，按照本条第（一）项规定清偿；未登记的，按照合同生效时间的先后顺序清偿，顺序相同的，按照债权比例清偿。抵押物已登记的先于未登记的受偿。”

除此之外，不无遗憾的是，对于《担保法》54 条中的精华，《物权法》在“去”与“取”中迷失了根基——“去”多了并“取”少了，这主要表现在：一是《物权法》第 199 条没有延续《担保法》第 54 条的立法基础——区分抵押权设立的登记生效主义与登记对抗主义；[①] 二是《物权法》对登记对抗主义立法体例下未经登记抵押权的物权属性缺乏清醒的认知，这导致了本条的严重错误。对此，本文试着在说理的基础上提出立法修改建议。

一、抵押权的设立与登记立法主义

作为定限物权的抵押权，其设立或后尘于所有权或同步于所有权。抵押权的设立之所以不能先期于所有权，除了其本身“栖息”于其他物权如所有权或用益物权的特性外，还有更为深层次的原因即物权之存在须以“特定物”的存在为先决客观条件。以此为基础，关于抵押权的设立，尽管我国《物权法》确立了不同的登记立法主义即登记生效主义和登记对抗主义，但抵押权的设立所需要的客观条件即须有“特定物”之要求，并没有也不可能有因登记立法主义的不同而相悬异。[②] 暂且不论设立抵押权的主观意思究为债权意思还是物权意思，但就抵押权设立的客观条件即“特定物”的存在而言，抵押权设立的登记生效主义和登记对抗主义所采取的立法技术方案则大异其趣：抵押权设立的登记生效主义坚决地贯彻了物权变动的区分原则并在时间上和空间上予以客观化标志——抵押合同自合同成立时生效，抵押权自登记时设立；而抵押权设立的登记对抗主义则没有在时间上（尽管可以或者不排除在理念上秉持物权变动的区分原则）将物权变动的远因行为即债权合同与近因行为即物权合同分离，而是做了一体化的处理。同为抵押权的设立，为何不同的登记立法主义就登记的法律意义采取了不同的法律效果呢？

依法律行为物权变动的客观条件，就是客观世界中需有一个先期存在的

---

① 尽管《担保法》第 54 条没有区分抵押合同之债权和抵押权，但该条立足于抵押权的登记生效主义和登记对抗主义区分之上，在设计同一财产上两个以上抵押权的受偿顺位时，以区别对待。《物权法》第 189 条的规定恰恰就忽视了这一点。

② 董学立：《论物权变动中的主客观条件》，载《法学论坛》2008 年第 3 期。

物权，而先期物权的存在，又需要有特定化了的“物”的客观存在为其前提。所以，一般说来，关于依法律行为物权变动的客观条件，就因此转化成了特定化了的“物”的客观存在。[①] 在民事立法中，以什么样的立法技术反映物权客体的特定化要求，各国民法典的立法技术颇有不同，主要有以下两种方式：一是以“特定物”为交易前提的立法技术，此即以《法国民法典》为代表的立法技术。从《法国民法典》的有关规定可以看出，标的物所有权的变动，仅仅依赖于当事人的债权意思（如合意、债的效果、当事人同意等）即可实现。[②] 难道真的仅仅依据当事人之间的债权意思就足以引起物权的变动吗？从法典的文义来分析，答案似乎是这样的。但一个常识性的问题不能被忽略：如果没有先期的物权亦即没有客观化了的“特定物”的存在，仅依凭当事人之间的债权意思，还能引起物权的变动吗？答案就是不能了——这是一个常常被研究者抛在脑后的常识性的答案。但如果以“特定物”的既存为交易前提，相对于交易的结果即物权变动而言，则依当事人之间的债权意思即可实现物权的变动。二是以“折射”方式表现客体“特定化”的立法技术，此即以《德国民法典》为代表的立法技术。《德国民法典》关于物权变动立法主义采取的是公示生效主义，其公示形式即“登记”或“交付”所要折射的不是别的，正是以此“光源”之所在——物权的客体已经特定化了。如果没有特定化的物权客体，哪里能够办理“登记”手续以及何以能够被“交付”？也就是说，不动产之“登记”或者动产之“交付”这些物权变动形式，其“折射”出的正是物权的客体即“物”已经被特定化了。[③]

《物权法》第十六章关于抵押权的设立，采取了二元主义的登记立法主义：在不动产上设立的抵押权采登记生效主义，在动产上设立的抵押权采登记对抗主义。[④] 这样一来，就有“须经登记”的不动产抵押权和“经登记

---

① 董学立：《论物权变动中的主客观条件》，载《法学论坛》2008年第3期。

② 董学立：《论物权变动中的主客观条件》，载《法学论坛》2008年第3期。

③ 董学立：《论物权变动中的主客观条件》，载《法学论坛》2008年第3期。

④ 尽管《物权法》没有明言，但依据《物权法》第187条、第188条以及第189条的规定，可以确认《物权法》关于抵押权的设立采取了不动产抵押权设立的登记生效主义和动产抵押权设立的登记对抗主义。但《物权法》第187条和188条关于“未来物”上抵押权的设立，违背了抵押权设立的客观要件即“特定物”要求。对此，请参见董学立：《如何理解〈物权法〉第187条、188条》，载《政法论丛》2009年第1期。

或未经登记”的动产抵押权。因此，对于设立于不动产或者动产上的抵押权而言，就对应了如下的结论：凡不动产抵押权，必是已经办理完毕登记手续的抵押权；签订不动产抵押合同后，未办理登记手续者，则只能产生抵押合同之债权，绝无不动产抵押权可言。动产之上设立的抵押权则可以分为“经登记”的动产抵押权和“未经登记”的动产抵押权，尽管理论上并且实践中也存在因特定物的缺失而设立的动产抵押合同之债权。进而言之，登记在抵押权的设立中所产生的法律效果是不一样的：在登记生效主义者，登记具有抵押权生成的效力，不登记无以产生抵押权；在登记对抗主义者，不经登记并不影响抵押权的产生，登记仅产生对抗效力。总之，依据《物权法》所确立的抵押权设立登记立法主义，现实生活中的抵押权就有了如下三类：“须经登记”的不动产抵押权、“经登记”的动产抵押权和“未经登记”的动产抵押权。对于同一财产上可能产生的数个抵押权，如何确立其优先受偿顺位，确实需要费一番脑筋。现在看来，《物权法》第 199 条确立的抵押权优先受偿顺位规则，确有不当。暂且先不用展开来讨论，仅就其中的第三项之“抵押权未登记的，按照债权比例清偿”来说，就与《物权法》第 188 条和 189 条确立的“未经登记，不得对抗善意第三人”的规定相冲突。①

《担保法》第 54 条的立法思路确有其科学性，该条区分了不动产抵押权设立的登记生效主义和动产抵押权设立的登记对抗主义，并在此基础上分别处理不动产之上设立的抵押权间的优先受偿顺序和动产之上设立的抵押权之间的优先受偿顺序。《物权法》第 199 条为何没有在《担保法》第 54 条的基础上对抵押权优先受偿顺序给出科学的规则？现在看来，问题的根源在于学界以及立法者没有抖搂清楚“未经登记”抵押权的物权法律属性。②

---

① 依反对解释，未经登记，其可以对抗恶意第三人。如果未经登记的抵押权第三人知悉，则可以对抗之，此时，后抵押权人则应后续于先抵押权人受偿。

② 这并不是说《担保法》抖搂清楚了“未经登记抵押权的物权法律属性”，《担保法》只是在没有区分债权行为和物权行为的更加低级错误的基础上，划拉出了一个正确的抵押权间的优先受偿规则而已，这有点像是“歪打正着”。与此相对照，《物权法》却在区分原则的基础上搞混了登记对抗主义法制下非经登记抵押权的物权法律属性，这有点像是“丢了西瓜”。

二、登记对抗主义立法体例下未经登记抵押权的物权属性[①]

依据上文，本标题所提出的问题本不应是一个问题了。因为我们已经确立了如下结论：在动产抵押权设立的情形，依据《物权法》确立的动产抵押权之登记对抗主义原则，非经登记的动产抵押权，也是抵押权。既为抵押权，其当有物权的一般属性。在此前提下再讨论未经登记抵押权的什么属性，似乎就显得多余了！但是，我们在《物权法》颁布之前甚而在其后时常听到一些学者的如下声音："物权是绝对权，具有对抗第三人的效力，未经登记的抵押权不能对抗第三人，其还算是物权吗？"言下之意，非经登记的抵押权因缺乏对抗第三人的效力，所以其不是物权。从逻辑上分析推演，所言似乎极是，因为这里推理的形式逻辑似乎没有漏洞，但这一说法的欺骗性也就在这里。

在登记对抗主义立法体例下，存在有"经登记"的抵押权和"未经登记"的抵押权，一如上文所述。既然有未经登记的抵押权，则从逻辑上看，未经登记的抵押权是物权之一种类型即抵押权，当属无疑。在经登记和未经登记之间，抵押权本身发生了什么样的变化呢？这就是《物权法》在其有关条款中坦言的"（抵押权）未经登记，不得对抗善意第三人"。[②] 将《物权法》的这一规定与"未经登记的抵押权不能对抗第三人，其还算是物权吗？"的断言比较，我们发现，两者之间的差异仅在于后者缺少了前者的"善意"二字。

何谓"善意第三人"？这一抽象的字眼须被放置于生动活泼的物权法律关系实景中，才可以被具体化以及才得以被明晰。例如，某甲享有对某一动产之上的抵押权，某丙因其过失行为侵犯了该动产或使其价值减损，某甲是否可以其对该动产之上所享有的抵押权对某丙请求停止侵害或者损害赔偿？在回答这一问题之前，我们先要回答某丙算不算是第三人？其中的一种情形

---

① 以语义进行分析，"未经登记的抵押权"只是抵押权未经登记而已，其本身是抵押权并不因未经登记而被否定。所以，"未经登记抵押权的属性"应当还是抵押权即物权。但因其未经登记不能对抗第三人的原因，一些人士就否认了其物权属性。

② 如《物权法》第188条、第189条等。

是，若以抵押权人某甲为第一人，抵押人某乙为第二人，则某丙就可以算是第三人；另一种情形是，若以某甲为抵押权（物权）人，则除其之外的其他所有人包括抵押人某乙在内等，则都是第三人。因为抵押权是一种物权，抵押权人不仅可以直接支配物并得以排除他人的干涉。与此同时，包括抵押人在内的其他人则负有不得侵害抵押权的义务。对于抵押权人以外的其他人而言，其可以不知悉抵押物为何人所有，但其定然知悉抵押物不为自己所有。既然不为自己所有，则不得侵犯之。就是说，在侵害抵押权的情形，一般无有侵权人因善意而免责的问题。所以，在上述两种情形下，某甲作为抵押权人当然享有对抗“第三人”权利，且不论该第三人是否有其主观上的善意、恶意。① 所以，严格说来，前述“善意第三人”，当不包括在上述两种情形中。②

那么，“善意第三人”是指哪一种情形呢？在回答这一问题之前，我们有必要对物权法律关系进行学理上的分类：物权法律关系可以被分为静态物权法律关系和动态物权法律关系。前述两种情形，以笔者的见解，当属静态的物权法律关系。在静态的物权法律关系下，物权（抵押权）人可以对任何侵害其物权之圆满状态者，主张权利；并且，在静态物权法律关系下，对于侵权者而言，其责任构成或者以恶意为归责要件者，或者不以恶意为归责要件，但不论哪种情形之下，其中绝无可以言其“善意而又侵权者”。所以，“善意第三人”在静态物权法律关系的社会实景中，一般没有存在空间。接下来看在动态的物权法律关系中的“善意第三人”。依据当事人之间的协议，并且在“特定物”这一物权变动之客观条件具备的情形下，依据抵押权设立的登记生效主义，如果登记没有出现错误的话，抵押权之登记名义人亦为事实上的抵押权人。在同一财产上后设立抵押权的人不能以自己不知有先期抵押权的存在而主张主观之善意，因为法律制度对此情景下的第三人的知情采取的是推定的方式：登记的抵押权被推定为人人皆知。所以，在登记生效主

① 作为物权请求权之一的停止侵害、排除妨碍和妨害预防等，不以侵权人的过错为要件；对于侵权的损害赔偿而言，一般以过错为要件。

② 因为抵押权人享有物上代位权，所以，其完全可以直接行使侵权损害赔偿请求权；在抵押人怠于行使排除妨害和妨害预防请求权时，抵押权人也可以直接行使上述物权清求权，以保护其未来抵押权的实现。

义立法体例下，如果没有出现登记错误，就没有所谓的善意第三人的存在空间。这样一来，在动态物权法律关系下，就只剩下抵押权登记对抗主义立法模式下的情形了。如在“特定物”之物权变动客观条件具备的情况下，当事人之间协议的成立就是抵押权的设立。若此情形下的抵押权未经登记，其是否可以对抗后续设立的另一抵押权？对此一问题，《物权法》的用语是“未经登记，不得对抗善意第三人”。此所谓“善意第三人”，当是指如下情形：如甲在某一财产上设立抵押权，该抵押权未经登记，其后在同一财产上，丙又设立另一抵押权，若实行抵押权，甲与丙的抵押权谁者优先受偿？笔者给出的答案如下：如丙不知甲在该同一财产上先期设有抵押权且丙未办理抵押权登记手续，则甲与丙按照其债权比例受偿；如果丙不知甲在该同一财产上先期设有抵押权且丙已经办理抵押权登记手续，则丙优先于甲受偿。此番情形之下，丙皆为《物权法》所指称的“善意第三人”；但如果丙知悉甲在该同一财产上有抵押权，则不论其是否办理完毕登记手续，都将因其主观上知悉甲之先期抵押权的存在而不能优先于甲受偿。至此，我们能够抖搂清楚的是，所谓“未经登记，不能对抗善意第三人”中的第三人，只有“善意的交易第三人”。《物权法》没有在“善意”之后并“第三人”之前加入“交易”二字，导致对这一问题不能抖搂清楚的人士众多。上述逻辑推理的隐蔽性就在这里。对此，应以回到原点的态度和方法，理出个新头绪、整出个新结论、提出个新方案。①

三、二元登记立法主义下的抵押权优先受偿次序规则

《物权法》关于抵押权的设立分不动产与动产之别而采取了不同的登记立法主义，已如上述。对不动产抵押权，因物权立法采取了登记生效主义立法体例，所以现实法律社会生活中就不会存在未经登记的不动产抵押权。如此一来，在同一不动产上设立的数个抵押权之间的优先受偿顺序，其规则就是这样的：按照登记的先后顺序确立抵押权的优先受偿顺位——登记在先者

① 所谓“回到原点的态度和方法”，即笔者在学术研究中秉持的搞清楚基本概念、基本原理和基本技术。就本文研究的问题而言，物权设立的“特定物”条件、物权与公示的关系等，就是分析《物权法》第199条的基本原点。

优先于登记在后者。除此之外，既无抵押权的存在，也就无所谓抵押权的优先受偿顺序问题。在这一判断之下，《物权法》第199条第（一）项的规定可以适用于不动产抵押权。该项规定与《担保法》第54条第（一）项规定无异。这样一来，从应然的角度讲，《物权法》第199条第（二）(三）项的规定应对的就不再是不动产抵押权。关于这一点，从该条之第（二）(三）项源于《担保法》第54条第（二）项，可以得到佐证。

对动产抵押权，因我国《物权法》采取了登记对抗主义的立法体例，所以，就有了经登记的动产抵押权和未经登记的动产抵押权之别。未经登记的抵押权也是抵押权，抵押权的登记与否，仅有对抗力之有无的区别。在这种情况下，抵押权优先受偿顺位规则应当这样确立：已经登记的动产抵押权，按照登记的先后顺序确定受偿的顺位——登记在先者优先于登记在后者；顺序相同的，按照债权数额比例受偿。既如此，《物权法》第199条第一项的规定亦可适用于经登记的动产抵押权之间的优先受偿顺位。《担保法》第54条中的“抵押合同自签订之日起生效的，该抵押物已登记的，按照本条第（一）项规定清偿”的规定，即是此理之所在。

对于动产抵押权未经登记的，如果后抵押权人在设立抵押权时知悉前动产抵押权的存在，则不论后抵押权是否经登记，前后抵押权按照设立的先后时间顺序确立优先受偿顺位——先设立的动产抵押权优先于后设立的动产抵押权受偿。对此情形，《物权法》第199条未能筛理清楚并给出相应的规定。

如果后抵押权人不知悉前抵押权的存在，且后抵押权人亦没有办理抵押权登记手续者，前后抵押权按照债权数额比例受偿——前后两抵押权都不失其身为抵押权的物权属性，但对于不知情的善意后抵押权人需要给予平等保护。对此，《物权法》第199条第三项的规定，可予适用。

如果后抵押权人不知悉前抵押权的存在，且已经办理了抵押权登记手续，则后抵押权人善意取得抵押权——后抵押权人优先于前抵押权人优先受偿。[①] 对此，《物权法》第199条第二项可准予适用，但需要附加“善意”条件。

---

① 《物权法》相关条文中有关“未经登记，不得对抗善意第三人”的规定，实质上就是物权善意取得制度在抵押权变动中的应用。

这样做是为了维护登记制度的正常运行。

综上，我们关于抵押权的优先受偿顺位规则简述如下：1. 不动产之上的数个抵押权以及动产之上数个经登记的抵押权之间，按照登记的先后顺序清偿；顺序相同的，按照债权数额比例清偿；2. 动产之上的抵押权未经登记的，不能对抗设立在后的善意交易第三人：（1）后抵押权人知悉前抵押权存在的情形，先设立抵押权优先于后设立抵押权受偿；（2）后抵押权人不知悉前抵押权存在且已经办理完毕登记手续者，后抵押权人善意取得抵押权，优先于前抵押权受偿；（3）后抵押权人不知悉前抵押权存在的情形，抵押权按照债权比例受偿。①

四、结束语

《物权法》是在一片争论声中通过的。

《物权法》立法过程中产生众多争论的一个很重要的原因，笔者认为是包括立法者在内的广大人民群众对《物权法》的基本概念、基本原理和基本技术，缺乏应有的共通知识。在这样的法制背景之下，《物权法》有关条文中存在这样或那样的不足甚至错误之处，实属在所难免。② 今天，面对已经颁布的《物权法》，我们的态度不应是喋喋责备。立法的目的是司法。因此，如何在司法实践中对《物权法》中的明显不足或者错误予以纠偏、改正，倒是需要我们静下心来巧斟细酌的事情。因为，为了维护《物权法》的面子而不予正面应对，终究不是办法，司法实践方面尤有迫切的要求。面对《物权法》第 199 条尤其是其第三项暴露出的学理错误以及由此造成的司法实践难题，笔者所要采取的就是在学理上力求给予说清楚，在司法实践上努力给出具体操作的技术方案。当然，是否就已经做到了上述两点，请大家批评。

---

① 这里省略了善意取得的第三个条件即支付了合理对价。

② 如《物权法》第 117 条关于动产之得设立用益物权的规定，《物权法》第 187 条、188 条关于"未来物"上得成立抵押权的规定等，都是不适当或者是错误的。

论“在建物”上的抵押权*

内容摘要： 物权包括担保物权的设立和存续，当以“特定物”的存在为客观前提。而我国《物权法》第187、188条关于正在建造的建筑物、船舶以及航空器上抵押权何时设立的规定，显然违背了这一前提，导致了学理上的错误和体系上的混乱，应予适时纠正。

关键词： 物权法；特定物；预告登记

我国《物权法》第187条规定：以正在建造的建筑物抵押的，应当办理抵押登记，抵押权自登记时设立；随即，该法第188条又规定：以正在建造的船舶、航空器抵押的，抵押权自抵押合同生效时设立，未经登记，不得对抗善意第三人。立法区分了正在建造的不动产和正在建造的动产并区别对待：于身属不动产的正在建造的建筑物上，施以登记生效主义；于位列动产的正在建造的船舶、航空器上，处以登记对抗主义。从该法所确立的登记立法主义来说，这是完全可以理解也是可以接受的。但与此同时，不无遗憾的是，立法却在这一问题上没有延续《物权法》文本关于“物权”这一概念的本质属性的规定。从上述两条规定可以推断，立法者于正在建造中的“物”亦即现实社会中尚不存在的“物”上，设立了抵押权。① 抵押权当属物权之一种，一般应遵从物权设立和存续的客观条件——属于“物”并已现实的存在即“特定物”，是包括抵押权在内的各种物权设立和存续的基础。② 显然，《物权法》于正在建

* 本文原标题为《论“在建物”上的抵押权》，载《政法论丛》2009年第2期。

① 《物权法》第2条第3款规定：“本法所称物权，是指权利人依法对特定物享有直接支配和排他的权利，包括所有权、用益物权和担保物权。”

② 作为权利的物权有三个特性：权利客体上的特定性、权利实现上的支配性和权利效力上的排他性。但物权上述三个属性的地位不同：权利客体的特定性是物权设立和存续的物质基础，权利实现上的支配性和权利效力上的排他性则是物权的表现形式。

造中的所谓“物”上设立抵押权的规定，有违《物权法》的基本原理，并导致了《物权法》体系内的混乱。关于这一点，既不能被理解亦不能被接受。

一、物权（抵押权）设立和存续的客观条件

一言以蔽之，物权设立和存续的客观条件，即《物权法》关于物权的概念中所认定的“特定物”的存在。何为特定物？笔者认为，欲成为“特定物”，需具备以下三个条件：第一，“物”的现实性，即“物”在时间上已经客观化的存在。基于此，那些尚不存在的所谓“未来物”，当不能属于特定物。第二，“物”的独立性，即“物”在空间上与其同类做了切割。基于此，那些尚未个别化的“种类物”，也不能属于特定物。第三，“物”的功能性，即“物”必须在功能上满足某种特样的需要。基于此，物理属性上独立而法律属性未能独立的“物”，如作为“物之成分”的物，亦不能称其为特定物。与此相反，“从物”则因其在功能上能够满足某种特样需要而属于特定物。

物只有成为“特定物”，才可以算得上是《物权法》上的“物”并得以于其上设立物权。正在建造中的“物”，如上述正在建造中的建筑物、船舶和航空器，其应属于“未来物”，于其上虽可以成立债权，但绝无成立物权的客观物质基础。① 所以，不论是登记生效主义还是登记对抗主义，扬言要在“未来物”上设立抵押权这一物权类型，不仅酿造了弥足的法学学理错误，也导致了《物权法》体系上的前后矛盾。

所谓“法学学理错误”，即笔者认定的依据物权的概念所确认的没有“特定物”即不能设立物权的论断；而所谓“《物权法》体系上的前后矛盾”，在笔者看来是这样的：我国《物权法》第一编第二章第 20 条第 1 款前段规定：“当事人签订买卖房屋或其他不动产物权的协议，为保障将来实现

① 物权与债权的主要区别之一在于：物权是以特定物的存在为权利存续前提的，而债权的存在是观念性的存在，其不需要有“物”的存在。关于这一点，我们都明白但又不是都在问题的分析与解决中予以贯彻，关于物权行为理论的争论就恰好表明了这一点：债权合同的成立是一个与特定物的存在与否没有联系的问题，只有物权行为，其成立则需要以特定物的存在为前提。

物权，按照约定可以向登记机构申请预告登记。”此即不动产物权的预告登记制度，学界通说认为，预告登记是为保全一项以将来发生不动产物权变动为目的的请求权的登记。预告登记所登记的不是现实的不动产物权，而是将来发生不动产物权变动的请求权，它是在确定的财产权登记条件还不具备时，为了保全将来财产权变动能够顺利进行，而就相关的请求权进行的登记。① 简而言之，预告登记所登记者，非物权，而是物权变动之原因即债权。例如商品房的预售，其实并没有建设完毕的房屋可售，当事人所约定的，就其主观意思和客观可能而言，无非是设定一个债权——没有房屋即无关于房屋的物权，继而，既然没有关于房屋的物权，哪里会有关于房屋物权的变动，这是一个再朴素不过但又是经常被搞混了的道理。② 从不动产预告登记制度所处的位置来看，其对于《物权法》担保物权编的不动产抵押制度尤其是正在建造的建筑物上的抵押权设定，应具有指导意义。③ 也就是说，以正在建造的建筑物为抵押物的抵押权设定，因其受到抵押物的“未来性”亦即“非特定性”所决定，当事人所能够设定的无非就是一个关于设定抵押权的合同

① 黄松有：《〈中华人民共和国物权法〉条文理解与适用》，人民法院出版社2007年版，第103页。

② 依法律行为物权变动的客观条件，就是客观世界中需有一个先期存在的物权。而先期物权的存在，又须以“特定物”的存在为前提。所以，一般说来，依法律行为物权变动的客观条件，就因此转化成了“特定物”的存在。在民事立法中，以什么样的立法技术反映“特定物”的存在，各国民事立法颇有不同，主要有以下两种方式：一是以“直接前提式”表现“特定物”的立法技术，此以《法国民法典》为代表。《法国民法典》是在作为客观方面的“特定物”要件得以满足的前提下，再以当事人的“合意”决定物权何时发生变动。这样一来，当事人间达成合意之时——此“合意”在《法国民法典》被认定为债权合意——物权变动因主、客观条件的兼备，而完成其在主体之间的变动；作为例外，在“特定物”条件得不到满足的时候，如关于种类物、未来物的交易，其立法技术就是将其特定化之时，加之当事人先前已经达成的合意，而完成物权在主体之间的变动。因此，《法国民法典》关于物权变动客观条件满足的立法技术，是以“特定物”为一般交易前提，以“非特定物”为交易例外的方式。二是以“间接折射式”表现“客体物”的立法技术，此以《德国民法典》为代表。《德国民法典》关于“登记”或“交付”之物权变动生效要件所要成就的不是别的，而是以此“间接折射式”立法技术来表达“光源”之所在——物权的客体已经特定化了——如果没有特定化的物权客体，哪里能够办理物权变动的“登记”或“交付”。也就是说，不动产之“登记”或动产之“交付”，其“折射”出的是物权的客体已经特定化了，而这就是对物权变动客观要件——“特定物”条件的“折射式”表达。详情敬请参见董学立：《论物权变动中的主客观条件》，载《法学论坛》2008年第3期。

③ 《物权法》没有就动产抵押权建立统一的登记制度，致使该法关于动产抵押的规定难以落到实处，也使得预告登记制度似乎仅限于不动产预告登记。

债权。若此判断无误的话，则《物权法》第 187、188 条所规定的于正在建造中的建筑物、船舶以及航空器上得设立抵押权的立法判断，与前述不动产预告登记制度所确立的物权法原理相违，由此就造成了《物权法》内部体系上的前后矛盾。①

既然于正在建造中的“物”上不能设立抵押权，那么办理抵押登记还具有什么意义呢？其实，我国《物权法》第 187 条和 188 条的所谓抵押权登记，不是什么抵押权登记，而是抵押权预告登记。不恢复这一问题的应有原貌，终将无法回答与此相关的法学理论和法律实践问题。正如我国《物权法》第一编第二章第 20 条第 1 款后段所规定：“预告登记后，未经预告登记的权利人同意，处分该不动产的，不发生物权效力。”此所谓“不发生物权效力”，应包括两方面的含义：一是处分该不动产的合同有效，即其可以发生债权效力；二是虽然处分该不动产的合同有效，但该合同实际上无法履行，不能产生不动产物权设立或者变动的结果。② 显然，这一结论在《物权法》之担保物权编中没有得到贯彻，③ 该法第 187 条关于“抵押权自登记时设立”，以及其第 188 条关于“抵押权自抵押合同生效时设立”的规定，不仅有违抵押权设立的客体特定性要求，也使得在重复抵押的情形下，造成“在建物”特定化后设立的抵押权得以对抗先期抵押权的谬误。

其实，就预告登记的法律意义而言，可有三个方面的效力：一是保全效力，即保全未来发生不动产物权变动的请求权，使其具有排斥后来的其他物权变动的效力，现实生活中的商品房预售预告登记即其实例；二是保存顺位的效力，即通过预告登记，被保全的权利与其顺位同时登记——不动产权利的顺位以预告登记的日期为准加以登记，《物权法》第 187、188 条所规定的所谓抵押权登记即其实例，只不过立法把这一问题给弄错了——将本应为抵

---

① 本文写作期间，笔者将此问题说与从事律师职业的妹妹，她质疑讨论这一问题有什么意义？依笔者之见，对于法律实践层面而言，或许是意义不大，但对于以法典化国度为背景的法学理论研究和立法实践来说，其意义就非同小可。

② 杨永清：《〈物权法〉总则与民事审判》，载《法律适用（京）》2007 年第 6 期。

③ 《物权法》第 15 条确立的“区分原则”将法律行为区分为债权行为和物权行为，这是对的。但两者区分的标准是什么？在学界和立法实践中相当模糊。客观上缺失“特定物”的法律行为是永远也不会产生物权变动的，因为事先压根就不存在一物权，谈何有物权变动！

押合同债权的登记错误地搞成了抵押权登记；三是破产保护的效力，即在相对人破产，但请求权的履行期尚未届满或者履行条件并未成立时，权利人可以将作为请求权标的的不动产不列入破产财产，使请求权发生指定的效果——预告登记制度在破产法领域的表现。仅就上述的第二项效力而言，抵押权设定合同债权的预告登记制度，其所要解决的法律问题不是如立法所说的什么抵押权设立，而是以对设立抵押权合同债权的登记时间为序，确定将来待抵押权成就时的抵押权顺位。这样一来，在同一未来物上设立的多个未来抵押权就可以登记的顺位确定其受偿顺位。

二、"在建物"上抵押权的设立——比较法上的考察

在"在建物"即"未来物"上设立抵押权，是经济生活的法律制度需求，各国法制多有规定。例如，加拿大《魁北克民法典》第2670条规定："在他人财产或者未来财产上设立的担保权益，仅在设立人获得该担保财产的权利之时，方可生效。"①《美洲间组织担保交易示范法》第6条第2款规定：在未来或嗣后取得的财产上设定的担保物权，仅在担保债务人取得该财产上的权利时，才可成为该权利之上的担保物权。美国《统一商法典》在其第9-203条规定："（a）〔有效成立〕担保物权就担保物对债务人可执行时，担保物权即在担保物上有效成立，除非合同明示推迟有效成立的时间。（b）〔可执行性〕除（c）至（i）另有规定外，担保物权只有在以下情形，才能就担保物对债务人或者第三人执行：（1）已给付对价；（2）债务人对担保物有权利，或者债务人有权力将担保物上的权利转让给担保物权人；（3）当事人之间有一个担保协议。"并且，美国《统一商法典》第九编第9-102条对待开采的担保物如石油、天然气以及其他矿物作了规定："该担保物权由对该被开采之前的矿物享有权利的债务人所设定；该矿物一旦开采出来，该担保物

① 参见孙建江、郭占红、朱亚芬译：《魁北克民法典》，中国人民大学出版社2005年版，第324页。译者对该条文的翻译是："在他人财产或将来财产上设立抵押，仅在设立人成为抵押权人时开始生效。"原文是："A hypothec on the property of another or on the future property begins to affectit only when the grantor acquires title to the hypothecated right."译文与原文两相对照，笔者认为译者的翻译不是很恰当。

权即在其上有效成立”；以及该法第9－204条（a）嗣后取得的担保物上的担保物权益：“除（b）另有规定外，担保合同可以在嗣后获得的担保物上设定或者规定担保物权。”① 那权益何时附着于嗣后获得财产上呢？在上述担保权益附着的三个条件中，只有担保协议这一个条件具备，其他两个条件即对价的支付和担保人对担保物有权利或者处分的权力尚不具备。如果担保权人先期给予的对价足以支付担保权益对嗣后获得财产的扩张，则担保权益对担保人嗣后获得担保物权利的附着，就会在该权利获得的时刻发生。② 此所谓“权利获得的时刻”，即担保物特定化的时刻。对此，有关该条的“正式评论”指出：“它对于债务人以现有的和将来的资产（一旦取得）所设定的担保物权均认为有效。”③ 此所谓“一旦取得”，亦即担保物特定化的时刻。

从上述国外有关动产担保物权立法的实践来看，关于担保物权的设立，有两个特点：一是都采取了公示对抗主义，即公示不是担保物权设立的生效要件；二是在担保物是“非特定物”的情形下，受担保物“非特定化”的客观限制，作为物权属类型之一的担保物权如抵押权，无以设立的基础。所以，这些国家的立法均明智地放缓了抵押权设立的时间步伐——须待“未来财产”或“嗣后财产”特定化或现实化时，方可于其上设立抵押权。美国《统一商法典》对其间的区别更是泾渭分明：其关于担保权益的设立用了“Attachment”一词，即担保权益的“附着”并规定了担保物权附着的三项条件：已给付对价、债务人对担保物有权利或权力、当事人之间有担保协议；其关于担保权益的公示如登记、占有、控制等用了“Perfection”一词，即担保权益的“完善”。④ 从该法的体系结构中可以看出，担保物权的设立和存续与担保物权的公示制度如登记公示制度没有任何因果关系，担保物的特定化以及非特定化，才是担保物权设立与否的客观条件。没有特定化的物，担保物权是无以“附着”的。当事人之间关于设立担保物权的协议仅具有产生设

---

① 董学立：《美国动产担保交易制度研究》，法律出版社2007年版，第750～791页。

② Abridged Edition：*Selected Commercial statutes*. Thomson West，2005. p. 89.

③ 董学立：《美国动产担保交易制度研究》，法律出版社2007年版，第792页。

④ 美国《统一商法典》第九编关于附着的条款规定在该编第二部分并以“Attachment”为题，关于完善的条款规定在第三部分并以“Perfection”为题。参见Abridged Editien：*Selected Commercial statutes*，Thomson West，2005。

立担保物权之请求权的债权法律效果。[①] 在这一立法背景之下，担保物权的登记，所彰显的就只能是当事人设立担保物权的合意的时间位序——没有办理登记的担保物权或者担保物权设立合意并非就不存在，办理了登记的担保物权或者担保物权设立合意只是以登记的时间为序确定现有的或将有的担保物权从何时起计算其存在。所以，尽管担保物权的附着与担保物权的登记完善没有直接干系，但其却与担保物权之间的优先受偿次序息息相关——某一担保物上数个相冲突的担保权益没有采用登记以外的担保权益完善方法，则相冲突的担保权益之间的优先受偿顺位排列如下：[②] 如各担保权益均已登记完善，则按各担保权益登记时间之先后决定其受偿次序，登记在先者优先于登记在后者受偿；如果相冲突的动产担保权益并非全部办理登记完善手续，则已经登记完善者优先于未办理登记完善者；如果各动产担保权益均未办理登记完善手续，则按照担保权益附着时间的先后决定其优先次序，先附着之担保权益优先于后附着之担保权益。[③]

国外立法的上述规定所展示的，正是担保物权预告登记制度的法律意义。

通过上述分析，笔者认为，既然我国《物权法》确立了物权登记生效主义为原则，物权登记对抗主义为例外的物权登记立法主义，[④] 那么就物权登记制度的本有意义而言，其所能够表彰的，是并且仅仅是业已存在的物权或者旨在设立物权的债权。[⑤] 物权登记对抗主义立法体例是以“特定物”交易

① 当事人之间的意思表示究竟是债权意思表示还是物权意思表示，这是一个长期以来争论不休的问题。从其法律效果来看，因其仅产生债权请求权之法效，可以认定其为债权意思；从其意思表示的目的指向——设立担保物权来看，则可以认定其为物权意思——只不过是附条件的物权意思——待担保物得以特定化时，因所附条件的成立而产生担保物权。

② Abridged Edition：*Selected Commercial statutes*. Thomson West，2005. p. 140.

③ 与美国《统一商法典》关于登记担保权益间的优先收受偿次序规则对照，我国《物权法》第199条第3项之“抵押权未登记的，按照债权比例清偿”的科学性也颇值怀疑：既然《物权法》关于动产抵押权的设立不采登记生效主义，则非经登记的动产抵押权也是抵押权。既为抵押权，则前一未经登记的抵押权就有对抗后一未经登记的抵押权的物权效力，除非后一未经登记的抵押权人在设立此一抵押权是不知情的，即善意。

④ 《物权法》第9条第1款规定：“不动产物权的设立、变更、转让和消灭，经依法登记，发生效力；未经登记，不发生效力，但法律另有规定的除外。”《物权法》就动产担保物权没有建立统一动产担保物权登记制度，成为这一立法的一大缺憾。参见董学立：《形在而神移——论〈物权法〉担保物权编的新发展》，载《法令月刊》2008年第6期。

⑤ 董学立：《物权公示，公示什么?》，载《比较法研究》，2005年第5期。

为前提的物权变动立法技术。[①] 在这一立法技术下，因物权登记制度与物权变动要件的技术切割，使得其法律意义有了清晰和直白的表达——记载物权变动的时间顺位利益。显然，《物权法》第 187 条和 188 条的立法规定，违背了这一物权法学原理，而且也与该法在其第 20 条确立的物权预告登记制度相冲突，导致了法律体系的内在混乱。参照国外担保物权立法关于该制度的立法规制，应对上述条款予以适时纠正。[②]

---

① 董学立:《论物权变动中的主客观条件》，载《法学论坛》2008 年第 3 期。

② 笔者认为，《物权法》第 187 条应修改为:“以正在建造的建筑物抵押的，应当办理抵押登记，抵押权自建筑物建成时（或自建筑物所有权登记时）设立，抵押权的优先受偿顺位按登记时间为序确立;”《物权法》第 188 条应修改为:“以正在建造的船舶、航空器抵押的，抵押权自抵押人取得在建物的所有权时设立，抵押权的优先受偿顺位按登记时间为序确立。抵押权未经登记，不得对抗善意第三人;”《物权法》第 189 条应修改为:“以将有的生产设备、原材料、半成品、产品抵押的，抵押权自抵押人取得该抵押物的所有权时设立，抵押权的优先受偿顺位按登记时间为序确立。抵押权未经登记，不得对抗善意第三人。”

动产担保物权法静态规范缺陷研究*

摘要： 包括动产担保物权法在内的物权法规范，可以分为静态规范和动态规范。动产担保物权法的静态规范主要包括有关动产担保物、动产担保物权和动产担保物权法三个方面的内容。中国动产担保物权法在上述三个方面都存在立法缺陷，需要在未来动产担保物权法编纂中予以完善。

关键词： 动产担保物权；静态物权法；物；物权；物权法

一、动产担保物权法的静态规范

所谓“动产担保物权法的静态规范”，其定义可以借用“动产担保物权法的动态规范”之概念来间接说明。“动产担保物权的动态规范”，即动产担保物权法规范体系中事关动产担保物权变动的法律规范部分，主要包括依据法律行为的动产担保物权变动规范。除了动产担保物权的动态规范，担保物权法其余的法律规范，均可以归入“动产担保物权法的静态规范”中来。但在这里，根据研究的范围预设和研究的目的需要，笔者仅就动产担保物权的静态规范中的重点方面进行研究。动产担保物权法制有九个层面的规范群，即动产担保物权的概念、动产担保物范围、动产担保物权合同，动产担保物权设立、公示、效力、优先受偿次序、实现、消灭①。在动产担保物权法制

---

* 本文原标题为《动产担保物权法静态规范缺陷研究》，载《中国海商法研究》2018 年第 2 期。

① 作为一元化动产担保物权立法的鼻祖，美国《统一商法典》第九编即“动产担保交易法”共分七章：第一章，总则；第二章，担保合同的效力、担保物权的有效成立、担保合同当事人的权利；第三章，公示与优先受偿次序；第四章，第三人的权利；第五章，登记；第六章，违约；第七章，过渡规定。参见美国法学会（ALI）、美国统一州法委员会（NCCUSL）著：《美国〈统一商法典〉及其正式评述（第 3 卷）》，高圣平译，中国人民大学出版社 2006 年版，第 4 页。效仿美国《统一商法典》第九编的其他国家、地区、国际组织的“动产担保交易示范法”，大致延续了上述章节及顺序。受此启发，笔者通过研究中国各类担保物权法，得出了动产担保物权法应包括文中提出的九个层面制度体系的结论。

的这九个方面规范群中，一般认为动产担保物权合同、动产担保物权设立、公示和动产担保物权的实现、消灭，为动产担保物权的动态规范，其余则为动产担保物权法的静态规范。在过去对物权法的研究中，秉持着静态物权法和动态物权法的基本分类。笔者认为，依据《中华人民共和国物权法》（简称《物权法》）第2条“本法所称物，包括不动产和动产，法律规定权利为物权客体的，依照其规定；本法所称物权，是指对特定的物的直接支配和排除他人干涉的权利，包括所有权、用益物权和担保物权”的规定，可以从中析理出关于静态物权法的三个基本概念：物、物权、物权法①。《物权法》第2条的规定当然也适用于作为《物权法》组成部分的担保物权法。该三个概念在担保物权法中的具体应用，就是“担保物、担保物权、担保物权法”。由此静态物权法的三个基本概念在担保物权法的具体应用，构成了对动产担保物权法静态规范及其缺陷进行研究的主要方面②。全面认识这些缺陷，适时修正和完善这些立法缺项，是中国未来担保物权法编纂的重要方面。

二、“物”的静态规范及其缺陷

《物权法》包括担保物权法当是以“物”为权利客体的法律规范体系。此所谓“物”，在抽象层面，即具有价值、具有支配可能性的客观存在和观念存在。客观“物”即有体物，如桌、椅、板、凳等客观物，主观物即无体物财产如知识产权、债权等“视为”物；此所谓“物”，在具象层面，可以分为如下几类：不动产和动产、特定物和非特定物（包括未来物和种类物等）、主物和从物、原物和孳息等。

① 关于“物”，有两个视角：一是理论形态的物，即具有价值和支配可能性的现实存在；二是法律实践形态的物，主要包括如下分类：不动产与动产、主物与从物、原物与孳息、特定物与种类物等。关于“物权”，主要是研究落实物权的特性：物权客体的特定性、物权实现的支配性和物权效力的排他性等三个方面。关于“物权法”，非是给出“物权法”的概念，而是借此“物权法”的概念衍（伸）生出物权法的基本原则。物权法的基本原则可包括物权法定原则、物权公示的公信原则、物权变动与其原因行为的区分原则和物权法效益原则等几个方面。

② 隶属静态物权法的规范当不止这三个方面，还有除了动态物权法规范的其他不属于物、物权、物权法三个方面的其他物权法规范，如技术型规范：担保物权法中的准用规范、法律适用规范等。但笔者仅对物、物权、物权法三个方面的静态规范进行研究。

（一）抽象层面的“物”

关于哪一些“物”可以作为担保物?《物权法》第180条在第（一）项至第（六）项列举了可以抵押的财产类型后，于该条第（七）项规定：法律、行政法规未禁止抵押的其他财产可以抵押。何为禁止抵押的财产？该法在第184条进行了列举：（一）土地所有权；（二）耕地、宅基地、自留地、自留山等集体所有的土地使用权，但法律规定可以抵押的除外；（三）学校、幼儿园、医院等以公益为目的的事业单位、社会团体的教育设施、医疗卫生设施和其他社会公益设施；（四）所有权、使用权不明或者有争议的财产；（五）依法被查封、扣押、监管的财产；（六）法律、行政法规规定不得抵押的其他财产。也就是说，除了《物权法》第184条规定的不得抵押的财产以外的其他所有可以被认定为“财产”的存在，都是可以作为抵押物的。《物权法》关于何种财产可以被抵押的规则，确立的是“法不禁止即自由”的法政策，体现了个人主义的私法精神，尤其值得肯定。但与此同时，《物权法》第223条第（一）至（六）项列举了何种权利可以被出质之后，于该条第（七）项又规定：法律、行政法规规定可以出质的其他财产权利。《物权法》第223条关于何种权利可以出质的第（七）项规定，完全不同于该法第180条关于何种财产可以抵押的第（七）项规定，《物权法》第223条第（七）项之规定，确立的是“法不授权即无权”的国家主义立法政策。在同一部法律里存在和实施着截然相反的立法政策，此举违反了法典法的逻辑性、体系性、和谐性等法原则。

“规定可以出质的”才可以出质，其立法缺陷已经显现：司法实践中有不少新类型担保案例，比如中国南方大量出现的店铺租赁权抵押或者质押，出租车营运资格抵押或质押，理财产品质押，排污权质押，等等。因为这些权利不属于“规定可以质押”的权利，严重影响了交易的安全和经济活动的有效开展。应将《物权法》第223条第（七）项关于权利质权客体的封闭性的兜底条款修改为开放性的兜底规定，即“法律、法规不禁止质押的财产权都可以质押”。这一改进可以说是金融实践活动的强烈呼声。近年来的许多相关会议以及由世界银行提出的示范法律文本，都反映出金融机构的一致呼声，即只要能变现的东西都应允许作为担保物。风险由金融系统控制，法律只需加以认可并规定公示方法即可，其他无须过问、多虑。在国际金融界也是这样把握的，只要不违反法律的强制性规定，除绝对禁止交易的财产之外，不妨都允许其作为担保财产。①

关于哪一些“物”不可以作为担保物？《物权法》第 184 条在其第（一）至（五）项列举了不得抵押的财产之后，于第（六）项规定：“法律、行政法规规定不得抵押的其他财产。”与此相关，《物权法》第 209 条对不得出质的动产作了如下规定：法律、行政法规禁止转让的动产不得出质。基于同样的问题须作出同样的规定的法原理，此处之行文最恰用词是“法律、行政法规规定不得出质的其他财产”，但《物权法》却使用了“法律、行政法规禁止转让的动产不得出质”。“禁止转让”一词本身没有问题，禁止转让的“物”，当是不能作为担保物的。但若要反过来问，“不得出质的动产”是否就仅限于“禁止转让的动产”？则不无疑问。因为除了“禁止转让的动产”不得出质以外，那些界定为“不得抵押的动产”如“所有权、使用权不明或者有争议的财产”以及“依法被查封、扣押、监管的财产”是否也属于不得出质的动产范围？或者是否“禁止转让的动产”就已经涵盖了“所有权、使用权不明或者有争议的财产”，以及“依法被查封、扣押、监管的财产”？颇值得深入研究。起码，同样的法律问题，使用了不同的法律词语，是极易引致法律适用的歧义的。因此，未来立法应将《物权法》第 209 条修改为：“法律、行政法规规定不得出质的其他动产。”

（二）具象层面的“物”

物之特定物与非特定物之分，在担保物权不失物权基本属性的前提下，担保物权的成立、存续和实现，也须以特定物为基础和条件。所以，在“未来物”以及“种类物”这些非特定物上，尤其在“未来物”上不可能成立担保物权。由此，《物权法》第 187 条、第 188 条，以及第 189 条第 1 款等，都是在非特定物——前两条规定的是“未来物”上的担保物权，后一条规定的是“种类物”的担保物权——因为此类担保物皆为“非特定物”，故此于

---

① 刘保玉：《担保物权制度：理解适用与规则完善（上）》，载《山东审判》2017 年第 3 期。

其上不可能成立抵押权。但立法者并没有注意到这一点，直接规定于其上成立抵押权，当是缺乏法理依据的，也是事实上不可能的。[①] 未来立法应将上述立法错误予以修正、完善。

关于担保物之原物、孳息的分类中，因为担保物权是对担保物价值的支配权，担保物尤其是动产担保物，其自身常常处于不断的形态变化之中，如最初的农作物如原生葡萄作为担保物，原生葡萄后来成了葡萄汁、葡萄酒，葡萄酒后来又经交易换回了货币。这样一来，从农作物原生葡萄到货币，就是一个不断的由原物成为各种孳息的过程。最初设定在农作物原生葡萄上的抵押权，依次追及并附着在了作为农作物原生葡萄之孳息的葡萄汁、葡萄酒和货币上来。但《物权法》仅在其第174条规定：担保期间，担保财产毁损、灭失或者被征收等，担保物权人可以就获得的保险金、赔偿金或者补偿金等优先受偿。将原物的孳息限定在担保物毁损、灭失或者被征收后担保人获得保险金、赔偿金或者补偿金上，远不能反映原物与孳息的现实关系，会使得担保物权人的利益不能得到有效的保护。由于中国立法对原物与孳息的关系的范围认识过窄，致使对《物权法》担保物权编的个别条款的理解出现问题：《物权法》第189条第2款有如下规定："依照本法第一百八十一条规定抵押的，不得对抗正常经营活动中已支付合理价款并取得抵押财产的买受人。"一些初识该条的人士常常要问，如若浮动抵押权人不得对抗正常经营活动中已支付合理价款并取得抵押财产的买受人，那他的浮动抵押权又如何能够得到保护？从本条的规定来看，当是无法受到保护的。但如果担保物权法详细规定了原物与孳息制度，且规定担保物权可以追及原物的孳息之上，且此孳息不是如现有的担保物权法规定的那样限定于保险金、赔偿金或者补偿金的狭小范围上，就可以使得浮动抵押权自动附着在出售浮动抵押物的回收价款之上，则浮动抵押权人的利益就不会受到过多损害。再进一步，在司法实践中，为了更加有效地保护浮动抵押权人的利益，浮动抵押权人通常要求浮动抵押人在办理了浮动抵押之后，再附加办理浮动抵押人的账户抵押并及时办理该账户抵押的登记公示手续，以此双保险措施互助共济，以切实确保抵押权人债权的实现。当然，立法也应当从扩大动产担

① 董学立：《论"在建物"上的抵押权》，载《政法论丛》2009年第2期。

保物的“孳息”的概念外延，来实现对动产担保物孳息的担保物权追踪，以此从根本上加强对动产担保物权的法律保护。

动产担保物的分类，对于动产担保物权制度的体系设计和制度设计，具有基础意义。就动产担保物权法的体系结构来说，如法律、行政法规不禁止抵押的所有的财产都可以抵押，都可以登记为其上设立的担保物权的公示方式；有形动产上的担保物权既可以登记为其公示方式，也可以占有为其公示方式；无形财产上的担保物权则只能以登记为其公示方式，以及对较为特殊的无形财产如储蓄账户上的担保物权则除了以登记为其公示方式之外，还可以控制为其公示方式。因着动产担保物的上述分类和制度区别，中国自民法法典化、物权法定化以来，一直秉持着动产担保物权的动产抵押权、动产质权和权利质权的多元分类。就动产担保物权的制度设计来说，《物权法》第181条规定了浮动抵押制度，该条规定：“经当事人书面协议，企业、个体工商户、农业生产经营者可以将现有的以及将有的生产设备、原材料、半成品、产品抵押，债务人不履行到期债务或者发生当事人约定的实现抵押权的情形，债权人有权就实现抵押权时的动产优先受偿。”与此制度密切相关的《物权法》第189条第2款又规定：“依照本法第一百八十一条规定抵押的，不得对抗正常经营活动中已支付合理价款并取得抵押财产的买受人。”但这两条规定之间出了问题：“正常经营活动中买受人”是一个外来词，美国《统一商法典》第九编对“正常经营活动中买受人”的定义是：“向以出卖该类有体动产为业的人，典当商除外”购买商品的买受人。主要用于“存货”担保物。[①] 这样一来，因为《物权法》第189条第2款的适用，是以该法第181条为前提的，但第181条关于担保物的规定中，使用了“生产设备”一词，“生产设备”之处分，显然不能包括在“正常经营活动中”。因为通常意义上的“生产设备”是与“存货”不同的概念。美国《统一商法典》第九编关于“生产设备”的定义是：“除存货、农产品或者消费品以外的有体动

① 美国法学会（ALI）、美国统一州法委员会（NCCUSL）：《美国《统一商法典》及其正式评述（第3卷）》，高圣平译，中国人民大学出版社2006年版，第212页。

产。"[①] 但中国现有的担保物权法中，没有存货、农产品、消费品等担保物分类概念。此处习惯性地使用生产设备，与"正常经营活动中的买受人"不受追及规则相抵触，形成了法律错误，这也需要在未来民法典分则的编纂中予以修正。

物之不动产、动产的分类，不仅对整个《物权法》的体系建构具有基础意义，而且对担保物权法的体系建构，不论是过去、现在还是将来也同样具有基础意义。如中国最初的民法典草案即《大清民律草案》关于担保物权的基本分类，就是不动产担保物权即不动产抵押权、不动产质权、土地债务和动产担保物权即质权；[②] 至《中华民国民法》的担保物权法体系，继续坚持不动产担保物权和动产担保物权的基本分类：不动产担保物权即抵押权，动产担保物权演变为动产质权和权利质权；[③] 至《中华人民共和国担保法》（简称《担保法》），担保物权的分类标准变得多元：抵押权担保物不再限于不动产，法律允许抵押的动产也可以抵押[④]；至《物权法》，抵押权概念扩展到"法律、行政法规不禁止抵押的财产"，走向了"泛抵押"时代[⑤]。后来抵押权也可以在动产上设定，并由此带来了动产抵押权的机械植入所引起的担保物权法律体系效应等问题，以及本研究最终导向的动产担保物权的一元化立法模式择取，并由此终成对担保物权体系的不动产担保物权和担保物权基本分类的立法回归等。但国内对这一领域的研究还是十分不够，这一现状直接影响到了正在进行的民法典分则的科学、有效编纂。

---

① 美国法学会（ALI）、美国统一州法委员会（NCCUSL）：《美国《统一商法典》及其正式评述（第3卷）》，高圣平译，中国人民大学出版社2006年版，第472页、第212页。

② 怀效锋：《清末法制变革史料（下卷）》，中国政法大学出版社2010年版，第698页。

③ 高点法学研究室：《学习式六法》，高点文化事业有限公司。

④ 《担保法》第34条规定："下列财产可以抵押：（一）抵押人所有的房屋和其他地上定着物；（二）抵押人所有的机器、交通运输工具和其他财产；（三）抵押人依法有权处分的国有的土地使用权、房屋和其他地上定着物；（四）抵押人依法有权处分的国有的机器、交通运输工具和其他财产；（五）抵押人依法承包并经发包方同意抵押的荒山、荒沟、荒丘、荒滩等荒地的土地使用权；（六）依法可以抵押的其他财产。抵押人可以将前款所列财产一并抵押。"

⑤ 《物权法》第180条规定："债务人或者第三人有权处分的下列财产可以抵押：（一）建筑物和其他土地附着物；（二）建设用地使用权；（三）以招标、拍卖、公开协商等方式取得的荒地等土地承包经营权；（四）生产设备、原材料、半成品、产品；（五）正在建造的建筑物、船舶、航空器；（六）交通运输工具；（七）法律、行政法规未禁止抵押的其他财产。抵押人可以将前款所列财产一并抵押。"

三、“担保物权”的静态规范及缺陷

从《物权法》第2条关于物权的定义中，同样可以析理出关于物权乃至担保物权在权利属性方面的三个特性：担保物权客体的特定性、担保物权实现上的支配性和担保物权效力上的排他性。

（一）担保物权客体上的特定性

关于担保物权客体上的特定性，包括作为物权客体在“空间上个别性”和在“时间上的现在性”两个方面：与物权客体的“特定性”问题相关的是“未来物和种类物”上不成立物权，一如前述。关于“种类物”上某些特殊担保物权如浮动抵押权制度，中国担保物权立法对其的研究就十分不够，这直接导致了现有立法的重大缺陷：《物权法》规定了浮动抵押权制度，以及在此基础上也规定了“正常经营活动中”的买受人不受追及规则。但与《物权法》中规定的浮动抵押制度具有密切联系的另一重要制度，即“购买价款担保物权制度”，《物权法》中缺失规定。“购买价款担保物权制度”是一项与“浮动抵押权制度”密切关联的制度：在设有浮动抵押权的情况下，浮动抵押人在购进的库存上以给购买价款贷款人设定担保物权的方式购进货物，而购进的货物也自进入浮动抵押人的仓库时就自动成为浮动抵押财产。此时，在购进的库存上，就有了浮动抵押权与购买价款担保物权之间的权利竞争。但《物权法》对此没有规定，形成了法律漏洞。未来民法典编纂应当补充这一漏洞。

（二）担保物权实现上的支配性

关于担保物权实现上的支配性，即担保物权人可以借一己之力，在债务人不履行到期债务或者发生当事人约定的可以实现担保物权的时候，变卖、拍卖担保物并以卖得价金优先受偿以实现担保物权所担保的债权。《担保法》第53条第1款关于“协议不成的，抵押权人可以向人民法院提起诉讼”的规定，以及《物权法》第195条第2款关于“抵押权人与抵押人未就抵押权实现方式达成协议的，抵押权人可以请求人民法院拍卖、变卖抵押财产”的规定，皆属未能体现出抵押权人对抵押物的支配效力；未来民法典之担保物权法应该对担保物权实现上的直接支配性规定得更加彻底、直接，以担保物权人实现担保物权不破坏社会和平安宁为底线，即在债务人不履行债务或者出现当事人约定的实现抵押权的情形时，可以在不造成当事人身体接触性争执以致破坏了社会和平与安宁的前提下，自行将抵押物按照商业上合理的方式拍卖变价，并就此变价所得在未受清偿债权数额范围内优先受偿。

（三）担保物权效力上的排他性

关于担保物权效力上排他性，担保物权就其权利属性而言，当然具有效力上的排他性。但担保物权又可依据经公示与否，分为“未经公示”的担保物权和“已经公示”的担保物权，尤其对“未经公示”的担保物权有没有排他效力，学界一直有争论①。从逻辑上讲，担保物权是否经公示，都不失为担保物权。故此，其作为担保物权所应有的排他效力当属无疑。但如果担保物权是否经过公示没有差异的话，则公示制度本身也就失去了制度价值，且有执行制度之精力付出而无执行制度之收益的嫌疑。因此，担保物权是否经过公示，其排他效力必定也有不同。在笔者看来，这也正是为什么在公示对抗主义法制下，已经成立的担保物权还需要办理公示手续的缘故。笔者认为，“未经公示”的担保物权和“已经公示”的担保物权，其共同点是都可以对抗担保人以及侵权人（静态法秩序第三人）——在债务人不履行债务或者出现当事人约定的实现担保物权的情形时，对担保物行使支配权以变价并优先受偿；在第三人对担保物有侵权行为时，担保物权人可以对侵权人主张物权请求权以及债权请求权。其不同点在于，未经公示的担保物权没有对抗善意的交易的当事人（动态法秩序第三人）的权利，而已经公示的担保物权具有对抗善意的交易的当事人的权利。所以，物权包括担保物权的公示，其法律意义在于强化或者扩大取得对抗第三人的范围以保障交易安全，而

---

① 一些学者认为，物权具有排他效力，未经公示的担保物权因为不能对抗其他人亦即不具有对抗第三人的效力，所以不是物权。这一主张忽视了公示对抗主义立法体例下，未经公示的物权当然是物权的立法现实，以及事实物权与法律物权概念区分的价值：不占有自己动产的所有权人当是物权人，错误登记下的享有所有权的非登记名义人也是物权人。

非是成就物权——使得不是物权的权利经公示后而变成物权包括担保物权。物权的存在与物权的公示之间，不存在因果关系，是两个独立又有联系的法律制度。

在静态担保物权法中，与担保物权的排他效力相关联的，是担保物权的优先受偿顺序问题。由于担保物权法的效益追求，使得在同一物上复数担保物权的存在为法律所鼓励。又因担保物权的优先受偿次序规则是担保物权法的核心规则，这就使得担保物权的优先受偿次序规则十分重要、十分复杂又需十分精致。但中国现有的担保物权法制，在动产担保物权的优先受偿次序规则设计方面，缘于动产担保物权法制采多元化立法模式，以及对现代担保物权法制的研究不够深入等，致使立法在担保物权优先受偿次序规制方面缺陷众多。在“公示在先、权利在先”这一原则前提下，公示在先的担保物权有没有劣后于公示在后的担保物权的制度需要？担保物权法对均未经公示的担保物之间，均已经公示的担保物权之间，以及不同公示方式公示的担保物权之间，它们的排他效力如何进行规制，等等。中国现有的担保物权法制在这些方面有很多缺陷和不足，需要在未来的民法典担保物法编纂中一并弥补。未来中国民法典分则担保物权法的编纂，可考虑对动产之上的担保物权之间以及动产担保物权与该担保物上的其他权利之间的优先受偿次序规则作出统一、全面、明晰的规定，以为当事人提供安全清晰的法律生活预期。

四、“担保物权法”的静态规范及缺陷

“物权法”以及“动产担保物权法”之概念本身，对于研究的意义并不大。此所言“担保物权法”概念，意在以此概念牵涉出物权法的基本原则，以及物权法的基本原则在担保物权法领域的表现。物权法的基本原则在担保物权法领域的具体表现，对研究、认识和把握担保物权法极具价值。可以从以下几个方面来确立物权法的基本原则：物权法定原则、物权变动与其原因行为的区分原则、物权公示的公信原则、物权法制效益原则。

（一）动产担保物权的法定原则

《物权法》第5条规定：物权的种类和内容，由法律规定。此即物权法

定原则——指的是设立哪些种类的物权，只能由法律规定，当事人之间不能合约创立；设立物权的方式以及物权的具体内容，一般也只能是由法律规定，当事人之间的约定和法律规定不一致时不发生效力。物权法定原则有其必要性，这一必要性来自物权包括担保物权本身的权利属性——物权包括担保物权具有支配性、排他性，其存在和变动不仅在当事人之间具有效力，也会对其他人产生效力，影响到其他人的利益或者交易安全。所以，债权遵循自由原则，物权遵循法定原则。按照物权法定原则，担保物权的内容和种类，物权的公示方式和公示效力等，皆需要由法律规定。依此分析《物权法》对担保物权内容和种类的规定①。

《物权法》第 170 条规定："担保物权人在债务人不履行到期债务或者发生当事人约定的实现担保物权的情形，依法享有就担保财产优先受偿的权利，但法律另有规定的除外。"第 171 条规定："债权人在借贷、买卖等民事活动中，为保障实现其债权，需要担保的，可以依照本法和其他法律的规定设立担保物权。"前一条是关于什么是"担保物权"的规定，后一条是关于在什么情况下可以需要设定担保物权。第 170 条和第 171 条是担保物权法"一般规定"中的条款，适用于具体章节中的特定担保物权类型。依照《物权法》担保物权编有关具体担保物权类型的规定，法定的担保物权类型有抵押权（一般抵押权、最高额抵押权）、质权（动产质权、权利质权）和留置权。其他具有担保物权属性的担保物权非法定类型如让与担保、所有权保留和融资租赁等，因为在《物权法》中没有规定，所以，不是法定的担保物权类型。当事人之间有关这类担保物权的约定，不具有担保物权的法律效力。这是从对物权法定原则的通常理解得出的结论。

但从内容方面理解，让与担保、所有权保留以及融资租赁，其内容都是符合《物权法》第 170 条的规定的。也就是说，在内容方面，让与担保、所有权保留以及融资租赁，与法定担保物权类型如抵押权、质权等没有任何区别，只是在类型名称上不一。所以，当司法实践中出现非法定担保物权类型的时候，这些非法定担保物权类型的约定和使用，能不能有担保物权的效

① 物权的公示方式和公示效力，被笔者划归到动态物权法领域讨论。

力？如果说其不是法定的担保物权，它们在内容上符合担保物权法一般规范中关于担保物权的定义；如果说其是法定的担保物权，它们没有被冠以法定担保物权类型的名称。但如果判它们无效，不仅有违《物权法》关于何为担保物权的一般规定，更是有违当事人之间的意思自治。更何况在很多情况下，非法定担保物权的使用，在现实生活中并没有出现法律制度设计者头脑中不可缺少的善意的交易的第三人问题。所以，笔者时常困惑，物权法定原则的适用和贯彻在担保物权法领域到底如何理解？这需要法学研究从关于物权法定基本原则的宏观叙事，转入关于物权法定基本原则的微观求证上来。

笔者研究认为，担保物权法定不同于用益物权法定，更不同于所有权法定。所有权制度，作为物权法领域的基础性制度，其法定程度最高，需实施严格的法定：所有权的内容与种类，所有权的公示方式和公示效力等，都需要严格法定；用益物权内容和种类，有其内容与种类之间的一一对应关系：不同的用益物权内容对应着不同的用益物权种类，反过来也是，不同的用益物权种类对应着不同的用益物权内容，如建设用地使用权对应的内容是对国有土地的建设用地的使用，而宅基地使用权，虽与建设用地使用权在内容上有相似性，但其所使用的土地是农村集体所有的土地；土地承包经营权是对国有、集体所有的土地的农业耕作的权利，地役权是对他人土地的其他使用的权利。两相对比，担保物权，法定的应是其内容，不能法定的则是其种类。也就是说，物权法之物权种类和内容的法定，在担保物权领域须矫正：各类法定的以及非法定的担保物权的种类，没有与其种类所代表的担保物权内容之间形成内容与种类分别的一一对应关系——所有不同种类的担保物权所指向的担保物权内容是唯一的、单一的，此即《物权法》第 170 条规定的何为担保物权。加之，动产抵押权的机械植入在中国担保物权法律制度体系中所形成的动产抵押权与动产质权之间，动产抵押权与权利质权之间虽尚有分类的不同，但却没有了分类的依据，以及未来动产担保物权统一登记制度的建立对担保物权种类自由的基础支撑，担保物权种类自由应该获得学界理论和立法实践的一致认可。因此，未来民法典分则的编纂，应当在法律条文中对担保物权的种类自由作出明确规定。

（二）动产担保物权的区分原则

区分原则的全称应该是物权变动的原因行为与物权变动的结果相区分的原则。区分原则算不算是一项物权法的基本原则，已经不是那么重要。有人甚至认为区分原则应是中国私法的一般原则。①

重要的是区分原则在中国法律制度的首次出现是在《物权法》中，因此有予以特别关注的必要。《物权法》第15条规定："当事人之间订立的设立、变更、转让和消灭不动产物权的合同，除法律另有规定或者合同另有约定外，自合同成立时生效；未办理物权登记的，不影响合同的效力。"此即为所谓的"区分原则"。区分原则的确立具有重大的理论价值和实践意义：首先是在学理上讲，物权变动的过程区分为物权变动的原因行为和物权变动的结果行为，且物权变动结果行为是否有效，不影响物权变动原因行为的效力；尽管法律本身没有言明物权变动的原因行为是否会影响到物权变动的结果行为，但"区分"一词适用的客观基础应是在法律上有两个不同的被区分对象，然后它们才可以被区分。由此，既然有两个不同的法律区分对象，在理论上就不仅可以认定结果行为不影响原因行为，而且亦可进一步认定原因行为与结果行为也一定会存在一种法律关系——这当然属于立法选择问题——前一行为是否会影响后一行为。区分原则被《物权法》各个章节贯彻，如《物权法》担保物权编中就分别规定了抵押合同与抵押权的成立与生效；质押合同与质权的生效等。但区分原则在中国民法立法进程中的发展曲折，其在《物权法》中的表达和理解也需进一步研究。

第一，《担保法》及《最高人民法院关于适用〈中华人民共和国担保法〉若干问题的解释》（简称《担保法解释》）中存在的问题。《担保法》对区分原则存在误解和不少错误规定，如该法第41条规定：抵押合同自依法办理抵押登记时生效。该规定在表述上就混淆了抵押合同生效和抵押权设立，并将"抵押权登记"或"抵押登记"不当表述为"抵押物登记"。在质押一章的第64条、第76条、第78条、第79条等的规定中，同样存在将质

---

① 刘保玉：《担保物权制度：理解适用与规则完善（上）》，载《山东审判》2017年第3期。

押合同的生效与质权的设立混为一谈的问题。《担保法解释》对此有所改进，第56条第2款规定："法律规定登记生效的抵押合同签订后，抵押人违背诚实信用原则拒绝办理抵押登记致使债权人受到损失的，抵押人应当承担赔偿责任。"第86条规定："债务人或者第三人未按质押合同约定的时间移交质物的，因此给质权人造成损失的，出质人应当根据其过错承担赔偿责任。"即抵押权、质押权未能依法设立的，抵押合同、质押合同并非废纸一张，抵押人有义务为抵押权人办理抵押登记，违反合同约定未能办理登记的应负赔偿责任。该规定肯定了合同效力，而非合同自抵押权登记时才生效。而按照《担保法》规定的文义解释，抵押人未按合同约定进行登记的不负任何合同责任，这显然是不妥当的。但该解释规定中仍存在误解和表述上的问题：在第三人提供抵押、质押担保而担保物权未成立的情况下，抵押人、出质人所应承担的责任是否一概是违约赔偿责任，值得斟酌；"法律规定登记生效的抵押合同"之表述，以及第87条关于"出质人代质权人占有质物的，质押合同不生效"的规定，仍存在将担保物权是否成立与合同的效力混为一谈的问题。直到《物权法》制定时，物权变动的基础关系与物权成立的效力才基本区分开来，并最终体现在了立法上，虽然也并非被彻底区分开来。

第二，《物权法》的规定及其理解与适用。《物权法》匡正了以往立法中的模糊认识和错误表述，于第15条规定了区分原则。但《物权法》第15条在该法中所处的位置是第二章"物权变动"之第一节"不动产登记"中。动产物权的变动是否也适用区分原则随之成为疑问。但通常认为动产物权变动也应当适用区分原则。但第15条规定的区分原则，在文字使用上，是否也存在问题——不动产物权变动，也并非全是公示生效主义，尚有一些不动产物权如土地承包经营权、地役权等，适用的是公示对抗主义。区分原则适用于动产物权变动，也遇到了动产物权变动多采行公示对抗主义，如动产抵押权的设定即采行公示对抗主义。所以，不论是不动产物权变动，还是动产物权变动，都有不经公示程序即可实现物权变动的公示对抗主义立法主义。既如此，则《物权法》第15条在文字表述上就存在不足。若将《物权法》第15条置于整个《物权法》全部条文的背景之下，第15条中所言的"未办理物权登记的"，实质是指"未发生物权变动的"。因为某些不动产物权、动产物权的变动采行的是公示对抗主义，登记与物权变动本身没有关系。在采行公示对抗主义的法制下，合同的成立与物权的变动之间，缺少了可以识别的外观形式；这与公示生效主义的法制下，物权变动以登记或占有为生效要件以及以此为外观形式显有不同。所以，在公示对抗主义的法制下，合同的成立与物权的变动，就不存在公示生效主义法制下的以登记、占有等作为物权变动的外观形式。那么，在法学理论上以及在法律制度设计上，如何区分公示对抗主义法制下的物权变动结果与其变动原因行为的区分原则？

众所周知，债权与物权是两种不同的权利类型。债权是对特定人的请求权，物权是对所有人的排他权。成就一个债权关系不需要有“特定物”，只要债权法律关系的客体在法律上定性为可能，就足矣；而物权法律关系的形成，需要有“特定物”。但在物权变动公示对抗主义的立法模式下，没有了权利生成的外观形式，什么是物权变动的原因行为？什么是物权变动的结果？在外观形式上无从区别。但如上所述，债权与物权是两种不同的权利，有着不同的权利属性和权利存在基础。所以，在法学理论以及法律制度上，是可以区别开来的。《物权法》担保物权编在各章节贯彻区分原则，分别设置有抵押合同条款和质押合同条款，其后又有抵押权的设定和动产质权的设定等条款。尽管《物权法》明文规定了区分原则以及合同行为和物权行为的前因后果实质链接，但是不是在《物权法》的各种依法律行为的物权变动中都设置合同条款？从比较法的立法经验和法典法的逻辑性、体系性原理来看，在未来《物权法》编纂中可以不具体规定各种物权变动的合同条款。若具体规定各种物权包括担保物权的合同，有法典法的制度重复之嫌，但这样做也并非一无是处——有便利法规范适用之益——且合同法中也没有一种合同类型是担保物权合同，所以，在物权法中规定有担保物权合同也并无不可。在担保物权法规制中有担保物权合同条款的情况下，担保合同自合同成立时生效，那担保物权何时生效呢？如果一种担保物权类型如动产抵押权的设立采行公示对抗主义，则抵押权一般自合同成立时生效；如果一种担保物权类型如动产质权自动产担保物移转占有时生效，则担保物权自担保物移转占有时生效。但是，动产质权之设立，能够移转质物者一定是“特定物”，即满足了物权客体的时间现在性和空间个别性。而对于动产抵押权的设立，是不是只要抵押合同成立了，就一定有抵押权的设定呢？要区分两种情况，在抵押物为特定物的情况下，抵押权在合同成立的时候一般就会设定了，之所以说“一般”，是因为担保合同没有附条件，若附条件则需等条件成就时抵押权才能设立；但在抵押物是非特定物时，抵押权在客观条件上是无法在抵押合同成立时设立的。但《物权法》没有处理好这一问题，该法于第188条规定：“以本法第一百八十条第一款第四项、第六项规定的财产或者第五项规定的正在建造的船舶、航空器抵押的，抵押权自抵押合同生效时设立；未经登记，不得对抗善意第三人。”第188条规定的担保物，既有特定物也有未来物即非特定物，在未来物即非特定物上设立的担保物权，即使在担保合同成立的时候，也终因担保物的非特定化存在而不得成立担保物权。但立法者没有意识到担保物权成立的担保物的特定性这一客观物质基础要求，作了上述错误的规定，未来担保物权法的编纂需要对此作出修正。

（三）关于物权包括担保物权的公示公信原则

物权是不是一定要经过公示才得以作为物权？这不论是从法史学的角度观察——先有物权，后有物权公示；还是从比较法的方面证明——有的国家采行物权变动的公示对抗主义，即承认未经公示的物权也是物权；有的国家采行物权变动的公示生效主义，即物权非经公示非为物权；乃至从中国现有的担保物权立法关于物权变动的立法模式来看，中国担保物权法关于担保物权变动，有的须经公示方得为担保物权，如不动产抵押权的设立；有的未经公示也得为担保物权，如动产抵押权的设立。由上述论证可以得出如下结论：物权之成为物权，其本身无须以公示为生效要件。质言之，即未经公示不影响物权的成立和存续。所以，笔者认为，尽管《物权法》包括动产担保物权编以公示生效为其原则，但仍在许多方面采行物权变动的公示对抗主义①。物权公示不应确立为《物权法》的一项原则，也是有一定道理的。

物权公示不应确立为物权法包括担保物权法的一项原则，为物权包括担保物权变动公示对抗主义的确立奠定理论基础。从比较法的观察来看，大多

---

① 据初步统计，《物权法》有八处规定了公示对抗主义，有十二处规定了公示生效主义。

数国家的动产担保物权立法，都是采行动产担保物权变动的公示对抗主义；从《物权法》担保物权编关于动产抵押权的变动规则来看，也是采行动产抵押权变动的公示对抗主义，但在动产质权和权利质权两种动产担保物权，却又采行担保物权变动的公示生效主义。由此造成了在动产上的担保物权，既有公示对抗主义也有公示生效主义的矛盾局面，这一局面不利于对法律的理解和适用。在动产抵押权扩延到“法不禁止的财产都可以抵押”的法制背景下，以及在未来建立起动产担保物权统一登记制度的基础上，动产抵押权、动产质权和权利质权的制度规范体系必有一元化的趋势以及结果，在一元化制度体系的分层展开上，仅剩下公示方式一个层面存在公示方式多元化——所有动产上的担保物权都可以“登记”为其公示方式，有形动产上的担保物权可以移转有形动产的“占有”为其公示方式，某些无形动产上的担保物权可以“控制”为其公示方式。

但与物权公示不应确立为一项原则形成反差的是，物权公示的公信力则应当被确立为物权法的一项基本原则，即凡是经法定公示方式公示了的物权，社会应该信其为真，此即物权公示的公信原则。无此原则，则无以建立起社会公众对物权公示制度的信赖，则无以形成便宜的交易安全秩序。具体到担保物权法，公示既不是一项原则，则对于特定物上的担保物权之设定，单单任凭当事人之间设立担保物权的意思即可完成。由此，担保物权合同、担保物设定和担保物权公示三者之间，各自独立且依次并立展开，共同构成担保物权乃至物权变动的三部曲。在中国法学理论界以及立法实践方面，对于担保合同、担保物权设定和担保物权公示之间的分立和理论阐述，还不够清晰。

（四）关于物权法包括担保物权法的效益原则

物权法的效益原则即物权法的各项制度设计，应有充分发挥物尽其用的法制目标。如在所有权制度中，应当设计尽可能完善的规则以明晰每一项“物”都有得以明确其主的规则。物有其主，则得以充分适用，其效用自然得以发挥。物归无主，则要么被限制弃用，要么造成争夺纷争，更是扰乱社会安宁。在用益物权制度中，要尽可能设置与社会现实需要和社会发展要求相适应的用益物权类型和制度安排，尤其在所有权不能发生变动的情况下，通过扩大用益物权制度的适用，发挥物尽其用的目的；在担保物权制度中，则可以通过放大担保物权主体的范围、担保物权客体的范围，通过可重复抵押权、可超额抵押、可浮动的要求、可集合抵押，通过建立统一的担保物权登记制度、明晰统一的担保物权优先受偿次序规则等，实现物尽其用的法制目的。可以说，中国现有的担保物权立法，在上述各个方面都存在严重的不足，需要下大力气予以改革完善。

五、结语

尽管自罗马法以来，大陆法系尤其是其中的德国法系担保物权法制，已经发展了数百年。自《大清民律草案》起草至今，大陆法系担保物权法制在中国的发展也有百年有余。但中国现在担保物权法制的发展却是起步于 20 世纪 90 年代中期，1995 年《担保法》颁布，2007 年《物权法》颁布。尤其值得关注的是，中国的担保物权法制，借着上述两法的颁布，走上了一条与其他先法典化国家远不相同的道路：其他国家多是在法典之外，通过判例法、特别单行法的方式，弥补法典法缺失的动产之上不移转占有的担保物权制度；中国没有一个先法典的法制发展拘束。作为后法典化国家，中国可以在法典内部通过担保物权概念的外延扩展和体系扩容，将先法典化国家缺失的不移转动产占有的担保物权制度，内化于法典法之中。这就是中国在《担保法》《物权法》中通过扩大抵押权概念的外延的方法，将动产抵押权制度内置于法典法中的做法。但这一做法引致的担保物权法体系的不适应，却是始料不及、无力避免的。由此使得中国今日的担保物权制度在许多方面，包括侧重的担保物权的静态规范方面的大面积缺陷。这一缺陷需要在正在进行的民法典分则的编纂中予以修正、完善。

草　案

担保物权法编纂建议*

摘要：我国现有的担保物权法律制度，是由历史上既有且成型的担保物权法律制度发展而来。动产抵押权制度的机械加入，是其发展的主要方面，也由此引起了担保物权法体系的负面效应。按照“三个非不可”的民法典分则编纂原则，“竖切”产生的两项统一制度的缺失，“横刨”产生的在担保物权概念、担保物、担保合同、担保物权设定、担保物权公示、担保物权效力、担保物权实现、担保物权消灭等层面的规范重复、不一致和矛盾以及漏洞等，是未来担保物权法编纂着力解决的问题方面。

关键词：担保物权；结构性弊端；法体系效应；编纂

一、我国现有担保物权法制的结构体例

我国现有的担保物权法制，包括抵押权、质权、留置权三种基本担保物权类型。在结构体例保持不变的情况之下，随着我国《担保法》《物权法》的制定和颁布，我国担保物权法制发生了一些变化，这些变化主要来自抵押权概念外延的不断被扩大：从抵押权即不动产抵押权到不动产与有限动产抵押权，① 再到不动产与极限动产抵押权。② 我国台湾地区则在其“民法典”之外，另行颁布了“动产担保交易法”。③ 不论是以扩大抵押权概念外延的办

---

* 本文原标题为《担保物权法编纂建议》，载《山东大学学报（哲学社会科学版）》2017 年第 6 期。

① 《中华人民共和国担保法》第 34 条第（六）项规定：依法可以抵押的其他财产。由此“法有授权方得为”的规定，形成了有限动产抵押权的局面。

② 《中华人民共和国物权法》第 1980 条第（七）项规定：法律、行政法规未禁止抵押的其他财产。由此“法不禁止即自由”的规定，形成了极限动产抵押权的结果。

③ 我国台湾地区有关担保物权规定的发展，是在其“民法典”关于担保物权成型的基础上的发展。民法典本身不容随意修改，也不易随意修改。在其“民法典”之外另行颁布特别法就是优选。“动产担保交易法”所要解决的正是其“民法典”没有规设动产上不移转占有的动产担保物权之不足的问题。

法，还是另行颁布特别“法”的手段，解决的问题就是一个——传统担保物权法制关于抵押权即不动产抵押权的规制使得其调整范围过窄，严重影响了担保物权法的有效实施。

通过扩大抵押权概念外延的办法将担保物权法的实施范围扩展到不移转占有的动产担保物，是在现有的历经百转理性建构和实践磨合后的几近体系完美的担保物权法制内部推进的。[①] 抵押权概念外延的这一点点变化就足以使得历经实践磨合和理性完善的担保物权法制出现体系效应式的不适应。也就是说，动产抵押权的加入，所产生的担保物权法体系效应基本是负面的。我国现有的担保物权法体系如下图：这一图表告诉我们，传统的担保物法制是以担保物的不动产、动产为分类标准，有不动产抵押权、动产质权和权利（视为动产）质权。动产抵押权的加入，使得在动产（权利）质权之外出现了一个与其并立的动产抵押权。

	一般不动产抵押权	一般动产抵押权	动产质权	权利质权	动产留置权
定义	第 170 条、第 171 条、第 179 条	第 179 条	第 208 条	第 229 条	第 230 条
担保物	第 180 条、第 182 条、第 183 条、第 184 条、第 196 条	第 180 条、第 181 条、第 183 条、第 184 条	第 209 条	第 213 条	第 231 条、第 232 条、第 233 条
设定	第 185 条、第 187 条	第 185 条、第 186 条、第 188 条、第 189 条第 1 款	第 210 条、第 211 条	第 224 条第 1 句、第 226 条第 1 句、第 227 条第 1 句、第 228 条第 1 句	第 231 条、第 232 条、第 233 条

① 说几近完美，在这里预示着不动产抵押权部分不是本次担保物权法编纂的重点。不动产抵押权制度由来已久，历经法学学说发展和审判实践推进，制度趋于完善、运行趋于缜密。由此，我们把担保物权编纂的重点放在了动产担保物权涵摄的外延部分。

续表

	一般不动产抵押权	一般动产抵押权	动产质权	权利质权	动产留置权
公示	第 187 条、第 188 条	第 188 条第 2 句、第 189 条第 1 款第 3 句	第 212 条	第 224 条第 2、3 句、第 226 条第 2、3 句、第 227 条第 2 句、第 228 条第 2 句	第 230 条、第 240 条
顺序	第 190 条、第 191 条、第 199 条	第 189 条第 2 款、第 190 条、第 191 条、第 194 条、第 199 条	第 217 条	第 229 条	第 239 条
效力	第 173 条、第 174 条、第 176 条、第 186 条、第 193 条、第 194 条、第 198 条、第 200 条、第 201 条、第 202 条	第 191 条、第 192 条、第 193 条、第 194 条、第 197 条、第 198 条、第 200 条、第 201 条、第 202 条	第 213 条、第 214 条、第 215 条、第 216 条、第 217 条、第 221 条	第 225 条、第 226 条第 2 款、第 227 条第 2 款、第 228 条第 2 款	第 235 条、第 237 条、第 238 条
实现	第 195 条	第 195 条	第 219 条	第 229 条	第 236 条
消灭	第 177 条	第 177 条、第 202 条	第 177 条、第 219 条第 1 款	第 177 条、第 229 条	第 177 条、第 240 条

对于动产担保物权而言，在动产抵押权加入并存的情况下，民法典分则关于动产担保物权就分为动产抵押权、动产质权、权利质权。这就是上图之竖向分类——我们把它叫作动产担保物权法体系的“竖切”结构；在此基础上，每一种并立的动产担保物权类型又都有关于其概念、担保物、担保合同、担保物权设定、担保物权公示、担保物权优先受偿次序、担保物权效力、担保物权实现、担保物权消灭的规定——这就是上图之横向的分层，我

们把它叫作动产担保物权法体系的“横刨”结构。我国现有动产担保物法制关于动产担保物权的“竖切”和“横刨”之结构体系，生就了难以克服的结构性弊端。

二、我国现有的担保物权法制的结构性弊端

（一）因“竖切”体系产生的结构性弊端

我国意定动产担保物权既然被“竖切”区分为“动产抵押权、动产质权、权利质权”。这一结构体系使得立法者在规范设计上易于产生“捡了芝麻、漏了西瓜”的窘局。即由于竖切结构体系对动产担保物权的精细分类，会使得立法者更加着眼各类动产担保物权自身的具体问题，忽视各类动产担保物权之间的共同问题。那么，什么是动产担保物权之间的共同问题即“西瓜”呢？我们认为，作为动产担保物权法制整体性、核心性制度的各类型动产担保物权之间的统一优先受偿顺序规则，以及作为优先受偿顺序规则之基础的动产担保物权统一登记公示制度，应是动产担保物权法制中的“西瓜”。虽说“捡了芝麻”未必就一定会“漏了西瓜”，但专注于“捡芝麻”是容易导致“漏西瓜”的。实证研究表明，我国现有的担保物权法制，恰好就缺失了两项统一制度这两个“西瓜”，即缺失动产担保物权统一登记制度和动产担保物权统一优先受偿次序规则，由此形成巨大法制漏洞。

1.“统一登记公示制度”的结构性缺失。我国《物权法》担保物权编不是没有动产担保物权的登记制度，而是没有统一的动产担保物权登记制度。鉴于物权本身的对世效力以及对交易安全的追求，一国的物权登记制度包括动产担保物权登记制度应当统一。此所谓“统一”，一般的理解为由一个登记机构统一负责有关登记事务，并在登记范围、登记规则和登记程序等方面实现统一。为此，我国《物权法》在促进和规制统一不动产物权登记制度方面迈出了坚实的一步。该法第 10 条规定：“国家对不动产实行统一登记制度。统一登记的范围、登记机构和登记办法，由法律、行政法规规定。”与不动产统一登记制度相比，同样重要和必要的动产担保物权统一登记制度，

却没有得到《物权法》的同等关注①。其一，该法没有设专条如同不动产统一登记一样，确认和强调要建立统一的动产担保物权统一登记制度；其二，该法对各类动产担保物权的个别登记再予确认，以此沿袭并强化了动产担保物权的个别登记制度。质言之，我国《物权法》没有规定“动产担保物权的统一登记公示制度”，形成了结构性制度缺陷。此一缺陷对完成登记公示手续和查询担保物权的登记状况带来巨大的负担，严重地影响了交易的安全并继而制约了有效融资。应该说，造成这一结构性制度缺失的原因可能有多个方面，但动产抵押权的加入而形成的动产担保物权多元化分类，是致使立法者过分关注于具体制度设计，而忽视整体性、全局性制度安排的一个结构性原因②。

2. “统一优先受偿次序规则”的结构性缺失。同样缘于动产抵押权的加入而形成的动产担保物权多元化分类的结构性缺陷，我国《物权法》担保物权编也没有形成动产担保物权统一的优先受偿次序规则。当然，这不是说我国《物权法》没有事关动产担保物权优先受偿次序的规则，而是说这些规则被散落在各章之中而难成一体，以致形成了一种“遇事说事、各说各事、遗漏大事、难成一事”的动产担保物权优先受偿次序规则格局③。遇事说事的现状④，说明了立法者对于担保物权的优先受偿次序统一规则缺之清晰的层级认知，没有在担保物权已经公示后、未经实现前的优先受偿次序问题作为一个独立的规范群予以专门研究和关注；各

① 从结构功能分析，权利质权一节独立存在的价值恰在于权利质权的分散登记。如果实现了动产担保物权的统一登记制度，权利质权就失去了独立存在基础——权利质权一节的主要内容就是关于不同权利质权的登记部门的规定。所以，在动产担保物权多元化立法模式下，立法对动产担保物权的统一登记制度具有结构性排斥。

② 董学立：《我国意定动产担保物权的一元化》，载《法学研究》2014年第6期。

③ 董学立：《我国意定动产担保物权的一元化》，载《法学研究》2014年第6期。

④ 《物权法》第1989条第2款规定了浮动抵押权“不得对抗正常经营活动中已支付合理价款并取得抵押财产的买受人”，第190条规定了财产“先租后抵”以及“先抵后租”中抵押权与租赁权的优先次序关系，第1991条规定了抵押权与抵押物受让人的所有权之间的优先次序，该法第1999条规定了同一财产上两个以上抵押权之间的优先受偿顺序的基本规则。在第191条至第1999条之间，是无关乎优先受偿次序规则的其他事项法律规范。

说各事的现状①，来自动产担保物权的多元化分类存在格局。从某些担保物权优先受偿次序规则的性质和内容来看，有的应归属于动产质权，有的应归属于留置权，所以，在动产质权和留置权中也有关于动产担保物权的优先受偿次序规则，由此造成了动产担保物权的优先受偿次序规则分散于各个动产担保物权类型，形成各说各事的结局；遗漏大事现状②，是立法对浮动抵押制度的引进和研究不够，使得对与其密切相关的购买价款超级担保物权制度被遗漏了；难成一事的现状③，是因为动产担保物权统一优先受偿次序规则的缺失，使得融资安全不能预期确保，由此形成的连锁反应是银行贷款的难以获得，这就是时下中国中小企业融资难的病灶所在。这个问题不能很好地解决，其他办法都是事倍功半。

（二）因“横刨”体系产生的结构性弊端

动产担保物权因“竖切”而形成了多元化结构，各种动产担保物权又因“横刨”而形成了“从生到死”的制度体系展开，即立法关于各种动产担保物权的定义、担保物范围、担保合同、担保权设定、担保权公示、担保权优先次序、担保物权的效力、担保物权实现、担保权消灭等前后衔接、内在连接、逻辑有序的担保物权法律制度体系。因为这一体系是在抵押权即不动产抵押权的原有成型的担保物权结构体系中，有了动产抵押权的机械加入发展起来的，又因动产抵押权的有限动产抵押权和极限动产抵押权的不同，从而

---

① 《物权法》除了“一般抵押权”一节事关抵押权顺序的规则以外，又在“动产质权”一节第217条以隐晦的方式间接地表达了对转质制度的承认，并规定了转质情况下前后两个质权之间的优先受偿次序问题；该法还在第十七章“权利质权”一节第229条规定：“权利质权除适用本节规定外，适用本章第一节动产质权的规定。”该准用性规范的适用使得“权利质权”转质在制度空间上亦存在可能；同时该法还在第239条对同一动产上已设立抵押权或者质权，该动产又被留置的优先受偿次序作出规制。

② 《物权法》第189条第2款规定了“流出去”的浮动抵押财产上的浮动抵押权与“正常经营活动中”买受人的所有权之间的优先受偿次序，“正常经营活动中”的买受人享有优先受偿权；但该法却没有对“流进来”的财产流进前存在的担保物权与流进后自动生成的浮动抵押权之间的优先受偿次序作出规定，造成了对“购买价金超级优先受偿权”的法律漏洞。

③ 动产担保物权的优先受偿次序规则，是动产担保物权经设立并公示后的逻辑后续必需的法律问题，对此问题的集中、全面、清晰、明确的规定，是担保物权制度的本质要求。但动产担保物权的多元化结构，使得该制度落得今天这般地步，作用几无。

引起了不同的法体系不适应。

1. 有限动产抵押权引起的法体系效应。首先，当抵押权扩展到有限动产抵押权时，首先引起的法体系效应就是担保物权分类标准的紊乱。原有的担保物权分类以担保物的不动产与动产之类分分类标准：不动产上的担保物权为抵押权，动产上的担保物权为质权包括动产质权和权利质权。当抵押权概念的外延开始包括动产抵押权的时候，动产抵押权与动产质权如何分类？动产抵押权与权利质权又如何分类？这就成了问题，在同一动产上设定的担保物权，何谓抵押权？何谓动产质权或权利质权？担保物分类不再起作用了，因为有可能是同一个担保物如同一设备上设定了抵押权或者质权。此时，人们开始注意到，是担保物权的公示方式——担保物占有是否移转，可以把动产上的抵押权与动产质权区分开来——非移转动产占有即以登记为公示方式的担保物权为动产抵押权，移转动产占有即以占有为公示方式的动产担保物权为动产质权；但对于通常多以登记为其公示方式的权利质权而言，何谓权利上的抵押权以及何谓权利上的质权，则无法再予区分了①。因为从权利质权的实定法规定来看，绝大多数权利质权都是以登记为其公示方式的。所以，当权利上设定担保物权时，我们是称其为权利抵押权还是为权利质权，没有区分标准因而也就无从称呼之——似乎两者已经合二为一了。

其次，立法者没有自觉注意到动产抵押权制度对动产质权制度和权利质权制度的可准用性并加以明确规制。从我国台湾地区“民法典”担保物权编的规定来看，有最高额抵押权对一般抵押权的准用，有最高额质权对最高额抵押权的准用，还有权利质权对动产质权的准用等，但其没有动产质权和权利质权对抵押权的准用。为何没有这样的准用规范，究其原因，

---

① 这一问题的根源源于对法律条款文义的解释，以及对物权法定的理解。我国《物权法》第1980条第（七）项规定：“法律、行政法规未禁止抵押权的财产”可以抵押。此“财产”之措辞，是否包含该法第223条规定的可设质权利？按照物权法定原则的理解，似乎在法律已经明示于其上设定的担保物权为权利质权的情况下，不应再为抵押权的标的。但“财产”一词，在中国的法制语境下，以文义解释，当包括权利无疑。所以，按照《物权法》不断扩大可抵押财产范围的体系解释，将“财产”一词作广义解释并包括权利质权的标的，应无不可。唯此时，权利质权就没有独立存在的基础和价值了。

在于抵押权与动产质权和权利质权的制度隔阂——该法关于抵押权为不动产担保物权，动产质权和权利质权为动产担保物权，在人们的心目中，两者不在同一担保物上，这恰似“井水不犯河水”一般。在抵押权即不动产抵押权的法制环境下，民法典没有关于动产质权和权利质权准用抵押权的规定，有其正当性、合理性和可接受性。但是，当在抵押权不再限于不动产抵押权，而是包括了动产抵押权的法制语境下，抵押权概念之内涵和外延的演变，导致同一动产上的抵押权和质权之间区别无几。此时，如果立法者没有自觉地认识到两者之间的模糊界限，再续延原有立法的模式，就会出现立法的漏洞。《担保法》在规定了抵押权包括动产抵押权的情况下，没有将这一变化引致的担保物权法体系效应贯彻到底。也就是说，在抵押权之概念和外延扩展到动产的时候，立法者应当对由此引致的法体系效应及时准确地作出回应——鉴于动产抵押权与动产质权和权利质权之间的界限全无，鉴于抵押权制度的周详细致，随之规定动产质权和权利质权准用（动产）抵押权的规定。①

再次，当抵押权的概念与外延扩展到动产之时，有鉴于动产抵押权与动产质权和权利质权的界限模糊性，就要特别谨慎对同一位阶制度的不必要的重复、应该一致的不一致甚或不应有的矛盾等②。在这一点上，我国《担保法》在扩展抵押权概念的内涵与外延的同时，确实存在疏于对同一位阶制度的科学规制。关于“不必要的重复”：如《担保法》第 40 条规定了（动产）流押禁止条款，该法在第 66 条又规定动产流质禁止条款。在动产抵押权与动产质权仅限于公示方式的不同以及因公示方式的不同而产生的不同而没有其他不同的前提下，立法既然已经规定了流押禁止条款，流质禁止条款则可以无须再重复规定，只要立法规定动产质权制度没有规定的可准用动产抵押

① 由此，我们可以感觉到立法的两种模式的差异：自然演进的立法模式有一个法律制度自然成长的过程，因而其法律制度的自我完善和发展较为和谐自然。而理性建构的法律制度，由于缺失自然的成长过程，人的理性无法强大到穷尽事理的所有方面，因而常常出现捉襟见肘的情况。在担保法突然改变担保权概念的内涵与外延之后，立法者难以以理性穷尽由此引致的法体系效应，就是其例。

② 作为意定动产担保物，不论是抵押权，还是动产质权和权利质权，都有其定义、设立合同、设立、公示、效力、次序、实现和消灭等依次出现的一个制度“从生到死”的全过程层分规则。由此，处于同位阶的制度之间就有该重复而没有重复的漏洞，应该一致而未一致的缺陷等。

权的规定即万事大吉了[1]；关于“应该一致的不一致”：如《担保法》第43条规定了“当事人以其他财产抵押的，可以自愿办理抵押物登记，抵押合同自签订之日起生效。”而该法第64条第二款规定“质押合同自质物移交于质权人占有时生效。”同为担保物权，立法却没有同样的规制：动产抵押合同自签订之日起生效，而动产质押合同则自质物移交于质权人占有时生效[2]，立法对相同问题施以不同的规制但却对此没有令人信服的理由；关于“不应有的矛盾”，如在抵押权概念扩展方面有过之而无不及的《物权法》担保物权编在规制可担保财产方面，关于抵押物立法适用了“法律、行政法规未禁止抵押的财产”可以抵押的规定，而在质权则适用了“法律、政策法规规定可以质押的”动产可以质押的规定，由此造成了关于担保物范围的立法政策上的矛盾——前者为“法不禁止即自由”的立法政策，后者是“法有授权才有权”的立法政策，这样矛盾的场面着实令人费解[3]。

2. 极限动产抵押权引起的法体系效应。极限动产抵押权自然具有上述有限动产抵押权的所有法体系效应。但极限动产抵押权还具有有限动产抵押权不具有的法体系效应。当“法律、行政法规不禁止抵押的财产”都可以抵押的时候，抵押权概念与外延的无限扩展会引致担保物权法体系的何种体系效应？从动产担保物权的体系规模来看，在不动产之外财产上创设的动产担保物权在实定法上被分为“动产抵押权、动产质权和权利质权”。如前所述，从担保物的角度观察，凡是能作为动产质权和权利质权之质押财产的，均可以作为抵押财产。由此，可抵押财产的极限化在担保物权法体系方面将引发两个问题：一是前述有限动产抵押权所引起的法体系效应问题；二是在实践上动产质权和权利质权的虚化问题。

在这里仅探讨动产质权和权利质权的虚化问题。尽管立法确立了动产质

---

① 其他还如《担保法》第73条对第52条的重复，第73条对第58条的重复，第67条对第46条的重复，第72条对57条的重复，以及第65条对第39条的重复等。

② 学界都已明白，此处之所谓“合同”生效，是立法的错误，应该为抵押权或者质权生效。

③ 关于对同一位阶制度的不必要的重复、应该一致的不一致甚或不应有的矛盾等，在《物权法》担保物权编中同样存在，我们之所以在“有限动产”这里述说这一问题，是想在“极限”动产那边腾出空间述说其他问题如动产抵押权制度对动产质权和权利质权的消灭性吸收即动产担保物的一元化问题。

权和权利质权的法律地位，但在抵押权极限化的法制环境之下，在同一有形动产既可以抵押又可质押的选择中，人们将很自然地基于制度之便宜的利益衡量而择取动产抵押制度；同理，在权利上的担保物权，在权利抵押权与权利质权区分无界的法制环境下，是否还有在立法上予以区别的必要？尤其加入建立起了统一的动产担保物权登记公示制度之后，是否还需要予权利质权以专章另节的规定？或者到底称谓权利上的担保物权究竟是抵押权还是权利质权为宜？笔者认为直接在立法上将其编入抵押权并称其为抵押权更好，加之我国现有的立法没有关于权利质权准用动产抵押权的规定，所以，权利质权在理论上和实践上归入动产抵押权制度，将是其宿命般的归依。因为抵押权制度历经时间的积累和实践的检验，其制度设计最为完善最为科学①。总之，所谓动产质权和权利质权的虚化问题，究其实质，就是因抵押权概念与外延的扩展以至于极限化，使得动产质权和权利质权失却了在实践上独立存在的基础和价值。“抵押权”这一概念，已经在可抵押权财产极限化的基础上，演变成了一个与“动产担保物权”概念居于同一层次的概念。在抵押权泛化的法制环境下，当我们谈论抵押权概念的时候，其所指其实就是在一切不动产与动产上创设的担保物权。因为现在的抵押权这一概念的外延已经实质性地等同于原先的不动产抵押权、动产抵押权和动产质权、权利质权概念的外延，而这一系列概念的外延之和，原先是在担保物权这一概念的统摄之下的。所以，现在的抵押权概念等同于担保物权概念。正因为如此，在抵押权概念泛化的法制环境下，让与担保作为一种担保物权类型，也没有独立存在的基础和价值，其外延也包含在了抵押权概念之下。这就是让与担保最终不能进入物权法担保物权编的原委。

① 只要看一看《中华人民共和国担保法》第三章关于抵押的规定，就知晓了。该章分五节，分别规定了第一节抵押和抵押物，第二节抵押合同和抵押物登记，第三节抵押的效力，第四节抵押权的实现，第五节最高额抵押。与其相比，第四章质押，分动产质权计十六条规定与权利质权计七条规定，并且简至均不再分节。特别值得提请注意的是，《中华人民共和国担保法》第三章关于抵押的分节结构，与美国《统一商法典》确立的动产担保物权一元化立法模式具有相似性，具备了一元化动产担保物权立法的层分结构模式。在其因抵押权的泛化而得以在理论上以及实践上消灭性吸收动产质权和权利质权的结局下，实质性地迈向了动产担保物权的一元化立法模式，尽管立法者以及司法者至今也未必自觉地意识到这一特质。

三、担保物权法的具体编纂建议

（一）参考世界先进立法，恢复以担保物之不动产、动产为分类标准的担保物权法制体系：不动产担保物权法与动产担保物权法。动产担保物权法不再竖切区分为动产抵押权、动产质权和权利质权，实施一元化动产担保权立法模式，以此从结构上为消除现有动产担保物权法制的结构性弊端提供基础。我们深知，这一先进的立法模式，在我国民法学术界，在我国立法权力机构，因缺乏共识而不得选择。我们一再提出来是以此提醒对这一编纂进路应该保持高度的觉醒。在编纂民法典分则的这几年的时间里，在编纂担保物权法的过程中，随着对其认知的深入，需要反复权衡，认真对待。

（二）在现有的担保物权结构体例不变的情况下，按照梁慧星教授在一次民法典分则编纂研讨会上所言的“三个非不可”即“非增加不可的才可以增加，非删除不可的才可以删除，非修改不可的才可以修改”的原则编纂担保物权法①。这是一种保守的编纂思路，有其便利也有其不足，或许可能是当下适合的进路。按照这一编纂进路，我们对我国现有的担保物权法制提出如下具体编纂建议。

1. 宏观方面一：建立动产担保物权统一登记制度。可借鉴《物权法》第10条的立法经验，在未来担保物权法的“一般规定”中增设一条如在现有《物权法》第172条后所增设一条：国家对动产担保物权实行统一登记制度，统一登记的范围、登记效力、登记机构和登记办法，由法律、行政法规规定。

修改理由：建立统一的不动产物权登记制度，是《物权法》回应理论界和实务界的长期呼吁而作出的明确规定，是立法的重大进步。与此对照，随着越来越多的动产包括权利被纳入可担保财产的范围，如何公示其上设立的动产担保物权，就成为一个问题。就非占有型动产担保物权而言，登记公示应属最佳之公示方式。建立统一的动产担保物权登记制度与建立统一的不动

① 2016年7月19日，由中国社会科学院民法典编纂工作组主办、《法学研究》编辑部和中国社会科学院法学研究所私法研究中心协办的“民法分则立法研讨会”，在中国社会科学院法学研究所成功召开。在该会上，梁慧星教授提出了“三个非不可”的民法典分则编纂原则。

产登记制度一样重要：动产担保物权登记机关过于分散给当事人造成了极大不便，增加了交易成本，降低了交易效率，影响了公示效果。

从比较法来看，在建立起动产担保物权一元化立法的国家，都已建立和实现了动产担保物权的统一登记制度；从技术支撑可能性来看，电子计算机技术发展、普及和应用，完全使得动产担保物权的统一登记制度便捷地进行；从中国人民银行征信中心的实际运转来看，动产担保物权的统一登记堪称完美。

必须明白，动产担保物权的登记与动产所有权的登记是不同的。我们认为，在保持现有的特殊动产所有权权属登记管理部门和管理制度下，建立全国动产担保物权统一登记制度，有需要也有可能。动产所有权权属登记，如知识产权，如船舶、航空器、汽车等交通运输工具等的所有权权属登记，在我国以及在外国，多是分属于不同的政府管理部门、服务机构等。这样做的理由在于不同的动产分属于不同的机构管理，如汽车等交通运输工具属于交管部门管理，船舶属于海事部门管理，航空器属于航空部门管理等。所有权权属登记，是确权登记，需要对所有物的涉权方面进行全面、细致、准确的登记。但这些动产上的担保物权，与其所有权登记和归属管理不同。严格地讲，对担保物权的登记，其法律意义是警示利害关系人——此物之上已经存在动产担保物权，交易要谨慎了。动产担保物权的登记，是在动产所有权归属登记基础上的附加权利登记。不涉及本权的确权问题，登记所需涉权方面的信息相对于所有权确权登记而言，十分有限，只要能够满足担保物权实现所需要的特定物要求和担保物权对抗所需要的交易安全要求即足矣。

2. 宏观方面二：建立动产担保物权优先受偿次序的统一规则。将《物权法》中现有的第 181 条第二款、第 190 条、第 191 条、第 199 条、第 217 条、第 239 条集中归整于一起；修改第 199 条第（三）项，改为“抵押权均未经登记的，按照抵押权设定的先后顺序受偿”；增设“购买价款担保物权”之超级优先权的规定，增设其他特殊优先受偿规则等。

担保物权优先受偿次序的确立原则如下：一是时间在先原则，即公示在先原则和设立在先原则，未经公示的不得对抗已经公示的担保物权；二是例外规则，如“正常经营活动中”的买受人不受追及规则，“购买价款”担保物权超级优先受偿规则；三是已经公示的担保物权可以对抗担保物的买受人、承租人和被许可人；四是特定资产规则，如通过占有（控制无形资产）票据取得对抗第三方效力的担保物权以及通过购买获得票据权利的受让人可对抗通过登记获得对抗效力的票据上的担保物权。

修改理由：《物权法》不是没有动产担保物权的优先受偿次序规则，而是没能建立起统一的、明晰的、全面的动产担保物权优先次序规则。由此形成了分散、不清晰、不全面的动产担保物权优先受偿次序制度。严重影响了交易安全并最终窒息了融资效力。统一的动产担保物权优先受偿次序规则其一是要求形式上的统一，即设专门单元群规定动产担保物权的优先受偿次序规则。这些规则通常是规定在动产担保物权公示制度之后，担保物权实现制度之前，这也是动产担保物权制度逻辑体系的自然展开。其二是内容上的全面，即尽可能对法律生活中可能出现的各种动产担保物权的竞争无遗漏地作出规制，其基本内容包括一项基本优先受偿次序规则（时间在先、权利在先）以及一系列例外优先受偿次序规则（收益规则、超级优先权规则、买受人优先权规则、非合意担保物权优先规则等）。其三是规则的清晰和准确，即必须保证债权人和其他利害关系人在与债务人交易时，能够依据优先次序规则非常确定地判断担保信贷的法律风险。只有统一、明晰且详尽地规定一整套动产担保物权优先受偿次序规则，才能最大限度地发挥优先受偿次序规则的应有功能。

3. 宏观方面三：完善准用规范。如在现有《物权法》第222条第二款之前，增设动产质权除适用本节规定外，适用本章第一节一般抵押权的规定；修改现有《物权法》第229条为："权利质权除适用本节规定外，适用'一般抵押权'和本章第一节动产质权的规定。"同时，留置权尽管是法定动产担保物权，其也在一定程度上有准用动产抵押权和动产质权的需要。

修改理由：我国现有《物权法》对上述准用规范的缺失，来源于1949年之前的中国民事立法中亦没有如是规定。其之所以没有如是规定，缘起于该法关于担保物权类型的设置严格区分不动产担保权和动产担保权，如抵押权即不动产抵押权，质权即动产和权利质权。既然担保物不同，立法者当可以认定其相互间不可准用（即使担保物类型不一，不动产抵押权对动产质权和权利质权也有一定程度上的可准用性）。所以，其就没有动产质权准用抵押权的规定，也没有权利质权准用抵押权的规定。但今日之《中华人民共和国物权法》，采行财产之法不禁止即可抵押的选择，此“财产”当可以包括动产和权利，以及各种具有价值又可以被交易的财物。由是，动产上既可以设定抵押权，也可以设定动产质权和权利质权，其又全部是意定担保物权，所以，后者有对前者准用的可能性。但立法既无前鉴，当抵押权概念扩张到动产范围时，后世的立法者失之慎查。

增设准用规范，是在“三个非不可”编纂思路下的权宜之计，如果采纳一元化立法模式，动产质权和权利质权则可整体性并轨入动产抵押权之中，准用规范当再无存在和适用基础。

4. 宏观方面四：担保物权法定。我国担保物权法实施严格的物权法定，法学理论与司法实践均认为法定的担保物权只有抵押权、质权，其他皆不属于担保物权。虽在有关担保物权草案中以及民法典总则中规定了习惯物权的适用，但仍属有限制度。建议在《物权法》第 171 条之后，增设一条：担保物权包括但不限于被称为“抵押权、质权和留置权”的担保物权。担保物所有权归属于谁，无关紧要，只要当事人合意创设了担保债权实现的对担保财产的优先受偿权利，本法有关权利义务的规定皆予适用。

关于什么是担保物权，《物权法》在“一般规定”部分之第 170 条、第 171 条有明文，即在一定条件下，担保物权人“依法享有就担保财产优先受偿的权利”。这是一个广义的担保物权概念。与此同时，《物权法》又在“一般抵押权”之第 179 条、“动产质权”之 208 条、“权利质权”之第 223 条，分别规定了抵押权、动产质权和权利质权的概念。依据《物权法》第五条关于“物权的种类和内容，由法律规定”即物权法定原则的传统理解，所谓的担保物权就只有法定的抵押权、动产质权和权利质权，其他实质上也属于广义担保物权的约定如让与担保、所有权保留、融资租赁等，以及现有的法律没有名定为担保物的如对租赁权的担保物权等，都因不属于法定的担保物权而不产生物权效力。

修改理由：我们的研究认为，所谓的物权法定，物权法定缓和以及物权自由，其使用领域各不相同：物权法定，限指所有权法定，且所有权法定无缓和的余地；物权法定的缓和，限指用益物权的法定及其缓和；物权自由，限指担保物权权利内容的法定，权利类型及担保物权种类的自由。如是，则动产抵押权、动产质权和权利质权，仅是担保物权的类型之一，一种担保物权至于其被称谓成何名，完全是观察视角的不同，法律构造的不同所致，如保留所有权，如果设计为附条件买卖，出售人当可以保留所有权以担保债权的实现。但其也可以设计为零支付获得出售物的所有权，买受人再将此所有权抵押给出售人，此时出售人享有的是抵押权。前后两者名称不一，但此后者之抵押权等值于前者之保留所有权。所以，比较法上有“所有权之归属无关紧要，本法关于权利义务的规定皆予适用”的规定。有了这样一条规定，如保留所有权、让与担保、融资租赁等现所谓非典型担保物权类型就全部纳入担保物权法的调整范围之内了。当然，针对保留所有权所享有的破产别除权之超级优先受偿权利，法律一般又增设“购买价款”超级优先受偿权利以策应。广义担保物权概念的实施，有赖于动产担保物权统一登记制度建立和支持。

5. 微观方面之一：担保物权的定义。修改建议：淡化物权法定，实施抽象的宽泛意义的担保物权概念，将所谓的非典型担保物权类型也纳入担保物权法的调整范围中来。修改理由一如前述，此处省略。

6. 微观方面之二：担保物。《物权法》第180条第（七）项将可以抵押财产的范围扩大到“法不禁止即自由”的超级范围。但在具体条款中，仍有值得修正的方面。如在“一般规定”的第174条中，法律列举规定了在“担保财产毁损、灭失或者被征收等”中，担保物权人可以就获得的保险金、赔偿金或者补偿金等优先受偿。而没有规定对担保物经处分变价而获得价金即所谓的“收益”优先受偿。“收益”一词在担保法中含义甚广，是动产担保物的价值存在方式。且动产担保物有易变价的特性，所以，根据担保物权的价值权属性，立法应广义的规定担保物权对担保物权变价即“收益”的优先受偿权。

建议修改第174条为：担保期间，担保财产经主动或者被动变价的，担保物权人可以就担保物变价后获得的价款优先受偿。被担保债权的履行期未届满的，也可以提存该价款。

建议修改第223条第（七）项为：法律、行政法规未禁止出质的其他财产权利。

建议修改第209条为：法律、行政法规规定不得出质的动产不得出质。

修改理由：历史上，各国采取的立场是，担保权是一项关于在属于特定设保人的特定资产上为特定债权人设定权利从而担保特定债务的具体协议的结果。在现代担保交易制度中，这种程度的特定性不复存在，常见的情况是，随着贷款全部或部分地从一个出贷人转让给另一人，债权人可以变更，随着当前债务偿清和新债务的产生，债务可以变更，并且担保资产也可以变更（例如，随着库存品被售出和更换，应收款得到支付并产生新的应收款）。此外，现代担保交易制度中还有一个特征构成这类制度范围的一个重要要素。这类制度一般允许担保权延及担保资产产生的任何收益。普遍认为，这项将担保权延及收益的原则是设保人出售或出租担保资产情况下保护有担保债权人的权利所必需的。然而，除了因出售或出租担保资产而产生的收益外，还有许多其他形式的收益。

要充分了解收益概念的范围，有必要审查有形资产可能会随着时间的推移而发生法律上和实际上改变的各种不同方式。例如，如果有形资产是动物，就可能会发生各种改变。雌性动物会繁殖后代，有些可能会产生牛奶或羊毛等产品。还有些珍稀动物可能会产出可出售的精子或卵子。蜜蜂会产蜜，蚕会产丝。在上述所有情形中，即使设保人并未处分原始担保资产，该资产也可能产生其他资产。在许多法律制度中，这类资产称为“天然孳息”。有形资产也会产生无形资产。例如，这些资产可以出租并产生承租人支付的租金。此外，无形资产可以产生其他无形资产（例如，租金可产生利息）。租金和利息通常称为“法定孳息”或“收入”。另外，有形资产可能被用于制造或以其他方式被改变为另一类资产。木头可能变成椅子，钢材可能变成汽车的一部分。在此，原始担保资产并没有被处分，但生产过程将它变成了价值更高的另一种资产。由于这种改变而产生的资产通常称为“制成物”。

换言之，在财产法的术语中，上述种种新的动产类型具有天然孳息、法定孳息或收入，以及制成物等特征。但在担保交易法中，具体的名称通常并不重要。重要的是各国对天然孳息、法定孳息或收入和制成物中担保权的效力所作的政策决定。也就是说，在上述每种情况下，各国必须决定，在动物、钢材、受付权或租赁资产上取得的担保权是否可延及该原始担保资产所"产生"的任何资产。

动产的另一个特点是，其之所以被制造，目的通常就是销售、租赁或特许使用（有时不止一次）。如果原始担保资产在其所担保的债务尚未偿清期间被出售、租赁或特许使用，设保人通常会收到这些资产换来的现金、有形资产（例如设备或可转让票据）或无形资产（如应收款）。在这种情况下，各国必须确定在原始担保资产上取得的担保权是否应当延及因出售、租赁或特许使用原始担保资产而换来的新资产。因此，例如，各国必须决定，像印刷机这样的设备的担保权是否延及设保人出售印刷机所得的钱款，或延及该印刷机出售后换来的另一台印刷机。在财产法的术语中，出售或其他转让所换来的这类现金或其他有形或无形资产被视为"处分收益"。而在担保交易法中，处分原始担保资产所得的资产究竟是另一资产、现金、应收款还是可转让票据，这通常并不重要。重要的是可否对这一新资产主张原始担保资产的担保权（即担保权可否"延及"这一新资产）。在有些情况下，当设保人处分初始收益以换取其他资产时，原始担保资产的初始收益（无论是以天然孳息、法定孳息、收入、制成物还是处分收益形式）可能会产生其他收益。这种收益有时称为"收益的收益"。如果原始担保资产的收益存在一项担保权，则该担保权逻辑上延及收益的收益，只要这些收益仍能识别为收益的话。也就是说，如果有担保债权人在收益的形式发生改变时失去对该收益的权利，则有担保债权人所承担的信贷风险就相当于收益没有担保权情况下所承担的风险。有些法律制度对天然孳息和法定孳息或收入同处分原始担保资产所产生的收益作了明确区分，并适用不同的规则。这一做法的理由通常是难以查明处分收益和需要保护第三人对收益的权利。也就是说，在这些制度中，产生孳息的原始担保资产的担保权自动涵盖这些孳息。相比之下，处分收益则被视为原始担保资产的担保权所不涵盖的重置财产。另一些法律制度对孳息与处分担保资产所产生的收益不作明显区分，并对这两者适用同样的规则。这一做法的理由通常包括：难以在天然和法定孳息或收入与处分收益之间作出区分，以及这些孳息和收益均产生于或代替或可能影响到担保资产的价值。

如今，建立了现代化担保交易制度的大多数国家都将本节所述的各种改变视为原始担保资产的收益。鉴于这种立法趋势并且因为担保权延及这类资产反映了担保协议当事人的普遍期望，建议我国担保物权法予以修正。建议修改第223条第（七）项的理由在于：《物权法》在第180条第（七）项规定了“法律、行政法规未禁止抵押的其他财产”可以抵押，采取的法律政策是“法不禁止即自由”。按照同样问题同样对待的法治原则，两处规定应该保持一致。故此，建议修改。修改后如现在不能设定权利质权的租赁权、排污权等当可以于其上设定权利质权，以解决法律生活和司法判决的困境。

建议修改第209条的理由在于：《物权法》第180条第（七）项规定：“法律、行政法规未禁止抵押的其他财产”可以抵押。基于“同样问题，同样处理”的原则，《物权法》原文使用了“禁止转让的动产不得出质”，在用词造成前后不一，易于产生歧义，不利于司法判决的统一。故此，建议一致性修改。

7. 微观方面之三：担保合同。《物权法》第185条规定了抵押合同，第210条规定了质权合同。建议合并两条规定，完善抵押合同，删除质权合同。修改完善后的抵押合同如下：设立抵押权，当事人应当采取书面形式订立抵押合同。抵押合同一般包括下列条款：（一）被担保债权的种类和数额；（二）债务人履行债务的期限；（三）抵押财产的名称、数量、质量、状况、所在地、所有权归属或者使用权归属；（四）担保的范围；（五）担保物权的公示方法和完成公示的时间。

修改理由：要不要在担保物权法中规设担保合同，是一个问题。担保合同原则上属于合同法的范畴，在物权法之担保物权法中规设担保物权合同，不符合民法典逻辑性、体系性要求。但是，我国《物权法》在第十五条规定了区分原则，在其后的具体物权变动中如建设用地使用权、土地承包经营权等章节，都有关于物权合同的规范。所以，在这里将合同法范畴的担保合同予以规设，虽有重复之嫌，但又有必要之需。但是，在一般抵押权一节规定抵押合同之后的动产质权一节又规定动产质权合同，尤其在前述增设了动产质权准用动产抵押权的准用规范之后，就足显多余。从两个规范的内容几乎雷同，也足见其多余之嫌。鉴于此，删除后者，完善前者，加之准用规范，足以实现于法有据。

8. 微观方面之四：担保物权设立。《物权法》关于不动产抵押权和动产抵押权的设立有不同要求，前者是公示生效主义，后者是公示对抗主义。《物权法》第187条、第188条有规定。但这两条均有错误。建议修改此两条：对于第187条，可修改为：以本法第180条第一款第一项至第三项规定的财产抵押的，应当办理抵押登记。抵押权自登记时设立。以第五项规定的正在建造的建筑物抵押的，抵押权自在建物建成时设立，抵押权的优先次序以登记时间为序。对于第188条，可修改为：以本法第180条第一款第四项、第六项规定的财产抵押的，抵押权自抵押合同生效时设立；以第五项规定的正在建造的船舶、航空器抵押的，抵押权自在建物建成时设立；未经登记，不得对抗善意第三人。

修改理由：担保物权设立。在区分原则之下，有担保合同，属于债权行为；也有物权设立，属于物权行为。在公示对抗主义立法体例下，公示是物权设立的对抗要件，没有办理公示手续，不影响担保物权的设立。但法律行为关于债权行为和物权行为的生效要件有重大不同：债权行为不需要具有特定物条件，只要标的物可能或可得确定即可；而物权行为需要有特定物，即物在时间上的现在性，非是未来物；以及物在空间上的个别性，即物不是种类物。就是说物权行为的成立，需要有主观条件即当事人的设权意愿，以及客观条件即特定物的存在。且主观合意需要以客观基础为前提。如果担保物是未来物、种类物，则担保物权有当事人的设权意愿时（实为债权行为），也不能设立（没有物，也没有物权）。此为客观不能。所以，在建物上的抵押权，不论是采行公示对抗主义，还是采行公示生效主义，其公示的法律效果均为预告登记。登记的是债权而非物权。因为没有物的现实存在，当不会有物权，没有物权也就不能让渡转移物权。此道理十分简单、明了。

9. 微观方面之五：担保物权的公示。建议修改第208条为：为担保债务的履行，债务人或者第三人可以约定将其动产出质给债权人占有，债务人不履行到期债务或者发生当事人约定的实现质权的情形，债权人有权就该动产优先受偿。未移转质物占有的，不影响质权的成立，但不得对抗善意第三人。

修改理由：比较法研究可知，担保物权的公示有三：登记公示、占有公示和控制公示。以体系化的思维观察，动产质权关于对担保物的占有，从其法律属性来看，应是质权的公示方式，就如同登记是对动产抵押权的公示方式一样，占有是动产质权的公示方式。在动产抵押权采行公示对抗主义的立法体系下，动产质权采行公示生效主义，形成两者之间的重大不同，这一不同又缺乏充足理由，使得法律自身的逻辑体系性受到冲击、折减。建议将动产质权对担保物的占有，定位为其公示方式并且采行公示对抗主义，以顺同抵押权的登记对抗主义，由此形成一体化的公示对抗主义立法体例。

建议对权利质权的公示立法主义全面修正：增设一条：以本法第223条规定的权利出质的，权利质权自当事人达成合意的时候设立，未办理完毕法定公示手续，不得对抗善意第三人。

基于增设前述条款，权利质权一节的下面条款基本可以删除。除个别特殊的保留以外。

修正理由：在建立了动产担保物权统一登记制度以后，权利质权现在大部分条款就没有规定必要了。现在的这些规定，都是因为没有建立动产担保物权的统一登记制度，而不得不细分明定相关的权利质权到哪一家登记机构办理登记。一体化的公示立法主义将是公示对抗主义，规定了哪些权利可以设定质权，以及规定了登记公示对抗主义以后，再加上对动产抵押权的准用，就保障了司法、守法有法可依了。

建议增设"控制"公示方式。对于存款上的担保物权而言，担保物权人可以通过所谓控制的方式来公示其存款上的担保物权。在现代担保交易制度中，有时将这些获得对无形资产概念上占有权的方法称作"控制"。通常，有担保债权人若根据合同有权对资产进行处分，即被视为对该资产有控制权。例如，在一些国家，如果开户银行根据通常称为控制权协议的文件，具有仅在有担保债权人指示下处分账户中资金的合同义务，有担保债权人即被视为对银行账户贷记款受付权具有控制权。控制权的程度可能大小不一。在某些情形下，控制权是绝对的，设保人不得有任何处分权。在另一些情形下，允许设保人享有某些处分权，或其处分总额不超过规定的最高限额，或直至触发事件发生。本质而言，控制是对无形财产的占有。占有是对有形财产的控制。

10. 微观方面之六：担保物权的效力。建议修改《物权法》第196条为：抵押期间，抵押人经抵押权人同意转让抵押财产的，应当将转让所得的价款向抵押权人提前清偿债务或者提存。转让的价款超过债权数额的部分归抵押人所有，不足部分由债务人清偿。抵押期间，抵押人未经抵押权人同意转让抵押财产的，受让人不得以其取得的受让权利对抗已经公示的抵押权，但受让人代为清偿债务消灭抵押权的除外。

修改理由：在公示对抗主义立法体例之下，有已经公示的担保物权和未经公示的担保物权之别。虽两者都是担保物权，都具有物权属性，但其效力范围不一样。未经公示的担保物权具有静态归属安全的效力，可以对抗担保人，可以对抗其他侵权人，但不能对抗善意的交易第三人；已经公示的担保物权不仅具有静态归属安全的效力，还具动态交易安全的效力即可以对抗善意的交易第三人。担保物权包括抵押权是对担保物附条件的权利，是对担保物的有限的价值权。担保物权存续期间，从法律方面说，担保人保有对担保物的或所有权或用益物权。从逻辑上讲，担保人当然可以处分其权利。但担保物权是一项经公示即可以对抗第三人的权利，按照权利在先原则，先存在的担保物权优先于后存在权利，所以，尽管担保人可以处分其权利，但担保物权人如果已经公示了其担保物权，则可以对抗交易第三人，除非是未经公示其担保物权而不能对抗善意的交易第三人。故此，需对该条款修改。

11. 微观方面之七：担保物权的优先受偿次序。除了前述宏观方面二对建立动产担保物权统一优先次序规则外，这里仅限对分散的担保物权优先受偿次序规范的单元化规范群提出修改建议：将现有《物权法》第189条第二款、第190条和第191条置于第199条之后，形成单元化的担保物权优先受偿次序规范群。

动产担保物权的多元化立法模式，使得担保物权的优先次序规则不仅分散于一般抵押权、动产质权和权利质权的各个章节之中，而且即使在抵押权一节之内，关于同一抵押物上的数个抵押权之间的优先受偿次序，也没有被立法者在逻辑体系设计上规制成便于适用的单元规范群，从第189条第2款、第190条、第191条到第199条，在两头是事关担保物权优先受偿次序的规范之间，夹杂了一些与优先受偿次序无关的其他法律规范。可见，对于担保物权法律的逻辑次序，立法者并无清晰的认知。动产担保物权优先受偿次序多元化规范群的规制，有利于法律的学习、适用，有利于理论研究和司法实践。

12. 微观方面之八：担保物权的实现。建议修改第195条第二款为：抵押权人与抵押人未就抵押权实现方式达成协议的，抵押权人行使对抵押物的支配权能实现抵押权足以破坏社会治安时，抵押权人可以请求人民法院拍卖、变卖抵押财产。

修改理由：担保物权是物权之一种。物权具有三性：客体的特定性、权利实现的支配性、权利效力的排他性。担保物权具有实现上的支配性，即担保物权人可以直接支配担保物以实现担保物权。但抵押权是一种不移转担保物权占有的担保物权类型，抵押权人要直接支配担保物权，需要实现对担保物的直接占有。占有的获取就需要担保人的协助，如果担保人不予协助，则担保物权人不能凭体力强行占有，如此则破坏了社会的安宁和社会治安。自是法治社会不允许的。所以，在担保物权人直接支配担保物遭遇抵抗的时候，也就是说有可能破坏社会治安的时候，才需要请求法院这一公权力机关参与进来。对该条的修改，增加了公权力参与私权利实现的困难，突出了私权利自身的实现功能。

国外立法有关于“受法律保护的小偷”的说法，是指在抵押权的支配权能受到抵抗的时候，担保物权人可以在担保人不在的时候，“偷走“担保物即支配权的实施不足以破坏社会治安。偷走担保物之后立马报告警察局。当然担保人也不可以再偷回去，更不可以抢回去。因为担保物权从其权利属性来说，就是附条件的所有权以及其他权利，只要条件具备了，就是实现所有权的时候了。当然，担保物权的实现是对担保物变价的有限优先受偿权。在担保物权的实现方面，我国《物权法》较《担保法》虽有了不小的进步，但其支配权属性还体现得不够彻底。

13. 微观方面之九：担保物权的消灭。建议在《物权法》担保物之一般规定之第177条之后，增设一条：担保物权人应当在主债权诉讼时效期间行使权利；未行使的，人民法院不予保护。

增设理由：《物权法》第202条规定：抵押权人应当在主债权诉讼时效

期间行使抵押权；未行使的，人民法院不予保护。但类似问题在动产质权和权利质权两节中都无相关明文。那么，到底是动产质权和权利质权本身的属性与此不相干，还是立法有漏洞？我们认为，动产质权和权利质权的实现也有与其所担保的债权的关系问题，即若动产质权或者权利质权在其所担保的主债权诉讼时效期间未行使，人民法院是否还予以保护？《物权法》对此没有明文规定，形成了法律漏洞，司法解释应予以法律漏洞补充，司法实践中遇到相关问题，应作与抵押权与诉讼时效关系的一体处理。未来立法可对其作一元化立法处理，将该条文置于动产担保物权一般消灭原因即现有立法之第 177 条之后为宜。增设后，删除第 202 条。

14. 微观方面之十：缩小留置权的适用范围，建立与留置权制度配套的留置的权利制度。修改留置权一章的适用范围规范，将其恢复到《担保法》的留置权适用范围。删除企业之间相互留置不适用“同一法律关系”的限制条款。

修改理由：留置权是超级优先权。其之所以有超级权力，是因为留置权人的行为增加了留置物的价值。留置权担保的债权通常在该增加的价值数额以内。这一制度安排，既可以保护留置权人，也不会损害其他担保物权人和一般债权人的利益。

在债法制度中完善留置的权利制度，以配合留置权制度。“留置的权利”是一种债权，“留置权”是一种法定担保物权。两者性质不一。留置的权利在很大程度上具有留置权的法效果，但其法律属性完全不一样。由此比例化、层级制留置权制度体系的建立，才能使得担保法体系和谐有序。

《意定担保物权法草案》说明

《民法典分则草案》公布后，我本人在多年研究担保物权法的基础上，提出了个人版《担保物权法草案》，此草案又经广泛征询意见、字斟句酌、几经修改，渐近成熟。就个人版《担保物权法草案》，我做草案说明如下：

一、现有担保物权法的补缺

（一）国外担保物权法典法的补缺

1. 法典法发展几百年来，各国、各地区担保物权法的发展，主要集中在弥补民法典这一法典法中动产上不移转占有担保物权制度的缺失上。

2. 在德国，主要是通过民法典之外的判例法即发展出让与担保这一非典型担保物权制度，来弥补法典法的立法缺失。

3. 在日本，主要是通过在法典法之外颁行特别单行的《动产的抵押权法》——以动产抵押物类型为分类依据——来弥补法典法的立法缺失。

4. 在中国台湾地区，主要是通过在法典法之外颁行特别单行的《动产担保权交易法》——以动产担保物权类型为分类依据——来弥补法典法的立法缺失。

5. 这些在法典法之外发展动产上不移转占有的动产担保物权法的“解法典模式”，一般不会引起法典法与特别单行法之间的法体系负面效应。

（二）国内担保物权法典法的补缺

1. 我国 1995 年颁布《担保法》，是在没有民法典这一法典法的拘束下完成的。《担保法》将日益重要的动产上不移转占有的动产担保物权制度，以动产抵押权的身份直接植入进了传统的不动产抵押权制度，由此形成了抵押权制度由原来的法典法上的不动产抵押权，发展到《担保法》的不动产与有限动产抵押权。

2. 我国2007年颁布的《物权法》，将可抵押的动产扩大到“法不禁止的财产都可以抵押”的极限。由此就形成了抵押权即不动产与极限动产抵押权。

3. 动产抵押权制度的法典法植入，是在传统的担保物权即不动产抵押权和动产质权这一日久且成熟的制度中进行的。动产抵押权的机械植入，在担保物权制度内部引发了严重的法体系负面效应。

4. 动产抵押权的机械植入，使得动产担保物权法被“分块”为动产抵押权法、动产质权法和权利质权法，这是一种多元的动产担保物权法模式。种类“块状”的结构，极易诱使立法者因过分关注于局部制度设计，而忽视掉整体制度安排。这一逻辑推论的实证法研究表明，我国现有的动产担保物权立法，既没有统一登记制度，也没有统一优先受偿次序规则，更没有科学完整的准用规范——缺失动产质权、权利质权对动产抵押权的制度准用。

5. 每一种被“分块”成型的动产担保物权类型，又被立法“分层”为九个规范制度群，即概念、担保物、担保合同，担保物权设立、公示、次序、效力、实现、消灭。规范制度群“层状”的结构，又极易诱使立法者设立重复、冲突、矛盾以及漏洞的规范，这一逻辑推论的实证法研究也表明，我国现有的担保物权立法在规范重复、规范冲突、规范矛盾和规范漏洞方面，比比皆是。

二、克服担保物权立法缺陷是机会也是挑战

1. 此次民法典的编纂，对于克服现有的担保物权立法缺陷，是一个机会也是一个挑战。

2. 作为一个机会：承认我国现有担保物权法的上述立法缺陷，则此次民法典编纂就是一个十分难得的完善机会；错过这次机会，再予完善担保物权法将变得遥不可期。

3. 作为一个挑战：我国担保物权法制缺陷的确认方法以及修缮技术，来自动产担保物权一元化立法思想。担保物权一元化立法思想与我国长期以来接受的动产担保物权多元化观念，既成的动产担保物权多元化立法模式等，

迥然不同。民法学界都不能说服自己，又如何说服立法机关、社会大众？

三、一元化模式是完善担保物权法的最佳途径

1. 完善担保物权法制的最佳选择，是恢复担保物权法的不动产担保物权法和动产担保物权法二元结构模式，即担保物权类型一元化立法模式。

2. 担保物权一元化立法模式，将在结构上得以避免担保物权类型因“分块”而导致的整体性制度的被忽视，以及避免因“分块”又“分层”而必然导致的同类规范的重复、不一致、矛盾和漏洞等立法缺陷。

3. 不动产担保物权完全可以借鉴完善成熟的传统不动产抵押权制度。

4. 动产担保物权，则需借鉴国外发达的动产担保物权一元化立法。

5. 动产担保物权法包括概念、担保物、担保合同，担保物权设立、公示、效力、优先次序、实现和消灭九个方面。在公示方面，担保物权有多元的公示方式：登记公示、占有公示和其他方式公示等。统一登记制度、统一优先受偿次序规则，是重中之重。

四、现有模式下对担保物权立法缺陷的克服

1. 在现有立法模式下，如何克服现有立法缺陷。

2. 一是强化“一般规定”。通过完善“基础规范”，弥补整体性制度的缺失；通过尽可能的提取公因式，避免规范重复，以及避免重复规范的不一致、矛盾、漏洞等。我们的草案，一般规定章节增加到了 21 条规范。

3. 二是完善“抵押权法规范”。抵押权是担保物权制度之王，应予以完善。完善的抵押权制度以备动产质权和权利质权准用，也为后者的规范简化提供条件。我们的草案，抵押权法章节完善但减少到 19 条规范。

4. 三是突出“个性表达”。动产抵押权与动产质权的区别在于担保物移转占有与否，动产质权与权利质权的区别在于担保物的类型有别。它们的规范表达应以此为基础并加以区别。

5. 四是完善“准用规范”。在抵押权即不动产抵押权立法模式下，没有动产质权和权利质权对不动产抵押权制度准用，这有一定的道理；在抵押权发展到极限动产抵押权的立法模式下，立法缺失动产质权和权利质权对抵押

权的准用规范，就是一个十足的立法缺陷。

6. 准用规范的完善，为克服规范重复，以及因规范重复而形成的规范矛盾、冲突和漏洞等立法缺陷，找到了办法。我们的草案，动产质权法章节减少到9条规范，权利质权法章节减少到5条规范。

7. 与法工委草案62条规范且“头轻脚重”的结构相比，个人草案可谓是以59条规范且“头重脚轻”的结构。基础规范的增加，弥补了整体性制度的缺失；公因式的提取，避免了规范的结构重复、不一致、矛盾和漏洞；个性规范的提炼和保留，准用规范链的完善，满足了对现有担保物权立法模式的结构承继。

8. 因此，我们的草案可以说是，结构多元，规范一元；旧瓶新酒，典章新篇。

附：《意定担保物权法草案》

法工委草案与本人草案对比：

章节	法工委草案	个人草案	增减
一般规定	8 条	21 条	13↑
一般抵押权	26 条	19 条	7↓
最高额抵押权	5 条	5 条	0
动产质权	15 条	9 条	6↓
权利质权	7 条	5 条	2↓
共计	61 条	59	2↓

一般规定	法工委草案	个人草案
定义	第 177 条	第 177 条
基础	第 178 条	第 177 条、第 178 条、第 179 条、第 180 条、第 192 条、第 193 条、第 194 条
担保物	（一般抵押权中）	（一般抵押权中）
产生		第 181 条
合同	（一般抵押权、动产质权中）	第 182 条
效力	第 179 条、第 180 条、第 181 条、第 182 条、183 条	第 183 条、第 184 条、第 185 条、第 186 条、第 187 条、第 188 条、第 189 条、第 190 条、第 191 条、第 192 条
公示	（一般抵押权）	第 193 条、第 194 条
次序	（一般抵押权中）	（一般抵押权中）
实现	（一般抵押权）	第 195 条
消灭	第 184 条	第 196 条、第 197 条

一般抵押权	法工委草案	个人草案
定义	第185条	第198条
范围	第186条、第187条、第188条、第189条、第190条、第192条、第202条	第199条、第200条、第201条、第202条、第203条
合同	第191条	（一般规定中）
设定	第193条、第194条	第204条、第205条
公示		（一般规定中）
效力	第198条、第199条、第200条、第203条、第204条、第208条、第209条	第206条、第207条（其余提取到一般规定中）
次序	第195条、第196条、第197条、第205条、第206条、第207条	第208条、第209条、第210条、第211条、第212条、第213条、第214条
实现	第201条	第215条、第216条
消灭	第210条	（一般规定中）第197条

最高额抵押权	法工委草案	个人草案
定义	第211条	第217条
范围		（一般规定中）
合同		（一般规定中）
设立		（一般规定中）
公示		（一般规定中）
效力	第212条、第213条	第218条、第219条、第220条
次序		（一般规定中）
实现	第214条	（一般规定中）
消灭		（一般规定中）
准用	第215条	第221条

动产质权	法工委草案	个人草案
定义	第216条	第222条
范围	第217条	(一般抵押权中)
合同	第218条	(一般规定中)
设立	第220条、第230条	第223条
公示		(一般规定中)
效力	第219条、第221条、第222条、第223条、第224条、第225条、第226条、第229条	第224条、第225条、第226条、第227条、第228条、第229条
次序	第225条	(一般抵押权中)
实现	第227条、第228条	(一般抵押权中)
消灭		(一般规定中)
准用		第230条

权利质权	法工委草案	个人草案
定义		第231条
范围	第231条	第232条
合同		(一般规定中)
设定	第232条、第234条第一款、第235条第一款、第236条第一款	第233条
公示		(一般规定、一般抵押权中)
效力	第233条、第234条第二款、第235条第二款、第236条第二款	第234条
次序		(一般抵押权中)
实现		(一般抵押权中)
消灭		(一般规定中)
准用	第237条	第235条

第十六章：一般规定

概念	第一百七十七条（基础规范）	【担保物权的概念】本法所称担保物权，是指受担保债权人在受担保债权数额限度内，对担保财产直接支配以及对担保财产变价优先受偿的权利。
原则	第一百七十八条（基础规范）	【担保物权内容法定、种类自由原则】担保物权的内容，由法律规定；担保物权的种类名称，当事人可自由约定。
认定	第一百七十九条（基础规范）	【探究真实意图】判断当事人是否以合意设立了担保物权，不应拘泥于当事人使用的文字，而应探究当事人的真实意图。
债务	第一百八十条（基础规范）	【担保物权的适用范围】担保物权可以为一项或多项债务、现有或未来债务、确定或可确定债务、有条件或无条件债务、固定或浮动债务，提供担保。
范围		（集中于“一般抵押权”节）担保物有不动产和动产之别、这一区别仅在抵押权一章有规范内容。所以，将其置于抵押权一章。
发生	第一百八十一条（基础规范）	【约定与法定产生】担保物权可依当事人的约定设立或依法律规定产生。
合同	第一百八十二条（提取公因式）	【担保合同】为设立担保物权，当事人应当以书面形式订立担保合同。担保合同一般包括下列条款： （一）被担保债权的种类和数额； （二）债务人履行债务的期限； （三）以可以合理识别的方式描述的设保资产； （四）担保物权的公示方式和办理公示的时间。
	第一百八十三条（提取公因式）	【流担保禁止】担保物权人在债务履行期届满前，不得与担保人约定债务人不履行到期债务时担保财产归债权人所有。
效力	第一百八十四条（提取公因式）	【担保物权的从属性】担保物权是受担保债权的从权利。担保物权不得与受担保债权分离而单独转让或者作为其他债权的担保。受担保债权转让的，担保该债权的担保物权一并转让，但法律另有规定或者当事人另有约定的除外。
	第一百八十五条（提取公因式）	【受担保债权无效的情形】受担保债权无效而担保物权有效的，受担保债权人不得主张该担保物权。
	第一百八十六条（提取公因式）	【担保物权的担保范围】担保物权的担保范围包括主债权及其利息、违约金、损害赔偿金、保管担保财产和实现担保物权的费用。但法律另有规定或当事人另有约定的除外。

续表

效力	第一百八十七条（提取公因式）	【担保物权物上的代位】设保资产上的担保物权延及至其可识别收益；混合在混合物中的有形资产上的担保权延及至该混合物。转变为制成物的有形资产上的担保权延及至该制成物。但担保物权的行使不得超过原有担保物的价值。担保期间，担保财产，毁损、灭失或者被征收等，担保物权人可以就获得的保险金、赔偿金或者补偿金等优先受偿；被担保债权的履行期未届满的，也可以提存该保险金、赔偿金或者补偿金等。
	第一百八十八条（提取公因式）	【共同担保】为担保同一债权的实现，在数个财产上设立担保物权的，若当事人未限定各个担保财产所担保的债权数额，则担保物权人得就各担保财产卖得价金清偿全部或部分债权；若担保物中有属于债务人的，则担保物权人应先就该担保物卖得价金受偿。
	第一百八十九条（提取公因式）	【担保物权和担保顺位的放弃与变更】担保物权人可以放弃担保物权或者担保物权的顺位。担保物权人与担保人可以协议变更担保物权顺位以及被担保的债权数额等内容，但担保物权的变更，未经其他担保物权人书面同意，不得对其他担保物权人产生不利影响。 债务人以自己的财产设定担保，担保物权人放弃该担保物权、担保物权顺位或者变更担保物权的，其他担保人在担保物权人丧失优先受偿权益的范围内免除担保责任，但其他担保人承诺仍然提供担保的除外。
	第一百九十条（提取公因式）	【担保财产转让、出租限制】担保期间，担保人可以转让或出租担保财产。担保财产转让或出租的，担保权不受影响。法律另有规定或当事人另有约定的除外。
	第一百九十一条（提取公因式）	【未经担保人同意债务转移后果】第三人提供担保，未经其书面同意，债权人允许债务人转移全部或者部分债务的，担保人不再承担相应的担保责任。
	第一百九十二条（基础规范）	【物保与人保的关系】被担保的债权既有物的担保又有人的担保的，债务人不履行到期债务或者发生当事人约定的实现担保物权的情形，债权人应当按照约定实现债权；没有约定或者约定不明确，债务人自己提供物的担保的，债权人应当先就该物的担保实现债权；第三人提供物的担保的，债权人可以就物的担保实现债权，也可以要求保证人承担保证责任。提供担保的第三人承担担保责任后，有权向债务人追偿。

续表

公示	第一百九十三条（基础规范）	【担保物权公示方式】各类财产上的担保物权，均可以登记方式公示；动产上的担保物权可以占有方式公示；无凭证非中介证券、银行账户贷记款受付权上的担保物权可以控制方式公示。
	第一百九十四条（基础规范）	【统一动产担保物权登记制度】动产担保物权实行统一登记制度。动产担保物权统一登记的范围、登记机构和登记办法，由法律、行政法规规定。
次序		（集中在“一般抵押权”节）次序规则与担保物类型之不动产担保物和动产担保物有关，置于抵押权一章。
实现	第一百九十五条（提取公因式）	【担保物权实现条件】在债务人不履行到期债务或者发生当事人约定的实现担保物权的情形，担保物权人可以实现担保物权。
消灭	第一百九十六条（提取公因式）	【担保物权消灭原因】除当事人另有约定外，有下列情形之一的，担保物权消灭： （一）主债权消灭； （二）担保物权实现； （三）债权人放弃担保物权； （四）法律规定担保物权消灭的其他情形。
	第一百九十七条（提取公因式）	【诉讼时效】担保物权人应当在主债权诉讼时效期间行使担保物权；未行使的，人民法院不予保护。

第十七章　抵押权

第一节　一般抵押权

概念	第一百九十八条	【一般抵押权概念】为担保债务的履行，债务人或者第三人不转移财产的占有，以登记方式公示抵押给债权人的，债务人不履行到期债务或者发生当事人约定的实现抵押权的情形，债权人有权就该财产优先受偿。 前款规定的债务人或者第三人为抵押人，债权人为抵押权人，提供担保的财产为抵押财产。

续表

范围	第一百九十九条	【不得抵押财产】下列财产不得抵押： （一）所有权、使用权不明或者有争议的财产； （二）依法被查封、扣押、监管的财产； （三）法律、行政法规禁止转让的财产； （四）法律、行政法规规定不得抵押的其他财产。
	第二百条	【浮动抵押】企业、个体工商户、农业生产经营者可以将现有的以及将有的生产设备、原材料、半成品、产品抵押。
	第二百零一条	【浮动抵押财产的确定】依照本法第一百九十八条规定设定抵押的，抵押财产自下列情形之一发生时确定： （一）债务履行期届满，债权未实现； （二）抵押人被宣告破产或者被撤销； （三）当事人约定的实现抵押权的情形； （四）严重影响债权实现的其他情形。
	第二百零二条	【一并抵押】以建筑物抵押的，该建筑物占用范围内的建设用地使用权一并抵押。以建设用地使用权抵押的，该土地上的现有的以及将有的建筑物一并抵押。 抵押人未依照前款规定一并抵押的，未抵押的财产视为一并抵押。
	第二百零三条	【不改变土地所有权性质和用途】以土地承包权、土地经营权抵押的，或者以乡镇、村企业的厂房等建筑物占用范围内的建设用地使用权一并抵押的，实现抵押权后，未经法定程序，不得改变土地所有权的性质和土地用途。
合同		（集中在“一般规定”章）
设立	第二百零四条	【不动产抵押权权设立】以不动产抵押的，应当办理抵押登记。抵押权自登记时设立。 在将有的不动产上设立抵押权的，该不动产抵押权自办理登记并该将有不动产成为现有不动产时设立。
	第二百零五条	【动产抵押权设立】以动产抵押的，抵押权自抵押合同生效时设立；未经登记，不得对抗善意第三人。 在将有的动产上设立抵押权的，动产抵押权自该将有动产成为现有动产后设立，不经登记不得对抗善意第三人。
公示		（集中在“一般规定”中）

续表

效力	第二百零六条	【一并抵押物价款扣除】依第二百零一条一并抵押的建设用地使用权或建筑物不属于抵押财产。实现抵押权时，应当将一并抵押的建设用地使用权或建筑物一并处分，但处分一并抵押的建设用地使用权或建筑物的价款，抵押权人无权优先受偿。
	第二百零七条	【抵押人的抵押财产价值保持义务】抵押人的行为足以使抵押财产价值减少的，抵押权人有权要求抵押人停止其行为。抵押财产价值减少的，抵押权人有权要求恢复抵押财产的价值，或者提供与减少的价值相应的担保。抵押人不恢复抵押财产的价值也不提供担保的，抵押权人有权要求债务人提前清偿债务。
次序	第二百零八条	【抵押权优先受偿顺位】同一财产向两个以上债权人抵押的，拍卖、变卖抵押财产所得的价款按照下列规则清偿： （一）不动产抵押权，按照登记的时间先后确定清偿顺序； （二）动产抵押权均已经登记的，按照登记的先后确定清偿顺序； （三）动产抵押权已经登记的，先于抵押权未经登记的清偿； （四）动产抵押权均未经登记的，按照设立的时间先后确定清偿顺序。
	第二百零九条	【抵押权与质权的顺位规则】同一财产既设立抵押权又设立质权的，拍卖、变卖该财产所得的价款按照担保物权公示的时间先后确定清偿顺序；担保物权已经公示的优先于担保物权未经公示的清偿；担保物权均未经公示的，按照设立的时间先后确定清偿顺序。
	第二百一十条（以下多为动产）	【“购买价款担保物权”及其超级优先受偿权】动产抵押担保的主债权是抵押物的购买价款，标的物交付后十日内办理抵押登记的，该抵押权优先于其他担保物权受偿，但留置权除外。
	第二百一十一条	【“正常经营活动中”的买受人不受追及】以动产抵押的，该动产抵押权不得对抗正常经营活动中已支付合理价款并取得抵押财产的买受人。
	第二百一十二条	【购置款抵押权追及收益】购置款抵押权及于正常经营活动中转让抵押物所产生的应收账款。

续表

次序	第二百一十三条	【控制公示担保物权的优先受偿顺位】以控制公示方式公示的担保物权，优先于以登记方式公示担保物权；同一财产上该财产的支付人以控制方式公示的担保物权，优先于其他人以控制方式公示的担保物权。
	第二百一十四条	【先租后抵】抵押权设立前抵押财产已出租并转移占有的，原租赁关系不受该抵押权的影响。
实现	第二百一十五条	【抵押权的实现】债务人不履行到期债务或者发生当事人约定的实现抵押权的情形，抵押权人可以与抵押人协议以抵押财产折价或者以拍卖、变卖该抵押财产所得的价款优先受偿。协议损害其他债权人利益的，其他债权人可以请求人民法院撤销该协议。 抵押权人与抵押人未就抵押权实现达成协议的，抵押权人在不破坏社会安宁的前提下，可以自行实现抵押权； 抵押权人实现抵押权的行为足以破坏社会安宁的，应当停止自行实现担保物权行为，并得请求人民法院拍卖、变卖抵押财产以实现担保物权。 抵押财产拍卖、折价或者变卖的，应当以商业上合理的方式并参照市场价格。
	第二百一十六条	【孳息收取权】债务人不履行到期债务或者发生当事人约定的实现抵押权的情形，致使抵押财产被人民法院依法扣押的，自扣押之日起抵押权人有权收取该抵押财产的天然孳息或者法定孳息，但抵押权人未通知应当清偿法定孳息的义务人的除外。 前款规定的孳息应当先充抵收取孳息的费用。
消灭		（集中在“一般规定”章）

第二节　最高额抵押权

概念	第二百一十七条	【最高额抵押概念】为担保债务的履行，债务人或者第三人对一定期间内将要连续发生的债权提供担保财产的，债务人不履行到期债务或者发生当事人约定的实现抵押权的情形，抵押权人有权在最高债权额限度内就该担保财产优先受偿。 最高额抵押权设立前已经存在的债权，经当事人同意，可以转入最高额抵押担保的债权范围。

续表

范围		（集中在“一般规定”章）
合同		（集中在“一般规定”章）
设立		（集中在“一般规定”章）
效力	第二百一十八条	【最高额抵押所担保的主债权以及最高额抵押权转让】最高额抵押担保的债权确定前，部分债权转让的，最高额抵押权不得转让，但当事人另有约定的除外。
	第二百一十九条	【债权协议变更】最高额抵押担保的债权确定前，抵押权人与抵押人可以通过协议变更债权确定的期间、债权范围以及最高债权额，但变更的内容不得对其他抵押权人产生不利影响。
	第二百二十条	【最高额抵押债权确定】有下列情形之一的，抵押权人的债权确定： （一）约定的债权确定期间届满； （二）没有约定债权确定期间或者约定不明确，抵押权人或者抵押人自最高额抵押权设立之日起满二年后请求确定债权； （三）新的债权不可能发生； （四）抵押权人知道或者应当知道抵押财产被查封、扣押； （五）债务人、抵押人被宣告破产或者被撤销； （六）法律规定债权确定的其他情形。
公示		（集中在“一般规定”章）
次序		（集中在“一般规定”章）
实现		（集中在“一般规定”章）
消灭		（集中在“一般规定”章）
准用规范	第二百二十一条	【最高额抵押的准用规范】最高额抵押权除适用本节规定外，适用本章第一节一般抵押权的规定。

第十八章 质权

第一节 动产质权

概念	第二百二十二条	【动产质权概念】为担保债务的履行，债务人或者第三人将其动产以移转占有公示方式出质给债权人的，债务人不履行到期债务或者发生当事人约定的实现质权的情形，债权人有权就该动产优先受偿。 前款规定的债务人或者第三人为出质人，债权人为质权人，交付的动产为质押财产。
范围		（集中在“一般抵押权”节）
合同		（集中在“一般规定”章）
设立	第二百二十三条	【动产质权设立】质权自出质合同成立时生效，未经担保物移转占有不得对抗第三人。
效力	第二百二十四条（以下因移转占有而生）	【孳息收取权】质权人有权收取质押财产的孳息，但合同另有约定的除外。 前款规定的孳息应当先充抵收取孳息的费用。
	第二百二十五条	【质物使用、处分限制】质权人在质权存续期间，未经出质人同意，擅自使用、处分质押财产，给出质人造成损害的，应当承担赔偿责任。
	第二百二十六条	【妥善管理义务】质权人负有妥善保管质押财产的义务；因保管不善致使质押财产毁损、灭失的，应当承担赔偿责任。 质权人的行为可能使质押财产毁损、灭失的，出质人可以要求质权人将质押财产提存，或者要求提前清偿债务并返还质押财产。
	第二百二十七条	【质物保全】因不能归责于质权人的事由可能使质押财产毁损或者价值明显减少，足以危害质权人权利的，质权人有权要求出质人提供相应的担保；出质人不提供的，质权人可以拍卖、变卖质押财产，并与出质人通过协议将拍卖、变卖所得的价款提前清偿债务或者提存。
	第二百二十八条	【责任转质】质权人在质权存续期间，未经出质人同意转质，造成质押财产毁损、灭失的，应当向出质人承担赔偿责任。

续表

效力	第二百二十九条	【及时行使动产质权请求权及怠于行使动产质权的责任】出质人可以请求质权人在债务履行期届满后及时行使质权；质权人不行使的，出质人可以请求人民法院拍卖、变卖质押财产。 出质人请求质权人及时行使质权，因质权人怠于行使权利造成损害的，由质权人承担赔偿责任。
公示		（集中在“一般规定”章）
次序		（集中在“一般抵押权”节）
实现		（集中在“一般抵押权”节）
消灭		（集中在“一般规定”章）
准用规范	第二百三十条	【动产质权的准用规范】动产质权除适用本节有关规定外，参照本编第十七章抵押权的规定。

第二节　权利质权

概念	第二百三十一条	【权利质权定义】为担保债务的履行，债务人或者第三人将其权利以登记、占有或控制公示方式出质给债权人的，债务人不履行到期债务或者发生当事人约定的实现质权的情形，债权人有权就该权利优先受偿。 前款规定的债务人或者第三人为出质人，债权人为质权人，出质的权利为质押财产。
范围	第二百三十二条	【可以出质的权利】债务人或者第三人有权处分的下列权利可以出质： （一）汇票、支票、本票； （二）债券、存款单、银行账户贷记款受付权； （三）仓单、提单； （四）无凭证非中介证券、可以转让的基金份额、股权； （五）可以转让的注册商标专用权、专利权、著作权等知识产权中的财产权； （六）应收账款； （七）法律、行政法规未禁止出质的其他财产权利。
合同		（集中在“一般规定”章）

续表

设立	第二百三十三条	【权利质权设立】以二百三十四条规定的权利出质的，权利质权自出质合同成立时生效；未经公示，不得对抗第三人。
效力	第二百三十四条	【质权人行使权利的特别规定】汇票、支票、本票、债券、存款单、仓单、提单的兑现日期或者提货日期先于主债权到期的，质权人可以兑现或者提货，并与出质人协议将兑现的价款或者提取的货物提前清偿债务或者提存。
公示		（集中在“一般规定”章和“一般抵押权”节）
次序		（集中在“一般抵押权”节）
实现		（集中在“一般抵押权”节）
消灭		（集中在“一般规定”章）
准用规范	第二百三十五条	【权利质权的准用规范】权利质权除适用本节规定外，适用本编第十七章抵押权的规定。

附录：

从“读进去”到“写出来”

——《担保法理论与实践·第四辑——担保物权法编纂的理论基础》读书笔记

董学立老师在中国海洋大学为研究生开的第一堂课便是物权法，而我是作为一名旁听生加入老师的物权法课堂的。一个学期的学习过程中，无论是聆听课上老师对物权法理论的阐释，还是阅读老师所推荐的论文书籍，都让我获益匪浅。此次有幸参与本论文集的汇编工作，重读了董老师过往十余年所著论文，得以进一步加深对物权法尤其是其中的担保法理论的理解，可谓“苟日新，日日新”。而全新的收获又应以文字记录，才能真正消化吸收为所学知识。故作此篇读书笔记，亦是跟随老师读书、学习以来的阶段性总结。

一

从论文集题目来看，董老师将此次十八篇论文的汇编称为“担保物权法编纂的理论基础”，顾名思义，所有论文均是围绕“担保物权法编纂”这一核心主题展开的。落脚于“理论基础”则表明，这些文章并非是要探讨立法技术或者立法政策问题，而是要阐述法律编纂背后的学理，为立法给出具有说服力的理由，并要展现理由背后清晰的逻辑思路。“原理—结构—规范—草案”的概括式编排就生动呈现出了董老师理论“大厦”构建的思路：以“原理”为地基、“结构”为框架、“规范”为素材，加之“草案”封顶——严密坚固且不失美感。

从论文内容来看，所有文章均以动产担保物权一元化理论为进路。其中，以抵押权概念的演变作为逻辑起点，阐述了我国动产抵押权的机械植入所引起的法体系效应，尤其是造成了动产担保物权法“竖切分块”和“横刨分层”的体系结构：现有动产担保物权法被“竖切”为动产抵押权、动产质权和权利质权的“块状”结构，而每一项权利又因共有的概念、担保物、担保合同、担保物权设立、公示、效力、受偿次序、实现和消灭这九个方面被“横刨”为“层状”结构。立法者身处于这样一个乱花迷人的结构之中难免“只见树木不见森林”——重视细节规范的立法设计而忽视了共性的制度构建。这导致了规范的重复、冲突、矛盾与遗漏。而一元化理论试图对此进行整合，对动产担保物权规范进行提取公因式的合并，将所有共性规范提取出来置于“一般规定”章节，个性规范分列于其他各个章节。如此，担保物权法恢复到不动产担保物权与动产担保物权的的分类立法模式，担保物权规范按照前述九个方面依次展开，构建出一幅“由生到死”的制度图景。

从发表时间来看，十八篇论文横跨十余年，展现了董老师研究思路的延展与学术成果的积累。这恰恰是阅读这些论文时最为有趣的地方。作为学生，能够寻找到一位学者理论研究的进路本身就是一件值得兴奋的事情。沿着这条进路的展开，能看到老师对自我观点的探索与修正，看到一个理论从稚嫩的雏形，几经反复打磨成型，渐渐走向成熟的过程，而这一晃就是十几年。如果把一个较为成熟的理论比作一块碧玉，那么最吸引人的不是它的光泽，而是打磨它的过程——蕴藏在一篇篇先后发表的论文中，隐身于行文间几经调整的措辞表达中。

二

“原理篇”的三篇论文虽皆以“物权变动”为主题，实则探讨了物权理论中最为深刻、本源的概念——物权；而“物的特定性”又是“物权”的基本内核。故董老师在《论物权变动的主客观条件》和《论〈物权法〉确立的物权变动新模式》二文中皆依此内核拆解出物权变动的两个要素，即主观的合意与客观的“特定物”，并在此基础上论证了物权变动模式的第四条道路——“物权意思＋公示对抗”的合理性。《对法国物权变动债权意思主义的再思考》则以比较法的视角强调了“物的特定性”，并进一步阐述了“第四条道路”对我国民法典编纂的建设性意义。三篇文章解构了物权变动的条件，明晰了“物权”概念的本源，夯实了“理论大厦”的地基。

“结构篇”的七篇论文是我最为喜爱、反复阅读学习的文章，私以为是本书的精华所在——董老师最为创新独特的研究视角、精彩丰富的学理论证和鞭辟入里的问题意识皆囊括于此。其中，《抵押权概念的演变及其法体系效应》最具启发意义。这篇文章借助了法史的视角，阐述了抵押权制度的变迁所带来的制度体系效应，进而为当下担保物权法的修缮给出了精准的定位。它是一元化理论在我国得以适用的逻辑起点。学界鲜有通过这一视角来揭示担保物权制度发展的脉络，并发现时下相对应的症结所在者。故至今仍记得初读此文时的醍醐灌顶之感，更欣喜的是找到了打开担保物权理论大门的钥匙。《形在而神移：论〈物权法〉担保物权编的新发展》与《我国意定动产担保物权法的一元化》则详细阐述了由动产抵押权机械植入所引致的担保物权法多元化的结构性弊端，呈现了一元化理论所蕴含的制度优势。《建立动产担保物权统一登记制度的担保物权法编纂意义》与《我国担保物权法中的“准用性规范”研究》二文体现了董老师敏锐的问题意识——通过阐述建立统一动产登记制度的“外溢法体系效应”与完善担保物权法中“准用性规范”，揭示了权利质权章节注定消灭的命运，则一元化动产担保物权制度的形成即为水到渠成之事。此外，《也论“后让与担保”》与《也论“新类型担保的法律定位”》体现了一元化理论对司法实践中热点问题予以回应的理论生命力。老师在文中直切要害，论证了“后让与担保”及“新类型担保”等非典型担保的实质内涵即为抵押权，拂去了理论争议的迷雾。这七篇文章可谓构建起了“理论大厦”最为坚固的结构框架。

“规范篇”的六篇论文则在前述一元化理论的基础上，论述规范层面的具体问题。例如，当下担保物权法的多元化结构导致的统一受偿次序规则的缺失。《浮动抵押的财产变动与效力限制》和《论“担保物所有权之归属无关紧要”》以比较法的角度，借鉴了美国《统一商法典》中的受偿次序规则，为我国以借鉴德国法为主的民法学理论注入新的活力。其中，2010年发表的《浮动抵押的财产变动与效力限制》一文更是前瞻性地阐述了“购买价款超级优先权”规则，遥相呼应了2018年公布的《民法典分则（草案）》第207条，反映了老师广阔的研究格局与“向前看”的研究态度。《论“正常经营活动中”的买受人规则》和《如何理解〈物权法〉第199条》则以法律解释的方法，对《物权法》现有的受偿次序规则进行了厘清与重构。《论“在建物”上的抵押权》与《动产担保物权静态规范缺陷研究》则呼应了“原理篇”中“物权”概念的本源，探讨了物的“特定性”在具体规范层面的理论意义。这些文章可谓是为“理论大厦”的建造提供了最为丰富的素材，增添了理论蕴含的美感。

“草案篇”作为“封顶”之作，是老师十余年来累积的学术成果的精彩“亮相”。《担保物权法编纂建议》在《我国意定动产担保物权法的一元化》一文的基础上予以完善精进，沿着一元化理论的进路提出了具体的立法修改建议，以修复担保物权法现有的结构性弊端。《意定担保物权法草案说明》几经修改，字斟句酌，以极为精练的语言和清晰的逻辑总结式地概括出老师编纂《担保物权法草案》时的思路。该草案则贯彻一元化理论，按照担保物权的概念、担保物、担保合同、担保物权设立、公示、效力、受偿次序、实现和消灭这九个方面依次展开，修缮了现有立法的规范重复、规范矛盾和规范遗漏等结构性弊端。一言以蔽之，乃“删繁就简三秋树，领异标新二月花”。

三

跟随董老师学习、读书半年以来，深受老师“读进去、说出来、写起来”的激励。阅读、表达和写作不仅是法学研究生应当锻炼、具备的基本技能，也是作为一名学生的本分。虽资质愚钝，读研之路几经波折，然承蒙董老师关怀照顾，多次给予我参与学术活动的机会。这些锻炼带来的皆是无限的喜悦，并且重新点燃了我心中的学术理想。老师不仅打开了民法学的大门，呈现出一个丰富多彩、饶有趣味的学术世界，还化身明亮的光源，指引我砥砺前行。

前有梁慧星教授与谢在全先生两位华人民法学界的巨擘作序，又有董老师十余年累积的学术成果为内容。学生诚惶诚恐，何德何能以此篇笔记“续貂”？既得老师鼓励，任重而道远；又所谓“高山仰止，景行行止。虽不能至，然心向往之”。

愿将此文献给敬爱的董学立老师。

中国海洋大学2017级硕士研究生

张梦奇

图书在版编目（CIP）数据

担保法理论与实践．第四辑，担保物权法编纂的理论基础/董学立著．—北京：中国法制出版社，2018.12（2020.3 重印）
ISBN 978-7-5093-9384-0

Ⅰ．①担… Ⅱ．①董… Ⅲ．①担保法-中国-文集
Ⅳ．①D923.24-53

中国版本图书馆 CIP 数据核字（2018）第 302323 号

策划/责任编辑　马金风　　封面设计　李宁

担保法理论与实践．第四辑，担保物权法编纂的理论基础
DANBAOFA LILUN YU SHIJIAN. DI SI JI，DANBAO WUQUANFA BIANZUAN DE LILUN JICHU

著者/董学立
经销/新华书店
印刷/北京京华虎彩印刷有限公司
开本/710 毫米×1000 毫米　16 开　　印张/20　字数/265 千
版次/2018 年 12 月第 1 版　　2020 年 3 月第 2 次印刷

中国法制出版社出版
书号 ISBN 978-7-5093-9384-0　　定价：69.00 元

北京西单横二条 2 号
邮政编码 100031　　传真：010-66031119
网址：http://www.zgfzs.com　　编辑部电话：010-66070046
市场营销部电话：010-66033393　　邮购部电话：010-66033288
（如有印装质量问题，请与本社印务部联系调换。电话：010-66032926）